Shakespeare auf der Couch

Gerhard Danzer

# Shakespeare auf der Couch

Zur Anthropologie und Tiefenpsychologie in seiner Dramenwelt

Gerhard Danzer
Potsdam, Brandenburg, Deutschland

ISBN 978-3-662-63869-9     ISBN 978-3-662-63870-5  (eBook)
https://doi.org/10.1007/978-3-662-63870-5

Die Deutsche Nationalbibliothek verzeichnet diese Publikation in der Deutschen Nationalbibliografie; detaillierte bibliografische Daten sind im Internet über http://dnb.d-nb.de abrufbar.

© Der/die Herausgeber bzw. der/die Autor(en), exklusiv lizenziert durch Springer-Verlag GmbH, DE, ein Teil von Springer Nature 2021
Das Werk einschließlich aller seiner Teile ist urheberrechtlich geschützt. Jede Verwertung, die nicht ausdrücklich vom Urheberrechtsgesetz zugelassen ist, bedarf der vorherigen Zustimmung der Verlage. Das gilt insbesondere für Vervielfältigungen, Bearbeitungen, Übersetzungen, Mikroverfilmungen und die Einspeicherung und Verarbeitung in elektronischen Systemen.
Die Wiedergabe von allgemein beschreibenden Bezeichnungen, Marken, Unternehmensnamen etc. in diesem Werk bedeutet nicht, dass diese frei durch jedermann benutzt werden dürfen. Die Berechtigung zur Benutzung unterliegt, auch ohne gesonderten Hinweis hierzu, den Regeln des Markenrechts. Die Rechte des jeweiligen Zeicheninhabers sind zu beachten.
Der Verlag, die Autoren und die Herausgeber gehen davon aus, dass die Angaben und Informationen in diesem Werk zum Zeitpunkt der Veröffentlichung vollständig und korrekt sind. Weder der Verlag noch die Autoren oder die Herausgeber übernehmen, ausdrücklich oder implizit, Gewähr für den Inhalt des Werkes, etwaige Fehler oder Äußerungen. Der Verlag bleibt im Hinblick auf geografische Zuordnungen und Gebietsbezeichnungen in veröffentlichten Karten und Institutionsadressen neutral.

Planung/Lektorat: Renate Scheddin
Springer ist ein Imprint der eingetragenen Gesellschaft Springer-Verlag GmbH, DE und ist ein Teil von Springer Nature.
Die Anschrift der Gesellschaft ist: Heidelberger Platz 3, 14197 Berlin, Germany

Gerhard Danzer

# Shakespeare auf der Couch

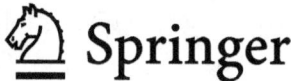

# Vorwort

William Shakespeare ist als Dramen-Autor weltberühmt. Wer meint ihn nicht zu kennen, den Verfasser so oft gespielter Stücke wie *Romeo und Julia, Hamlet* oder *König Lear*. Und wer wüsste nicht die eine oder andere inflationär gebrauchte Strophe aus seinen Dramen aufzusagen, ohne dass dabei jedem Rezitator der jeweilige Zusammenhang wirklich bewusst sein dürfte: „Es war die Nachtigall und nicht die Lerche." – „Sein oder Nichtsein, das ist hier die Frage." – „Reif sein ist alles."

Bei genauerer Betrachtung lässt sich Shakespeare jedoch nicht nur als genialer Theater-Mann, sondern mindestens so sehr als exzellenter Psychologe und Anthropologe verstehen, der das menschliche Dasein in allen seinen Schattierungen intuitiv verstanden sowie mit künstlerischer Verve und literarischer Generosität auf die Bühne gezaubert hat. Seine Dramenfiguren (z. B. Othello, Macbeth, Richard III.) spiegeln viele Themen der *Conditio humana* wider, und in Stücken wie dem *Sommernachtstraum* finden wir unsere eigenen Wünsche, Begierden, Phantasien in erstaunlich moderner Manier ausgedrückt.

Shakespeare war ein Psychodiagnostiker und Psychotherapeut, lange bevor es diese Berufsbezeichnungen überhaupt gegeben hat. Wer über sich und die Mitmenschen anthropologisch und psychosozial Relevantes erfahren möchte, findet in Texten und Szenen des englischen Dramatikers überraschend Hellsichtiges und Tiefgründiges; und wer bei all dieser hellsichtig-tiefgründigen Diagnostik der Menschen und ihrer Welt einem Philanthropen begegnen will, liegt bei Shakespeare völlig richtig. Keine Verrücktheit, Bosheit, Infamie, aber auch keine würdevolle Zartheit oder respektheischende Grandezza blieben in seinem Kosmos des Humanen unberücksichtigt – wobei er das Bittere wie das Süße, das Komische wie das Tragische mit Toleranz und nicht selten augenzwinkernd gelten ließ.

Diesen William Shakespeare schätze ich über alle Maßen, und daher möchte ich Ihnen den Psychologen und Anthropologen in ihm anhand von zehn seiner Stücke vorstellen. Bei der Auswahl leiteten mich die eigenen Vorlieben; auf Vollständigkeit habe ich dabei verzichtet: Nicht viele oder alle Dramen sehen, sondern an manchen Dramen Vieles sehen – das war und ist meine Absicht.

Potsdam  Gerhard Danzer
im Herbst 2021

# Inhaltsverzeichnis

| | | |
|---|---|---|
| 1 | William Shakespeare – and who he was? | 1 |
| 2 | Hamlet – falscher Mann, falscher Ort, falscher Auftrag | 21 |
| 3 | Romeo und Julia – Die Melodien der Liebe | 45 |
| 4 | Othello – Syndrom der ontologischen Unsicherheit | 69 |
| 5 | Macbeth – Die Melodien von Herrschaft, Macht, Gewalt | 93 |
| 6 | King Lear – Ein alter Mann ist stets ein König Lear | 117 |
| 7 | Richard III. – Das personifizierte Böse? | 139 |
| 8 | Heinrich VIII. – Alles ist wahr! Ist tatsächlich alles wahr? | 163 |
| 9 | Wie es euch gefällt – Das Leben als Pastorale | 187 |
| 10 | Das Leben – Ein Sommernachts-Traum | 211 |
| 11 | Der Sturm – Wir sind vom Stoff, aus dem die Träume sind | 233 |

# 1

# William Shakespeare – and who he was?

Dafür, dass wir so wenig Gesichertes über ihn und sein Leben wissen, gibt es erstaunlich viele und ausführliche Biographien über ihn; und wohl, weil manche Phasen seiner Existenz von den Biographen als verlorene Jahre *(lost years)* bezeichnet wurden, haben sich von und über Shakespeares Vita derart viele Legenden gebildet, dass es schwerfällt, hinter und neben diesen Geschichten den tatsächlichen oder wahrscheinlichen Dichter aus Stratford-upon-Avon zu entdecken.

Bei der kurzen Schilderung seines Lebens werde auch ich mich mit Vokabeln wie wahrscheinlich oder vermutlich über die Leerstellen seines Daseins hinwegretten. Und wie manche anderen Biographen ziehe auch ich mich im Zweifelsfall auf Shakespeares Werk – Heinrich Heine nannte es ganz schlicht das weltliche Evangelium – zurück und verweise auf seine Stücke und Sonette, die vor Vitalität geradezu bersten und ihn als Dichter und Menschen spürbar werden lassen, auch wenn wir über ihn selbst und seinen Lebensvollzug häufig nur spekulieren können.

Shakespeare wurde 1564 in Stratford-upon-Avon geboren. Zwei ältere Geschwister starben früh; nach ihm kamen noch fünf weitere Geschwister zur Welt. Sein Vater John war Mitglied der Handschuhmacher-Zunft und bekleidete einige öffentliche Ämter (so z. B. Stadtinspektor, Bürgermeister, Friedensrichter). Seine Heirat mit Mary Arden, der Tochter eines reichen Großgrundbesitzers, steigerte noch beträchtlich das Ansehen, das John Shakespeare bei seinen Mitbürgern besaß. Später allerdings zog er sich aus der Öffentlichkeit zurück; Schulden sowie Gerichtsprozesse gegen ihn machten ihm zunehmend zu schaffen.

Als Sohn des Bürgermeisters und Ratsherrn John Shakespeare besuchte William die *King's Grammar School* in Stratford kostenlos. An der Schule unterrichteten solide ausgebildete Lehrer, so dass man das schulisch vermittelte Bildungsniveau als für die damaligen Verhältnisse gut und überdurchschnittlich bezeichnen darf. Die Aussage eines Kollegen Shakespeares über dessen schulische Kenntnisse (*small Latin and less Greeke* – ein wenig Latein und viel zu wenig Griechisch) ist zumindest mit vorsichtiger Skepsis einzuordnen.

Wo und wie sich Shakespeare später jedoch seine enorme Bildung angeeignet hat – der aktive Wortschatz, über den er in seinen Stücken und Gedichten souverän verfügte, und der von ordinären Zoten bis zur höfischen Etikette reichte, bewegte sich ähnlich wie bei Goethe weit über 17.000 Wörtern – bleibt für uns bis heute ebenso ein Rätsel wie seine profunde Welt- und Menschenkenntnis. Eine Hochschule oder Universität hat der Dichter jedenfalls nie besucht, und womöglich bedeutete dieses Faktum für seine geniale Literatur sogar eine günstige Voraussetzung.

Mit achtzehn Jahren heiratete William Shakespeare die um acht Jahre ältere Anne Hathaway, Tochter eines Grundbesitzers. Man vermutet, dass eine voreheliche Schwangerschaft von Anne den Anlass zur Hochzeit der beiden gegeben hat. Es gibt keine gesicherten Aussagen über die Qualität der ehelichen Beziehung Shakespeares, und auch der Charakter und die Wesensart von Anne bleiben im Dunklen. Das Urteil mancher Biographen, Shakespeares Dichtung sei als das kompensatorisch-emanzipatorische Resultat seiner Ehe zu begreifen, die er als Joch empfunden hat, wirkt ebenso spekulativ wie die entgegengesetzte Interpretation seiner Lyrik als Widerspiegelung eines puren partnerschaftlichen Glücks.

Ende November 1582 fand jedenfalls die Hochzeit Shakespeares statt, und sechs Monate später (im Mai 1583) wurde die Tochter Susanna geboren. Zwei Jahre darauf kam das Zwillingspaar Hamnet und Judith zur Welt, wobei der Sohn Hamnet lediglich elf Jahre alt wurde und bereits 1596 starb. Die Shakespeare-Experten tendieren dazu, *Hamlet* als ein Drama und Hamlet als den Namen der Hauptfigur zu verstehen, die unter anderem als eine Reaktion auf den frühen Tod von Shakespeares Sohn entstanden sind.

Nach der Geburt der Zwillinge verliert sich die biographische Spur von Shakespeare für etwa sieben Jahre – es sind dies jene schon erwähnten *lost years,* die zu den putzigsten Vermutungen über den Verbleib des jungen Mannes Anlass gaben. Die Vorschläge der Biographen reichen von schlichten Tätigkeiten in einem Rechtsanwaltsbüro bis zu der steilen These, William Shakespeare habe zusammen mit Francis Drake die Welt umsegelt.

# 1

# William Shakespeare – and who he was?

Dafür, dass wir so wenig Gesichertes über ihn und sein Leben wissen, gibt es erstaunlich viele und ausführliche Biographien über ihn; und wohl, weil manche Phasen seiner Existenz von den Biographen als verlorene Jahre *(lost years)* bezeichnet wurden, haben sich von und über Shakespeares Vita derart viele Legenden gebildet, dass es schwerfällt, hinter und neben diesen Geschichten den tatsächlichen oder wahrscheinlichen Dichter aus Stratford-upon-Avon zu entdecken.

Bei der kurzen Schilderung seines Lebens werde auch ich mich mit Vokabeln wie wahrscheinlich oder vermutlich über die Leerstellen seines Daseins hinwegretten. Und wie manche anderen Biographen ziehe auch ich mich im Zweifelsfall auf Shakespeares Werk – Heinrich Heine nannte es ganz schlicht das weltliche Evangelium – zurück und verweise auf seine Stücke und Sonette, die vor Vitalität geradezu bersten und ihn als Dichter und Menschen spürbar werden lassen, auch wenn wir über ihn selbst und seinen Lebensvollzug häufig nur spekulieren können.

Shakespeare wurde 1564 in Stratford-upon-Avon geboren. Zwei ältere Geschwister starben früh; nach ihm kamen noch fünf weitere Geschwister zur Welt. Sein Vater John war Mitglied der Handschuhmacher-Zunft und bekleidete einige öffentliche Ämter (so z. B. Stadtinspektor, Bürgermeister, Friedensrichter). Seine Heirat mit Mary Arden, der Tochter eines reichen Großgrundbesitzers, steigerte noch beträchtlich das Ansehen, das John Shakespeare bei seinen Mitbürgern besaß. Später allerdings zog er sich aus der Öffentlichkeit zurück; Schulden sowie Gerichtsprozesse gegen ihn machten ihm zunehmend zu schaffen.

Als Sohn des Bürgermeisters und Ratsherrn John Shakespeare besuchte William die *King's Grammar School* in Stratford kostenlos. An der Schule unterrichteten solide ausgebildete Lehrer, so dass man das schulisch vermittelte Bildungsniveau als für die damaligen Verhältnisse gut und überdurchschnittlich bezeichnen darf. Die Aussage eines Kollegen Shakespeares über dessen schulische Kenntnisse (*small Latin and less Greeke* – ein wenig Latein und viel zu wenig Griechisch) ist zumindest mit vorsichtiger Skepsis einzuordnen.

Wo und wie sich Shakespeare später jedoch seine enorme Bildung angeeignet hat – der aktive Wortschatz, über den er in seinen Stücken und Gedichten souverän verfügte, und der von ordinären Zoten bis zur höfischen Etikette reichte, bewegte sich ähnlich wie bei Goethe weit über 17.000 Wörtern – bleibt für uns bis heute ebenso ein Rätsel wie seine profunde Welt- und Menschenkenntnis. Eine Hochschule oder Universität hat der Dichter jedenfalls nie besucht, und womöglich bedeutete dieses Faktum für seine geniale Literatur sogar eine günstige Voraussetzung.

Mit achtzehn Jahren heiratete William Shakespeare die um acht Jahre ältere Anne Hathaway, Tochter eines Grundbesitzers. Man vermutet, dass eine voreheliche Schwangerschaft von Anne den Anlass zur Hochzeit der beiden gegeben hat. Es gibt keine gesicherten Aussagen über die Qualität der ehelichen Beziehung Shakespeares, und auch der Charakter und die Wesensart von Anne bleiben im Dunklen. Das Urteil mancher Biographen, Shakespeares Dichtung sei als das kompensatorisch-emanzipatorische Resultat seiner Ehe zu begreifen, die er als Joch empfunden hat, wirkt ebenso spekulativ wie die entgegengesetzte Interpretation seiner Lyrik als Widerspiegelung eines puren partnerschaftlichen Glücks.

Ende November 1582 fand jedenfalls die Hochzeit Shakespeares statt, und sechs Monate später (im Mai 1583) wurde die Tochter Susanna geboren. Zwei Jahre darauf kam das Zwillingspaar Hamnet und Judith zur Welt, wobei der Sohn Hamnet lediglich elf Jahre alt wurde und bereits 1596 starb. Die Shakespeare-Experten tendieren dazu, *Hamlet* als ein Drama und Hamlet als den Namen der Hauptfigur zu verstehen, die unter anderem als eine Reaktion auf den frühen Tod von Shakespeares Sohn entstanden sind.

Nach der Geburt der Zwillinge verliert sich die biographische Spur von Shakespeare für etwa sieben Jahre – es sind dies jene schon erwähnten *lost years*, die zu den putzigsten Vermutungen über den Verbleib des jungen Mannes Anlass gaben. Die Vorschläge der Biographen reichen von schlichten Tätigkeiten in einem Rechtsanwaltsbüro bis zu der steilen These, William Shakespeare habe zusammen mit Francis Drake die Welt umsegelt.

Am ehesten noch spricht manches dafür, dass er sich damals einer fahrenden Schauspieltruppe angeschlossen hatte.

1592 muss Shakespeare bereits von sich als Theatermann reden gemacht haben. Robert Greene, ein englischer Schriftsteller, echauffierte sich damals maßlos über den jungen Emporkömmling, der sich ganz ohne universitäre Ausbildung (Greene selbst hatte in Cambridge und Oxford studiert) einbildete, die literarisch-dramatische Welt erschüttern zu wollen. Diese Polemik gegen Shakespeare gehörte mit zu den letzten Aktivitäten Greenes, der kurz darauf starb – angeblich, weil er (bei seinem sehr laxen Lebenswandel kein Wunder) bei einem Abendessen betrunken an einem Hering erstickte.

Die allerersten Texte Shakespeares erschienen 1593 *(Venus und Adonis)* und 1594 *(Titus Andronicus)*, und ein Jahr darauf war er bereits Mitglied der angesehenen Theatertruppe *Lord Chamberlain's Men*. Diese Truppe, die später in *King's Men* umbenannt wurde, spielte Dutzende Male auch bei Hof vor der Königin Elisabeth sowie vor deren Nachfolger König James I.

Shakespeare eroberte sich im Nu eine zentrale Stellung in dieser Theatertruppe und wurde bald zu ihrem bevorzugten Stückeschreiber. Außerdem bewies er ökonomisches Geschick, indem er Teilhaber an der Compagnie wurde – ein Modell, auf das er auch zukünftig achtete. Von allem Anfang an verdiente Shakespeare mit seiner Kunst nicht wenig Geld und war klug genug, dieses nicht nur als *Shareholder* in Theaterprojekte, sondern auch in Grundstücke und Häuser zu investieren.

Während der 90er Jahre, als Shakespeare in London lebte, wohnte er allem Anschein nach alleine in einer bescheidenen Unterkunft; seine Frau und die Kinder blieben in Stratford. Obwohl der Dichter nach und nach ein bekannter und vermögender Mann wurde, gab er für seinen persönlichen Unterhalt nicht sonderlich viel Geld aus.

Den größten Teil seiner Einkünfte, die sich aus dem Verkauf seiner Stücke ebenso wie aus seinen Theaterprojekten rekrutierten, investierte Shakespeare in Immobilien, vorrangig in Stratford. Dort erwarb er 1597 das zweitgrößte Anwesen der Stadt (ziemlich protzig) und bewohnte es, nachdem er 1612 aus London in seine Vaterstadt zurückgekehrt war.

Dieses repräsentative Wohnhaus blieb nicht die einzige Immobilie, die Shakespeare kaufte. Neben weiteren Häusern gehörten ihm zum Ende seines Lebens etliche große Grundstücke, die er verpachtet hatte oder selber nutzte. Außerdem war sein Vermögen derart angewachsen, dass er bisweilen Geld verlieh oder an die Gemeinde Stratford Geld für bestimmte Projekte spendete. Hätte man nicht gewusst, dass er einer der weltweit bedeutendsten

Dichter war, hätte man ihn ebenso gut als Finanzmakler oder ökonomisch versierten Investor einordnen können.

Shakespeares Hauptinteresse aber galt dem Theater in allen seinen Varianten. Dazu gehörte, dass er zusammen mit einigen Schauspielern die finanziellen Mittel aufbrachte, um 1599 in London, auf dem rechten Themse-Ufer, ein großzügiges und für seinerzeitige Verhältnisse überaus modernes Theater erbauen zu lassen: das *Globe Theatre*.

Das *Globe* war die Heimatbühne der *Lord Chamberlain's Men*, und hier wurden jene Stücke Shakespeares aufgeführt, die jahrein und jahraus wie selbstverständlich und fast ohne alle Mühewaltung aus der Feder des Dichters flossen. Das Theater bot etwa 3.000 Zuschauern Platz; die Plätze waren auf verschiedene Etagen verteilt, die kreisförmig um einen großen, nicht überdachten Innenhof angelegt waren. Die Bühne ragte in diesen Innenhof hinein, und das Publikum saß (auf den teuren Plätzen) oder stand (auf billigen Plätzen) rings um die Schauspieler, die zum Greifen nah waren.

Shakespeare und seine Truppe legten großen Wert auf möglichst realitätsadäquate Inszenierungen, die im *Globe* deshalb gang und gäbe waren. Dieses Qualitätsmerkmal bedeutete für das Theater mindestens einmal aber auch eine spürbare Limitierung: 1613 wurde Shakespeares *Heinrich VIII*. aufgeführt; dabei sollte von der Bühne aus eine Kanone abgefeuert werden, was sehr eindrücklich gelang – so eindrücklich, dass dabei das strohgedeckte Dach des *Globe* Feuer fing und das Theater für eine Weile unbespielbar war.

Innert weniger Monate jedoch wurde das *Globe* wieder aufgebaut und mit einem Ziegeldach versehen. Den vorläufigen Garaus machte dem Gebäude 1642 die puritanische Regierung, die im Zuge ihrer Ideologie alle Theater schließen ließ. Zwei Jahre später wurde das *Globe* abgerissen, um erst 350 Jahre später (1997) an beinahe der alten Stelle neu errichtet und als Theater wieder eröffnet zu werden.

Ich habe soeben erwähnt, dass Shakespeares literarische Produktivität etwa 25 Jahre lang scheinbar unbegrenzt war. Die Shakespeare-Experten und -Exegeten streiten bis heute, wann einzelne Dramen entstanden und welche Text-Varianten die authentischen sind. *Titus Andronicus* soll – so die Vermutung – als erstes Stück um 1589/1590 geschrieben worden sein; uraufgeführt wurde es 1594, und aus diesem Jahr stammt auch die erste schriftliche Überlieferung dieses Dramas.

*Die beiden edlen Vettern* war das letzte Stück Shakespeares, das er in den Jahren 1613/1614 verfasst haben soll. In dem Vierteljahrhundert zwischen 1589 und 1614 sind insgesamt 38 Dramen entstanden, wobei manche Shakespeare-Forscher zusätzlich von zwei verlorenen sowie zwei fraglichen Theaterstücken ausgehen, die sie dem Dichter zu diesen 38 Stücken hinzurechnen. Völlig gleichgültig aber, ob 38, 40 oder 42 Dramen – allein ihre Zahl ist frappierend und eklatant.

Berücksichtigt man dann aber noch den Inhalt dieser Werke, steht man vor einem regelrecht umwerfenden Kosmos von Gestalten, Themen und Motiven: historische Begebenheiten, psychologische Abgründe, intra- und interpersonelle Konflikte, politische Schurkenstücke, märchenhafte Erzählungen, mythische Schauerszenen, hellsichtige anthropologische Erkenntnisse, dunkelste Affekte, verbrecherische Energien, durchtriebene Leidenschaften, liebestolle Aufschwünge, soziale Dschungelwelten, perfide Macht- und Ränkespiele, anrührende Gefühlsbekundungen, tröstlich-zugewandte Szenen des Vergebens und Vergessens, thanatisch getönte Impulse des Hassens und Vernichtens sowie erotisch getönte Momente des einander Sehens und Verstehens. Ralph Waldo Emerson (1803–1882) hat in seinen *Repräsentanten der Menschheit* Shakespeare aufgrund aller dieser und vieler weiterer Themen, die er großmeisterlich bearbeitete, einen Kranz geflochten, der auch im 21. Jahrhundert noch volle Gültigkeit beansprucht:

> » Welche Frage der Sitte, der Manieren, der Wirtschaft, der Philosophie, der Religion, des Geschmacks, der Lebensführung hat er nicht erledigt? Von welchem Geheimnis hat er nicht seine Kenntnis bezeugt? Welches Amt, welche Funktionen, welches Gebiet menschlicher Tätigkeit hat er unerörtert gelassen? ... Welches Mädchen hat ihn nicht feiner als ihre zarteste Empfindung gefunden? Welchen Liebenden hat er nicht im Lieben, welchen Weisen nicht im Erkennen übertroffen? Welchen Gentleman hat er nicht in seinem Betragen beschämt?[1]

Darüber hinaus können wir uns fragen: Aus welchen Quellen schöpfte Shakespeare? Woher nahm er die unbändige Kraft und den Willen, die *Conditio humana* auszumessen? Was ließ ihn wiss- und neugierig bis zum

---

[1] Emerson, R.W.: Repräsentanten der Menschheit (1850), Zürich 1989, S. 152.

künstlerischen Voyeurismus sowie expressiv-ausdrucksstark bis zum künstlerischen Exhibitionismus werden? Alles, tatsächlich alles, was uns Menschen ausmacht – unsere Emotionen, Gedanken und Vorstellungen, unsere schmutzigsten und schönsten Phantasien, die edelsten wie auch die schrecklichsten Impulse – alles sollte und durfte und musste diesem Theatermagier zufolge auf der Bühne gespielt, gelebt, gesehen werden.

Oder sind es gar nicht unsere Phantasien, Impulse, Vorstellungen, Konflikte und Affekte, die Shakespeare in seinen Stücken verhandelte? War er denn nicht ein Vertreter der Spätrenaissance mit all den Fragen, Problemen und Limitierungen, die Ende des 16. und zu Beginn des 17. Jahrhunderts die Menschen in Europa bewegten? Projizieren wir nicht lesend oder hörend oder sehend unsere Existenzbedingungen auf die Texte eines Mannes, der sie vor mehr als vier Jahrhunderten aus seiner und nicht aus unserer Perspektive heraus verfasst hat?

Ja und nein. Natürlich konnte Shakespeare nichts von allen unseren Triumphen, Niederlagen und Erschütterungen wissen oder ahnen, die wir angesichts von Technik, Atomenergie, Klimawandel oder Globalisierung zu feiern oder zu erdulden haben. Natürlich kannte er keine historischen Prozesse und Ereignisketten, in denen Faschismus und Totalitarismus wie im 20. Jahrhundert eine Rolle spielten. Und doch haben wir abzüglich vieler unserer Projektionen auf Shakespeare und seine Werke den Eindruck, dass da einer bei aller Unwägbarkeit und Variabilität des Mensch-Seins die *Conditio humana* erfasst und ausgedrückt hat wie selten einer vor oder nach ihm.

Am ehesten lässt er sich diesbezüglich mit Michel de Montaigne vergleichen. Ähnlich wie der französische Moralist, der schlicht sich selbst als Studienobjekt wählte, um Facetten des Humanen zu studieren und authentisch zu beschreiben, gelang es Shakespeare mit der Fülle seiner Bühnengestalten und deren Schicksalen, das Menschliche, vor allem aber auch das Allzu-Menschliche auf eine überraschend aktuell und modern anmutende Weise einzufangen und wiederzugeben. Seine Dramen wirken wie Fallvignetten, die eindrücklicher und tiefsinniger als entsprechende Lehrbücher den Inhalt von Vorlesungen und Seminaren in Psychologie, Soziologie, Historiographie, Anthropologie, Politologie, Ethnologie oder Philosophie kunstvoll kondensiert aufbereiten und verständlich machen. Neben Montaigne war Shakespeare Ende des 16. Jahrhunderts ein zweites überzeugendes und maßgebliches Beispiel dafür, wie überaus facettenreich das individuelle Ich in die Literatur Einzug halten und dort beschrieben werden konnte:

> Schriebe man die komplette Geschichte der Formulierungen subjektiven Lebens in der Literatur, müsste man ein langes Kapitel jenem beeindruckenden Mysterium widmen, das *Hamlet* für uns bedeutet, die bestkonzipierte, ... widersprüchlichste, undurchdringlichste, so reale wie eigenwillige Figur, die je erfunden wurde... In einem bedeutsamen Maße dürfte *Hamlet* ein Selbstporträt darstellen, denn ohne dem eigenen Spiegelbild tief in die Augen zu schauen, kann man wohl kein derart komplexes Bewusstsein schaffen.[2]

Gemeinhin werden die Dramen Shakespeares auf diverse Gruppen verteilt: Komödien, Tragödien, Historien. Hinzu kommen nicht-dramatische Dichtungen, unter denen vor allem die *Sonette* bekannt geworden sind. Bei den Komödien unterscheiden die Experten die heiteren Komödien (z. B. *Der Widerspenstigen Zähmung; Die Komödie der Irrungen; Wie es euch gefällt; Verlorene Liebesmüh; Ein Sommernachtstraum*) von den Problemstücken (z. B. *Ende gut, alles gut; Maß für Maß*) sowie von den Romanzen (z. B. *Ein Wintermärchen; Der Sturm*).

Bei den Tragödien bietet es sich an, die frühen (z. B. *Romeo und Julia*) von den Römer-Dramen (z. B. *Julius Cäsar; Antonius und Cleopatra*) sowie den späten Tragödien (z. B. *Hamlet; Othello; King Lear; Macbeth*) zu diskriminieren. Und bei den Historien dreht es sich um einzelne englische Könige (z. B. *King John; Richard III.; Heinrich IV.; Heinrich V.; Heinrich VIII.*), die allesamt im Zeitraum des Mittelalters (1200 bis 1500 nach Chr.) herrschten, und bei denen bevorzugt Macht-, Kriegs- und Thronfolge-Konflikte zu den wesentlichen Koordinaten ihrer Biographien wie auch ihrer Persönlichkeits-Akzentuierung zählten.

Bedenkt man die Titel dieser Dramen, wird man zugeben, dass nicht wenige von ihnen inzwischen zu ziemlich feststehenden Redewendungen

---

[2] McEwan, I.: Erkenntnis und Schönheit – Über Wissenschaft, Literatur und Religion (2019), Zürich 2020, S. 116 f.

mutierten – so bekannt sind sie geworden, ohne dass die entsprechenden Inhalte der Stücke einen analogen Bekanntheitsgrad aufweisen. Ähnlich ergeht es den Haupt- und Titelfiguren Hamlet, Othello, King Lear, Macbeth – sie sind zwar als Namen in den meisten Kulturen weltweit angekommen, ohne dass ihre tragischen Bühnenschicksale und das ihrer jeweiligen Mit- und Nebenfiguren vielen oder sogar den meisten Menschen voll- oder zumindest teilumfänglich präsent wären.

So lässt sich Shakespeare als Bühnenautor charakterisieren, der einerseits globale Berühmtheit genießt – wer von uns nickt nicht wissend-zustimmend bei der Erwähnung seines Namens oder bei der Nennung mancher seiner Dramen. Andererseits führt diese scheinbare Vertrautheit mit dem Dichter oft dazu, ihn nicht mehr kennenlernen und entdecken zu müssen – wir sind ja schon per Du mit ihm.

Zu dieser Scheinvertrautheit trägt mit bei, dass angeblich schon so vieles oder alles zu Shakespeare und seinem Werk erforscht und gesagt ist. Hunderte von Biographien[3]; Tausende von Werkanalysen[4]; Tausende von Diplom- und Doktorarbeiten; Zehntausende von Abhandlungen und Kommentaren; unzählige Inszenierungen und Lesungen weltweit – und nicht weniges davon im wöchentlichen, monatlichen, jährlichen Rhythmus.

Dieser bekannt-unbekannte Shakespeare hat auch bei Dichter- und Künstlerkollegen seine Visitenkarte hinterlegt – bei seinen Zeitgenossen ebenso wie bei den vielen nach ihm Kommenden. Und diese Visitenkarte hat Wirkung gezeigt, von enthusiastischer Zustimmung und Imitation über neidvolle Ablehnung bis hin zu stimulierenden Auseinandersetzungen mit ihm als Person oder mit einzelnen Motiven aus seinem Werk.

So ließ sich etwa der Historienmaler William Hogarth gerne als der Shakespeare der Malerei feiern; der Schweizer Maler Johann Heinrich Füssli schuf Gemälde zu *König Lear, Heinrich IV., Hamlet, Der Sturm, Heinrich V., Macbeth* und zum *Sommernachtstraum*; Salvador Dali malte

---

[3] von mir verwendete und zitierte Biographien: Ackroyd, P.: Shakespeare – Die Biographie (2005), München 2006; Brandes, G.: William Shakespeare, München 1896; Gelfert, H.-D.: William Shakespeare in seiner Zeit, München 2014; Greenblatt, St.: Will in der Welt – Wie Shakespeare zu Shakespeare wurde (2004), Berlin 2004;

[4] von mir verwendete und zitierte Sekundärliteratur: Alpsten, E.: Auf den Spuren von William Shakespeare, München 2016; Angeloch, D. et al. (Hrsg.): Shakespeare – Jahrbuch für Literatur und Psychoanalyse, Würzburg 2018; Auden, W.H.: Aus Shakespeares Welt (1948), Zürich 2001; Bloom, H.: Shakespeare – Die Erfindung des Menschlichen (1998), Berlin 2000; Günther, F.: Unser Shakespeare, München 2014; Kaufmann, W.: Tragödie und Philosophie (1969), Tübingen 1980; Kott, J.: Shakespeare heute (1965), Berlin 1989; MacGregor, N.: Shakespeares ruhelose Welt (2012), München 2013; Naumann, W.: Die Dramen Shakespeares, Darmstadt 1978; Schabert, I. (Hrsg.): Shakespeare-Handbuch, Stuttgart 1992; Suerbaum, U.: Der Shakespeare-Führer, Stuttgart 2015;

ein Albtraum-Porträt der Lady Macbeth. Und so können wir Hunderte von Künstlern benennen, die sich zeichnend und malend mit Shakespeare und seinen Dramen auseinandersetzten. Eine Sammlung dieser Bilder haben der Anglist Horst Oppel und seine Schüler vorgelegt, wobei sie etwa 3000 Illustrationen von über 500 Künstlern zusammengetragen haben.[5]

Ähnliches gilt auch für die Musik – hier haben sich Komponisten schon seit Jahrhunderten dazu anregen lassen, Shakespeares Texte zu vertonen. Begonnen bei englisch-sprachigen Liedern, die von einigen Purcell-Schülern in die Welt gesetzt wurden, über Franz Schubert und die Vertonungen etlicher Passagen aus beispielsweise *Die beiden Veroneser (Was ist Silvia, saget an)* bis hin zu den Verdi-Opern *Macbeth, Othello, Falstaff,* den Ballettkompositionen (z. B. Prokofievs *Romeo und Julia*) und den programmatischen Tondichtungen (so etwa Mendelssohn-Bartholdys *Sommernachtstraum;* Smetanas *Richard III.;* Tschaikowskis *Der Sturm*) spannt sich der imposante Bogen der musikalischen Beschäftigung mit dem englischen Dramatiker.

Und auch die Dichter und Denker haben sich in den Jahrhunderten seit Shakespeares Tod ausführlich mit ihm befasst. Bekannt geworden ist im deutschsprachigen Raum etwa Gotthold Ephraim Lessing mit seinen *Briefen, die neueste Literatur betreffend* (1759–1765), in denen er vehement für Shakespeare und gegen die französische Dramen-Tradition Stellung bezog. Daneben haben im 18. und 19. Jahrhundert Gottsched, Wieland, Herder, Goethe, Schiller, August Wilhelm von Schlegel oder Ludwig Tieck sowie im 20. Jahrhundert Erich Fried und Peter Handke sich direkt oder indirekt zu Shakespeare geäußert; oftmals haben sie ihm in Form von Übersetzungen ihre Reverenz erwiesen. Unter den Philosophen hat sich beispielsweise Hegel in der *Ästhetik* wiederholt mit Shakespeare befasst. Auch Schopenhauer in *Die Welt als Wille und Vorstellung* (1819) und Nietzsche in *Die Geburt der Tragödie aus dem Geiste der Musik* (1872) nahmen mehrfach Bezug auf Shakespeare und seine Dramen, um an ihnen ihre eigenen Theorien und Gedanken zu exemplifizieren.[6]

Ausführlich und einfühlsam nahm GWF Hegel (1770–1831) in seinen *Vorlesungen über die Ästhetik* (die er zwischen 1820 und 1829 in Berlin seinen Zuhörern viermal mit jeweils veränderten Inhalten präsentierte) zu Shakespeare Stellung. Von diesen Vorlesungen sind Mitschriften seiner Schüler erhalten, die die Urteile Hegels über den englischen Dramatiker ziemlich exakt wiedergeben.

---

[5] Hammerschmidt-Hummel, H.: Die Shakespeare-Illustration (1594–2000), Wiesbaden 2003.
[6] siehe hierzu Kaufmann, W.: Tragödie und Philosophie (1969), Tübingen 1980.

Hegel war vor allem von den Individualitäten begeistert, die bei Shakespeare stets vorhanden sind und bleiben – völlig gleichgültig, was die Einzelnen auf der Bühne gerade erleben. Sie stellen völlig stimmige Charaktere dar, deren Agieren und Argumentieren durchgängig von ihrer gesamten Person gedeckt wird. Hegel entdeckte bei Shakespeare und seinen Figuren das Dialektische und Polare, das Schwanken zwischen den Gegensätzen – was ihm zusagte und behagte:

> » Je mehr Shakespeare in der unendlichen Breite seiner Weltbühne auch zu den Extremen des Bösen und der Albernheit fortgeht, umso mehr gerade, wie ich schon früher bemerkte, versenkt er selbst auf diesen äußersten Grenzen seine Figuren nicht etwa ohne den Reichtum poetischer Ausstattung in ihre Beschränktheit, sondern er gibt ihnen Geist und Phantasie; er macht sie durch das Bild, in welchem sie sich in theoretischer Anschauung objektiv wie ein Kunstwerk betrachten, selber zu freien Künstlern ihrer selbst und weiß uns dadurch, bei der vollen Markigkeit und Treue seiner Charakteristik, für Verbrecher ganz ebenso wie für die gemeinsten, plattesten Rüpel und Narren zu interessieren.[7]

Ähnlich begeistert wie Hegel, wenngleich aufgrund völlig andersgearteter Meinungen und Geschmacksurteile, meldete sich Friedrich Nietzsche in Bezug auf Shakespeare zu Wort. In *Menschliches, Allzumenschliches* (1878) bezeichnete er den englischen Dichter als Moralisten, dem er ein hohes Maß an Leidenschaften und Affekten attestierte; dieser habe seinen passionierten

---

[7] Hegel, G.W.F.: Vorlesungen über die Ästhetik III (publizierte Mitschrift von H.G. Hotho 1842), Frankfurt am Main 1986, S. 561 f.

Dramenfiguren ein wahres Kompendium an Emotionen ins Gemüt gelegt, was seine Stücke so überaus gedankenvoll mache.

Einige Jahre später kam Nietzsche in *Jenseits von Gut und Böse* (1886) auf einen Gedanken zurück, den er bereits als junger Professor in Basel bei einem Vortrag (*Sokrates und die Tragödie*, 1870) formuliert hatte: Bei ihm, Shakespeare, sei eine ethische Weisheit zu finden, dass ihr gegenüber der Sokratismus beinahe als vorlaut und altklug erscheine. In *Jenseits von Gut und Böse* verglich der Denker deshalb den englischen mit dem altgriechischen Dramatiker Aischylos, dessen Tragödien er zu den unumstrittenen Gipfelpunkten der europäischen Geistesgeschichte zählte:

» Nicht anders steht es mit Shakespeare, ... über welchen sich ein Alt-Athener aus der Freundschaft des Aischylos halbtot gelacht oder geärgert haben würde: aber wir – nehmen gerade diese wilde Buntheit, dies Durcheinander des Zartesten, Gröbsten und Künstlichsten, mit einer geheimen Vertraulichkeit und Herzlichkeit an, wir genießen ihn als das gerade uns aufgesparte Raffinement der Kunst.[8]

Auf nochmals andere Aspekte im Werk und ebenso in der Person Shakespeares hat Ernst Cassirer abgehoben. In seinem *Der Mythus des Staates – Philosophische Grundlagen politischen Verhaltens* (1946) zielte der Philosoph auf nichts Geringeres als eine Klärung der Frage ab, wie es in Deutschland zum Faschismus hatte kommen können. Im Kapitel über Thomas Carlyle, den Cassirer aufgrund von dessen Geschichtsdenken als Etappe auf dem Weg zum Totalitarismus abhandelte, erwähnte er auch dessen Einordnung von Shakespeare als einen geistigen Helden. An ihm, so Carlyle, könne man die wundertätige Kraft des Denkens beobachten – ein Urteil, dem Cassirer beipflichtete.

Was Shakespeare im Vergleich zu Dante, Milton und Goethe als Denker auszeichnete, war zweifelsohne sein Humor – ein Humor, den er beileibe

---

[8] Nietzsche, F.: Jenseits von Gut und Böse (1886), in: KSA 5, München 1988, S. 159.

nicht nur in seinen Komödien unter Beweis stellte, sondern der als eine Art Weltanschauung seine Stücke wie auch sein Leben (sofern wir es kennen) durchtönte. Diese Weltsicht erlaubte es ihm, krasseste Dissonanzen in seinen Dramen ebenso wie die heftigsten existentiellen Erschütterungen seiner Figuren gelten zu lassen; und sie ermöglichte es ihm, sein eigenes Dasein selbst in den Momenten von Niederlagen und Schmerz mit einem souveränen Kommentar zu versehen:

> » So steht der Humor in der Mitte von Shakespeares Welt – und er bildet überall das eigentliche Zentrum für all jene gewaltigen Gegensätze, die sie in sich fasst. In ihm begegnet sich Großes und Kleines, und in ihm heben sich beide ineinander auf. Das Große erkennt sich in ihm als klein, wie das Kleine sich in ihm als groß fühlen darf... Er (Shakespeare) stellt die Rüpelszene unmittelbar neben die höchsten Schöpfungen dramatischer Kunst.[9]

„Shakespeare hat neben Gott das Meiste erschaffen" – meinte einst Alexandre Dumas. Neben dem französischen Schriftsteller waren andere Dichter-Kollegen ebenfalls von der genialen, grenzenlosen Schaffenskraft Shakespeares angetan. Der Sturm und Drang (Goethe, Klinger, Schiller, Lenz) tendierte bei Shakespeare ähnlich stark zum Genie-Kult wie im 20. Jahrhundert Friedrich Gundolf. Letzterer hatte sich mit Übersetzungen von Shakespeare-Texten (z. B. den Sonetten) ebenso einen Namen gemacht wie mit seinen beiden voluminösen Abhandlungen *Shakespeare und der deutsche Geist* (1911) und *Shakespeare – Sein Wesen und Werk* (1928). Im Vorwort zu *Shakespeare und der deutsche Geist* schrieb Gundolf ganz begeistert: „Shakespeare ist wie kein anderer das Mensch-gewordene Schöpfertum des Lebens selbst."[10]

---

[9] Cassirer, E.: Shaftesbury und die Renaissance des Platonismus in England (1932), in: Aufsätze und kleine Schriften, Gesammelte Werke Hamburger Ausgabe Band 18, Hamburg 2004, S. 166.
[10] Gundolf, F.: Shakespeare und der deutsche Geist (1911), Berlin 1927, S. VII.

Der Dichter als beinahe göttliche Gestalt und die Dichtung als eine Art Offenbarung, als Konglomerat erlösender Schriftzeichen, das weit über ein bloß ästhetisches Vergnügen regelrecht existentielle Bedeutung für die Kunst- und Kulturbeflissenen in sich trägt – derlei Zuschreibung erfolgte bei Shakespeare und seinem Werk wiederholt, ohne dass das Wesen und die Genese seiner Genialität jemals geklärt worden wären. Insbesondere Goethe hat sich öfters in theoretischen Texten ebenso wie in Romanen und autobiographischen Schriften mit dem englischen Dichter befasst. So entwarf er 1771 in Straßburg eine Rede *Zum Shakespeare-Tag*, in der er den Dramatiker emphatisch feierte:

» Shakespeares Theater ist ein schöner Raritätenkasten, in dem die Geschichte der Welt vor unseren Augen an dem unsichtbaren Faden der Zeit vorbeiwallt... Seine Stücke drehen sich alle um den geheimen Punkt..., in dem das Eigentümliche unseres Ichs, die prätendierte Freiheit unseres Wollens, mit dem notwendigen Gang des Ganzen zusammenstößt.[11]

Etwa vier Jahrzehnte später hatte sich der überschwängliche Ton Goethes abgeschwächt, ohne dass seine Wertschätzung Shakespeare gegenüber abgenommen hätte. In seiner Abhandlung *Shakespeare und kein Ende* (1813/1816) versuchte er, den Ort und die Bedeutung des Dramatikers in der europäischen Geistes- und Kulturgeschichte zu bestimmen:

» Shakespeare gesellt sich zum Weltgeist; er durchdringt die Welt wie jener; beiden ist nichts verborgen; aber wenn es des Weltgeists Geschäft ist, Geheimnisse vor, ja oft nach der Tat zu bewahren, so ist es der Sinn

---

[11] Goethe: Zum Shakespeare-Tag (1771), in: HA Band 12, München 1981, S. 226.

des Dichters, das Geheimnis zu verschwätzen und uns vor oder doch gewiss in der Tat zu Vertrauten zu machen... Genug, das Geheimnis muss heraus, und sollten es die Steine verkünden.[12]

Nicht unerwähnt soll bleiben, dass manche von Goethes Dichter-Kollegen vor der Wucht des englischen Dramatikers erschrocken zurückwichen; Rainer Maria Rilke etwa erlebte Shakespeare Anfang der 10er-Jahre in Duino als „zu sehr Gebirg, zu steil, zu amorph"[13] – obschon (oder weil) er sich damals immerhin an die Übertragung von zwei Shakespeare-Sonetten ins Deutsche wagte.

Von keiner Idolatrie angekränkelt, aber dennoch ein nachhaltiger Bewunderer der literarischen Kunstwerke Shakespeares war Sigmund Freud. Schon als Achtjähriger kam Freud erstmals mit Texten des Dramatikers in Kontakt, und sein waches Interesse an ihm war auch mit achtzig Jahren noch nicht abgeklungen. Er zitierte Shakespeare häufig und mit Zustimmung, ohne dass er ihn oder andere Künstler glorifizierte.

Was Freud an Shakespeare bewunderte? Nun, er las *Hamlet* oder *Macbeth* oder *King Lear* als psychoanalytische Fallvignetten, in denen er viele jener innerseelischen Konstrukte bestätigt sehen wollte, die er selbst formuliert hatte (z. B. der Ödipus-Komplex bei Hamlet; der Reinigungs- und Zwangskomplex bei Lady Macbeth; der Wiederholungszwang und das kontraphobische Verhalten bei Macbeth; der Inzestwunsch bei King Lear; der Elektra-Komplex bei Cordelia). Bei der wiederholten Lektüre dieser und anderer Shakespeare-Dramen imponierte ihm der Dichter als ein Psychoanalytiker *avant la lettre*, als literarischer Künstler, der seiner Zeit im Hinblick auf psychoanalytische Erkenntnisse weit voraus war.

In den über einhundert Jahren seit Sigmund Freuds Entdeckungen im Bereich der dynamischen Tiefenpsychologie blieb Shakespeare eine wichtige schriftstellerische Größe, auf die sich viele literaturpsychologisch Interessierte bezogen und weiter beziehen. Der Reigen der Shakespeare-Tiefenpsychologen zieht sich dabei von der Mittwochs-Gesellschaft, in der oft und ausgiebig über den englischen Dramatiker debattiert wurde, bis zu

---

[12] Goethe: Shakespeare und kein Ende (1813/1816), in: HA Band 12, München 1981, S. 289.
[13] Rilke, R.M.: Brief an Marie von Thurn und Taxis (30. Dezember 1911), in: Briefwechsel Band 1, hrsg. von Ernst Zinn, Frankfurt am Main 1986, S. 86.

den Freiburger literaturpsychologischen Gesprächen, die sich im Sommer 2017 drei Tage lang ausschließlich dem Thema *Shakespeare* widmeten, worüber man im Band 37 des *Jahrbuchs für Literatur und Psychoanalyse* ausführlich nachlesen kann.[14]

Neben den Psychoanalytikern haben sich auch Alfred Adler und die Individualpsychologen mit Shakespeare auseinandergesetzt. Für Adler war ein methodischer Zugangsweg zum gesunden und kranken Menschen grundwesentlich, den er *Menschenkenntnis* nannte. Diese Kenntnis, die durchaus um Selbst- und Weltkenntnis ergänzt werden darf, bezog Adler unter anderem aus den Künsten und der Literatur:

» Unsere Verehrung der Dichter kann kaum einen höheren Grad erreichen als in unserer Bewunderung für ihre vollendete Menschenkenntnis... Von dichterischen Kunstwerken, die uns Führer waren zu den Erkenntnissen der Individualpsychologie, ragen als Gipfel hervor ... Shakespeare und Goethe.[15]

An Dramenfiguren wie Hamlet, Othello, Romeo, Julia, König Lear, Richard III. und vielen weiteren könne man – so Adler – das Wesen und die Dynamik des menschlichen Seelenlebens eindrücklich nachvollziehen und studieren; die Dramenwelt Shakespeares eigne sich daher bestens als Studienfeld für Selbst-, Menschen- und Weltkenntnis.

Eine nicht nur tiefenpsychologische, sondern darüber hinaus auch anthropologische Perspektive auf Shakespeare warf und wirft der Berliner Arzt, Psychologe und Philosoph Josef Rattner. In mehreren Publikationen befasste er sich eingehend mit einzelnen Stücken und Dramengestalten und deren anthropologischer Interpretation.[16] Doch auch wenn Rattner weit über eine lediglich wenige psychoanalytische Konstrukte gelten lassende

---

[14] Angeloch, D. et al. (Hrsg.): Shakespeare – Jahrbuch für Literatur und Psychoanalyse, Würzburg 2018.
[15] Adler, A.: Individualpsychologische Bemerkungen zu Alfred Bergers *Hofrat Eysenhardt* (1924), in: Studienausgabe Band 7, Göttingen 2009, S. 73.
[16] siehe hierzu etwa: Rattner, J.: Dichtung und Humanität – Literaturpsychologische Essays über Shakespeare, Voltaire, Lessing, Schiller und Tolstoi, Bodenheim 1986.

Literaturpsychologie hinausgeht, würde er sich vollumfänglich zum Diktum Freuds bekennen, der über die Literaten (und damit natürlich auch über Shakespeare) anerkennend schrieb:

> » Wertvolle Bundesgenossen sind ... die Dichter, und ihr Zeugnis ist hoch anzuschlagen, denn sie pflegen eine Menge von Dingen zwischen Himmel und Erde zu wissen, von denen sich unsere Schulweisheit noch nichts träumen lässt.[17]

Shakespeare blieb als Theatermann und Autor bis um 1612 in London aktiv und expansiv; danach verlegte er seinen Lebensmittelpunkt wieder zurück nach Stratford-upon-Avon. Man vermutet, dass er bis 1616 (sein Todesjahr) nur noch gelegentlich Kontakte zu Kollegen und zu seiner ehemaligen Theatertruppe unterhielt und kaum mehr in London weilte. Der Brand des alten *Globe Theatre* im Jahr 1613 mag zu diesem Rückzug einiges beigetragen haben.

Womöglich aber war Shakespeare damals einfach verstummt, und sein Gesang war an ein Ende gekommen. *Der Sturm* war eines seiner letzten Stücke; ähnlich wie die Hauptperson in diesem Drama (Prospero) gab auch Shakespeare zum Schluss den Zauberstab (seiner Dichtkunst) ab – er wollte von diesem Zeitpunkt an kein Magier mehr sein, der allein mit Worten die Menschen ebenso in Schrecken versetzen wie verzaubern und entzücken konnte. Da er als Theatermann genug Geld verdient und etliche Häuser und Liegenschaften gekauft hatte, musste er sich nicht mehr für irgendwelche Aufgaben verdingen. Es ist müßig zu überlegen, ob Shakespeare länger gelebt hätte, wenn er denn weitergeschrieben hätte – aber auffällig ist es allemal: diese Beendigung seiner Dichtung und sein relativ frühes Ableben mit nur 52 Jahren.

Wer schreibt, der bleibt – heißt es in einem alten Sprichwort, das man fälschlicherweise Goethe zugeschrieben hat. Wer noch Geschichten zu erzählen hat, der bleibt; wer noch Bilder in sich trägt, die nach außen

---

[17] Freud, S.: Der Wahn und die Träume in W. Jensens Gradiva (1907), in: Gesammelte Werke Band VII, Frankfurt am Main 1999, S. 33.

drängen, der bleibt; und wer sich Aufgaben verpflichtet weiß, der bleibt und lebt eventuell länger als ein Organismus ohne soziale und kulturelle Verpflichtungen.

Anfang 1616 verfasste Shakespeare sein Testament in *perfect health and memory* – also voll zurechnungsfähig. Lange Zeit dachte man, aus seiner testamentarischen Verfügung, dass Anne nur das zweitbeste Bett des Haushalts bekommen sollte, eine grundsätzliche Distanz zu seiner Gattin herauslesen zu dürfen – eine Interpretation, die inzwischen überholt und deplatziert wirkt. Wenige Wochen später starb Shakespeare und wurde im Chorraum der *Holy Trinity Church* in Stratford begraben. Über seinem Grab brachte man einen Gedenkstein mit einem Knittelvers an, von dem man vermutet, dass Shakespeare selbst den Text verfasst hat:

> » O guter Freund, um Jesu Willen grabe nicht im Staube, der hier eingeschlossen liegt. Gesegnet sei, wer schonet diese Steine, verflucht sei, wer bewegt meine Gebeine.

So sehr sich bisher alle nach Shakespeare Kommenden von diesem Fluch abschrecken und seine Gebeine in Ruhe ließen, so sehr graben sie bis auf den heutigen Tag nach belastbaren Neuigkeiten seiner Biographie.

Eine dieser Neuigkeiten wurde nun 2021 von der US-amerikanischen Anglistin Lena Cowen Orlin im Rahmen der *Shakespeare Birthday Lecture* (jeweils am 23. April) vorgetragen. Darin vertrat sie die These, dass die in Stratford-upon-Avon seit über vierhundert Jahren zu sehende Porträtbüste am Grabmal des Dichters dessen Aussehen am allerauthentischsten und ziemlich echt widerspiegele.

Dieses Ergebnis ihrer Studien ist umso bemerkenswerter, als über das Gesicht Shakespeares seit langem schon heftig gestritten wird. Die Experten waren und sind sich uneins, ob dieses Porträt (das manche an einen selbstzufriedenen Fleischermeister erinnern soll) oder nicht viel eher das sogenannte Chandos-Porträt (benannt nach dem ersten Besitzer des Gemäldes, dem 3. *Duke of Chandos*) dem tatsächlichen Shakespeare am ehesten nahekommt. Das Letztere zeigt im Gegensatz zu der Büste in seiner Vaterstadt einen jungen, Boheme-haft wirkenden Mann mit einem Ohrring als Zeichen der Schauspieler. Verglichen mit dem Porträt-Stich des englischen Graveurs Martin Droeshout, der auf der ersten Ausgabe der Werke Shakespeares zu sehen war, können sich die meisten mit dem Bohemien-Aussehen des Dichters leichter identifizieren; böse Zungen sprachen bei dem Droeshout-Stich (der immerhin nach dem Chandos-Porträt angefertigt wurde) von einem Wasserkopf oder Pudding-Gesicht.

Sieben Jahre nach dem Tod Shakespeares gaben zwei ehemalige Theaterkollegen des Dichters seine Werke als *Mr. William Shakespeare's Comedies, Histories and Tragedies* (1623) heraus. Ben Jonson, der neben Shakespeare und Christopher Marlowe der bekannteste und einer der bedeutendsten Dramatiker der englischen Spätrenaissance war (von ihm stammt übrigens das fragwürdige Kompliment über die Schulbildung des Autors: *small Latin and less Greeke*), steuerte für die *First-Folio*-Ausgabe (erste Gesamtausgabe) eine Würdigung bei:

> » Britannien, frohlocke, du nennst ihn dein eigen,
> vor dem Europas Bühnen sich verneigen.
> Nicht einer Zeit gehört er, sondern allen Zeiten!

Stimmt: Das Werk Shakespeares ist längst schon kein lediglich britisches, sondern ein die Welt umgreifendes Kulturphänomen geworden, und seine Dramen und Gedichte gehören bereits seit Jahrhunderten nicht nur den Bürgern von Stratford-upon-Avon oder London, sondern der Menschheit. Auf hundertfache Übersetzungen und millionenfache Auflagen ist dieser menschheitliche Besitz inzwischen angewachsen, und ein Ende dieser exponentiellen Wachstumskurve ist nicht in Sicht.

Bei derart umfangreichen Besitztümern verwundert es nicht, dass die Menschen bereits seit Jahrhunderten die Frage umtreibt, wer denn die Person war, die all das ursprünglich geschaffen hat. Doch Shakespeares Identität bis hinein in sein Konterfei wird mit zunehmender Erforschung seiner Biographie und Lebensumstände eher schemenhafter denn klarer. *Who he was?* – nun, wir wissen es bis heute nicht, und die Dutzende von verschiedenen Porträts, die ihn angeblich fast lebensecht abbilden sollen, haben sich bis auf zwei Darstellungen (die Gedächtnisbüste über seinem Grab in der Stratforder *Holy Trinity Church* sowie der Kupferstich auf der *First-Folio*-Ausgabe) bloß als talentierte Phantasiegebilde herausgestellt; doch auch diese beiden Darstellungen wurden wahrscheinlich oder sicher oder vielleicht nicht vom lebenden Dichter, sondern erst nach seinem Tod erstellt und genießen nur deshalb Ansehen bei Experten, weil ihnen Ben Jonson gewisse Lebensnähe attestiert hat.

So geht es uns mit Shakespeare letztlich ähnlich wie mit Homer: Beide Barden haben uns die großartigsten Dichtungen geschenkt, die wir im Abendland kennen, ohne dass wir ihrer Identitäten habhaft würden. Sie vermitteln uns damit etwas Wesentliches der Kunst: Sie (die Kunst) und nicht der Künstler ist groß; und sie (die Kunst) und nicht der Künstler überlebt.

## Literatur

Adler, A.: Individualpsychologische Bemerkungen zu Alfred Bergers *Hofrat Eysenhardt* (1924). In: Studienausgabe Bd. 7. Göttingen (2009)
Angeloch, D. et al. (Hrsg.): Shakespeare – Jahrbuch für Literatur und Psychoanalyse. Würzburg (2018)
Cassirer, E.: Shaftesbury und die Renaissance des Platonismus in England (1932). In: Aufsätze und kleine Schriften, Gesammelte Werke Hamburger Ausgabe, Bd. 18. Hamburg (2004)
Cassirer, E.: Der Mythus des Staates (1946). Frankfurt a. M. (1985)
Emerson, R.W.: Repräsentanten der Menschheit (1850). Zürich (1989)
Freud, S.: Der Wahn und die Träume in W. Jensens Gradiva (1907). In: Gesammelte Werke, Bd. VII. Frankfurt a. M. (1999)
Goethe: Zum Shakespeare-Tag (1771). In: HA, Bd. 12. München (1981)
Goethe: Shakespeare und kein Ende (1813/16). In: HA, Bd. 12. München (1981)
Gundolf, F.: Shakespeare und der deutsche Geist (1911). Berlin 1927
Hammerschmidt-Hummel, H.: Die Shakespeare-Illustration (1594–2000). Wiesbaden (2003)
Hegel, G.W.F.: Vorlesungen über die Ästhetik III (publizierte Mitschrift H.G. Hotho 1842). Frankfurt a. M. (1986)
Kaufmann, W.: Tragödie und Philosophie (1969). Tübingen (1980)
McEwan, I.: Erkenntnis und Schönheit – Über Wissenschaft, Literatur und Religion (2019). Zürich (2020)
Nietzsche, F.: Jenseits von Gut und Böse (1886). In: KSA 5. München (1988)
Rattner, J.: Dichtung und Humanität – Literaturpsychologische Essays über Shakespeare, Voltaire, Lessing, Schiller und Tolstoi. Bodenheim (1986)
Rilke, R.M.: Briefwechsel mit Marie von Thurn und Taxis, zwei Bände, hrsg. von Ernst Zinn. Frankfurt a. M. (1986)

und genießen nur deshalb Ansehen bei Experten, weil ihnen Ben Jonson gewisse Lebensnähe attestiert hat.

So geht es uns mit Shakespeare letztlich ähnlich wie mit Homer: Beide Barden haben uns die großartigsten Dichtungen geschenkt, die wir im Abendland kennen, ohne dass wir ihrer Identitäten habhaft würden. Sie vermitteln uns damit etwas Wesentliches der Kunst: Sie (die Kunst) und nicht der Künstler ist groß; und sie (die Kunst) und nicht der Künstler überlebt.

## Literatur

Adler, A.: Individualpsychologische Bemerkungen zu Alfred Bergers *Hofrat Eysenhardt* (1924). In: Studienausgabe Bd. 7. Göttingen (2009)
Angeloch, D. et al. (Hrsg.): Shakespeare – Jahrbuch für Literatur und Psychoanalyse. Würzburg (2018)
Cassirer, E.: Shaftesbury und die Renaissance des Platonismus in England (1932). In: Aufsätze und kleine Schriften, Gesammelte Werke Hamburger Ausgabe, Bd. 18. Hamburg (2004)
Cassirer, E.: Der Mythus des Staates (1946). Frankfurt a. M. (1985)
Emerson, R.W.: Repräsentanten der Menschheit (1850). Zürich (1989)
Freud, S.: Der Wahn und die Träume in W. Jensens Gradiva (1907). In: Gesammelte Werke, Bd. VII. Frankfurt a. M. (1999)
Goethe: Zum Shakespeare-Tag (1771). In: HA, Bd. 12. München (1981)
Goethe: Shakespeare und kein Ende (1813/16). In: HA, Bd. 12. München (1981)
Gundolf, F.: Shakespeare und der deutsche Geist (1911). Berlin 1927
Hammerschmidt-Hummel, H.: Die Shakespeare-Illustration (1594–2000). Wiesbaden (2003)
Hegel, G.W.F.: Vorlesungen über die Ästhetik III (publizierte Mitschrift H.G. Hotho 1842). Frankfurt a. M. (1986)
Kaufmann, W.: Tragödie und Philosophie (1969). Tübingen (1980)
McEwan, I.: Erkenntnis und Schönheit – Über Wissenschaft, Literatur und Religion (2019). Zürich (2020)
Nietzsche, F.: Jenseits von Gut und Böse (1886). In: KSA 5. München (1988)
Rattner, J.: Dichtung und Humanität – Literaturpsychologische Essays über Shakespeare, Voltaire, Lessing, Schiller und Tolstoi. Bodenheim (1986)
Rilke, R.M.: Briefwechsel mit Marie von Thurn und Taxis, zwei Bände, hrsg. von Ernst Zinn. Frankfurt a. M. (1986)

# 2

# Hamlet – falscher Mann, falscher Ort, falscher Auftrag

Seit der griechischen Antike ist das Krankheitsbild und Temperament der Melancholie bekannt. Der Begriff bedeutet übersetzt schwarze Galle; die damaligen Ärzte waren überzeugt, dass ein Zuviel dieser Flüssigkeit die Melancholie hervorruft. In den letzten zweieinhalb Jahrtausenden haben sich die Modelle und Vorstellungen, wie Melancholie entsteht und was sie auszeichnet, ziemlich verändert. Heute denken wir an neurobiologische Befunde (Transmitterkonstellation des Gehirns) oder tiefenpsychologische Konzepte, wenn wir melancholisch gestimmte oder depressiv verstimmte Menschen vor uns sehen.

Neben der Medizin beschäftigen sich auch Literatur und Kunst mit dem Phänomen der Melancholie. Man denke nur an Goethes *Die Leiden des jungen Werther* (1774) und *Torquato Tasso* (1790), Karl Philipp Moritz' *Anton Reiser* (1785–1790), an die Poeme Georg Trakls *Melancholie I* (1913) und *Melancholie II* (1914) oder an Albrecht Dürers Kupferstich *Melencolia I*, den er 1514 anfertigte, und auf den sich mehrfach Dichter und Philosophen bezogen. In Thomas Manns *Doktor Faustus* (1946) taucht das Motiv des Dürerstichs wiederholt auf, und in dem monumentalen Überblickswerk *Saturn und Melancholie*[1] handelt ein ausführliches Kapitel von der Dürerschen Darstellung.

Die Dichter und Künstler haben hinsichtlich der Beschreibung von psychosozialen Auffälligkeiten im Vergleich zu den Experten vom Fach (Ärzte, Psychologen, Soziologen) oftmals die griffigeren Formulierungen,

---

[1] Klibansky, R., Panofsky, E. und Saxl, F.: Saturn und Melancholie (1964), Frankfurt am Main 1990.

lebensnäheren Erklärungen und einen unverstellten, durch Fachwissen nicht skotomisierten Blick. Bei ihnen lässt sich für das Verständnis etwa von depressiven Haltungen und Erkrankungen oft Wesentlicheres lernen als in so manchen Lehrbüchern oder Journalbeiträgen von ärztlichen oder psychologischen Fachleuten. Als prominentes Beispiel hierfür gilt William Shakespeare, dessen Bühnenpersonal dem Kompendium der Psychiatrie und Tiefenpsychologie entsprungen sein könnte. Besonders eindrücklich lassen sich psychologisch-psychopathologische Qualitäten seiner Figuren an *Hamlet* aufzeigen – ein Drama, das ich im Hinblick auf psychosoziale und anthropologische Aussagen erörtern will.

Warum der junge Hamlet aus Dänemark nach Wittenberg gegangen war – an die Universität Martin Luthers und Philipp Melanchthons? Wollte er Texte von Reformatoren und Humanisten studieren? Oder faszinierten ihn die Fachwerkkaschemmen, in denen er bis spät nachts mit seinem Freund Horatio pichelte? Träumte er noch von Ophelia im Norden oder schon von den Mädchen im Süden, in Italien?

Warum kam er nicht bis Bologna, Venedig oder Florenz, bis ins Herz der Renaissance? Mochte er die Welt von Erasmus und Montaigne, die Stiche von Dürer (als Raubdrucke unter der Hand erschwinglich) und die neuartigen Ansichten von Kopernikus? War er tatsächlich einer, der (so wollen es die allermeisten Shakespeare-Experten und Hamlet-Exegeten) Wissen, Erkenntnis suchte, Ursachen, Hintergründe, Zusammenhänge? Hatte er das Zeug zum fragenden, sinnierenden Kopf? Und reichte sein melancholisches Temperament hin, um ein Denker zu werden, womöglich sogar einer auf dem dänischen Königsstuhl?

Oder war er nicht vielmehr ein verbummelter Student, etwas willen- und orientierungslos, der gern so tat, als ob ihn die *Essais* von Montaigne bewegten, obschon ihn mindestens so sehr die Fräuleins von nebenan bekümmerten? Hat ihn Shakespeare nicht als einen gezeichnet, der den Wahnsinn und die Melancholie *spielen* konnte wie kein zweiter? War er tiefsinnig, leichtsinnig oder trübsinnig? War er gehemmt und antriebsarm wie ein Depressiver, oder stellten seine Symptome – Zweifel, Ambivalenz, Zögern und Zaudern, bohrende Fragen – nur Maskerade, Tand und Spiel dar, hinter denen sich ein schalkhafter, zerbrechlicher Hamlet verbarg?

Verständlich, dass ihn der überraschende Tod seines Vaters, des Königs von Dänemark, aus Wittenberg in den Norden nach Helsingör eilen ließ; und ebenso verständlich, dass er auf das Absurde des Todes – eine giftige Schlange soll den alten Hamlet im Schlaf gebissen haben – verwirrt und erschrocken reagierte. Aber dass er wochen- und monatelang auf Schloss

Kronborg in Helsingör blieb und kaum Anstalten machte, wieder zurück nach Wittenberg zu gehen, war eigentümlich.

Noch eigentümlicher war, dass bei ihm die Trauer um seinen Vater nicht abnehmen wollte. Oder waren es die familiären Umstände, die ihn nicht mehr so recht froh werden ließen? Da war die delikate eheliche Verbindung von Mutter Gertrude mit Onkel Claudius, dem Bruder seines Vaters. Keine vier Wochen nach dem Tod ihres Gatten heiratet diese Frau ihren Schwager – mit herkömmlich moralischer Elle gemessen ein ausgemachter Skandal. Und damit das Maß der Zumutungen voll wird, besteigt Onkel Claudius gleich noch den dänischen Thron – eine Position, auf der man sich nach dem Tod des Vaters auch den Sohn hätte vorstellen können.

Waren es diese Machinationen, die Hamlet Trübsinn blasen ließen? Wonach stand ihm eigentlich der Sinn? Wäre er nach dem Tod des Vaters lieber König denn Prinz gewesen, und hätte er sich in dieser Rolle um Geschichte, Politik und das Schicksal Dänemarks effektiv gekümmert? Die Händel der Erwachsenen – wären sie eine reizvolle Herausforderung für ihn gewesen oder nicht doch lästige Pflichten, von denen er froh war, dass sie ihn nicht ereilten? Und schließlich immer wieder die Frage: Warum blieb er angesichts trister Verhältnisse in Helsingör und ging nicht zurück nach Wittenberg; warum klebte er an den Familiengeschichten wie eine Fliege auf dem dafür präparierten Streifen?

Antworten darauf schiebt man gerne jenem Geist zu, der Hamlet nachts erschien, und der dem verstorbenen Vater ähnelte. Nicht ein Schlangenbiss, so der Geist, sondern Claudius habe den König vergiftet, indem er ihm im Schlaf einen Extrakt von Bilsenkraut ins Ohr träufelte. Er, Hamlet, solle den Mord ebenso wie die ruchlose Ehe von Claudius mit der Königin rächen. Der reichlich derangierte Sohn versah diese Aufforderung mit dem lakonischen Kommentar: „Es gibt mehr Dinge zwischen Himmel und Erde, als Eure Schulweisheit sich erträumen lassen."

Um sicherzugehen, dass die ihm vom väterlichen Geist zugespielte Ungeheuerlichkeit den Tatsachen entspricht, greift Hamlet zu einer List: Er schlüpft in die Rolle eines Wahnsinnigen, um Frau Gertrude und Oheim Claudius in Sicherheit zu wiegen und diese umso besser beobachten zu können. Außerdem beauftragt er eine Schauspielgruppe am Hofe von Helsingör, den vermuteten Königsmord auf der Bühne nachzuspielen. Als im Stück dem schlafenden König Gift ins Ohr geträufelt wird, springt Claudius erregt auf und verlässt überstürzt den Zuschauerraum – eine Reaktion, die Hamlet als eindeutige Schuldbestätigung seines Onkels interpretiert.

Obwohl Hamlet nun überzeugt ist, dass Claudius der Mörder seines Vaters ist, zögert er mit seiner Rache. Versehentlich ersticht er vorerst den obersten Staatsrat Polonius, den Vater seiner Geliebten Ophelia und von deren Bruder Laertes. Ophelia wird nach dieser Tat gemütskrank und ertränkt sich, wohingegen Laertes den Tod von Polonius rächen will und Hamlet zum Duell fordert, angeblich mit stumpfen Degen.

Mit Claudius jedoch hat Laertes ein Komplott geschmiedet, so dass seine Degenspitze nicht nur spitz, sondern auch in Gift getränkt ist. Beim Duell wird zuerst Hamlet, dann auch Laertes durch seinen eigenen Degen verletzt. Todgeweiht verrät er Hamlet die heimtückische Hinterlist, der daraufhin seinen Onkel tötet, bevor er selbst mit den Worten „Der Rest ist Schweigen" dem Gift zum Opfer fällt. Auch Königinmutter Gertrude stirbt, weil sie unbeabsichtigt den vergifteten Inhalt eines Kelchs auf das Wohl ihres Sohnes trinkt.

Am Ende des Dramas ist der Großteil des Bühnenpersonals tot, und der Satz Hamlets hat sich bestätigt, dass die Zeit aus den Fugen ist. Dänemark, von dem es heißt, etwas sei faul im diesem Staate, fällt in die Hände des jungen Norwegerprinzen Fortinbras und seines Heeres, das auf Helsingör vorrückt. Im Schloss findet Fortinbras nur noch die Leichen seiner Feinde vor, von deren Schicksal ihm Horatio Kunde gibt.

Wie aber Hamlet, seinen Charakter und das ganze Drama verstehen? Der polnische Theatermann Jan Kott hat darauf hingewiesen, dass die Geschichte der Deutungen lang und die gesammelte Sekundärliteratur zu *Hamlet* dicker als das Telefonbuch von Warschau ist. *Hamlet* sei wie ein Schwamm, der sich seit vierhundert Jahren mit Themen und Problemen der jeweiligen Zeit vollsauge. Interpreten wringen diesen Schwamm so lange aus, bis aus ihm stets neue und andere Flüssigkeiten tropfen.

An *Hamlet* haben sich neben Literaturwissenschaftlern auch Ärzte, Psychologen, Philosophen, Schriftsteller, Dichter, Biographen, Historiker, Anthropologen und natürlich Theaterleute versucht. Außerdem gibt es seit der Erstaufführung (1602) Hunderte Inszenierungen, die das Stück etwa in einem politischen, soziologischen, historischen, psychologischen oder anthropologischen Licht erscheinen lassen. Voltaire, Lessing, Goethe, Kuno Fischer, Victor Hugo, Nietzsche, Georg Brandes, Sigmund Freud, Alfred Adler, Ernest Jones, Karl Jaspers, Gustav Landauer, Ernst Bloch, Theodore Lidz, Otto Rank, James Joyce und viele andere haben sich zu *Hamlet* geäußert – was gibt es da an Sinnvollem noch hinzuzufügen?

Bei solch hochkarätigen Interpreten empfiehlt es sich, bei den eigenen Leisten zu bleiben und bevorzugt auf tiefenpsychologische sowie anthropologische Konzepte und Perspektiven abzuheben. Außerdem erscheint es angebracht, den Schwamm Hamlet derart auszudrücken, dass aus ihm die Themen unserer und nicht vergangener Zeiten tropfen.

Über Hamlet, über sein Zögern, seine Tendenz zur Grübelei und seine Neigung zu Selbstvorwürfen findet sich bei Freud in *Die Traumdeutung* (1900) eine tiefenpsychologische Interpretation. Am Prinzen meinte Freud, die ödipale Konfliktsituation, in die jedes Kind verwickelt wird, anschaulich demonstrieren zu können. Die psychoanalytische Entwicklungslehre geht davon aus, dass Kinder im Alter von etwa fünf Jahren mit dem gleichgeschlechtlichen Elternteil rivalisieren (bis hin zur Vorstellung von deren Eliminierung) und vom unbewussten Wunsch beherrscht sind, den geschlechtlich entgegengesetzten Elternteil sexuell zu begehren.

Bei Hamlet nahm Freud an, dass Shakespeare ihn als eine Figur mit ödipalen Wünschen und Konflikten konzipiert hat. Der Tod des Vaters induzierte bei ihm aufgrund dieser unbewussten Vorstellungen einerseits Schuldgefühle – als ob seine Tötungsphantasien dem Vater gegenüber den tatsächlichen Mord ermöglichten. Daneben spürte er Hemmungen, seinen Vater zu rächen und Claudius zu töten, weil er in seinem Onkel sich und seine ödipalen Impulse und Begierden wiedererkannte. So wie Claudius gehandelt hat, so wollte eigentlich auch Hamlet agieren. Seine unbewusste Identifikation mit Claudius verunmöglichte einen schlichten Racheakt und rief stattdessen Zögern und Zaudern hervor:

» Hamlet kann alles, nur nicht die Rache an dem Mann vollziehen, der seinen Vater beseitigt und bei seiner Mutter dessen Stelle eingenommen hat, an dem Mann, der ihm die Realisierung seiner verdrängten Kinderwünsche zeigt. Der Abscheu, der ihn zur Rache drängen sollte, ersetzt sich so bei ihm durch Selbstvorwürfe, durch Gewissensskrupel, die ihm vorhalten, dass er, wörtlich verstanden, selbst nicht besser sei als der von ihm zu strafende Sünder.[2]

---

[2] Freud, S.: Die Traumdeutung (1900), in: Gesammelte Werke Band II/III, Frankfurt am Main 1999, S. 272.

Dem psychoanalytischen Konzept gemäß könnte man Hamlet als jungen Mann charakterisieren, der sich mit familiären Problemen beschäftigt, ohne über sie hinauszuwachsen. Die Identifikation mit der väterlichen Erwachsenenrolle gelingt ihm nicht; stattdessen sucht er bei der Mutter, was ihm nur der Vater bieten könnte: eine stabile männliche Identität.

Das Festhalten an der ödipalen Thematik bedeutet ein Ausweichen vor den anspruchsvolleren Aufgaben der Erwachsenenwelt. Diese Hemmung wird durch Argumente und Affekte gestützt, die Hamlet als Zögern, Zaudern, Zweifel, Schuldgefühl und als immer wieder aufgeschobenen Racheimpuls erlebt.

Ausgehend von der instabilen Männlichkeit Hamlets und seiner Tendenz zum ausweichenden Verhalten hätte Alfred Adler ihm wohl eine zögernde Attitüde sowie einen ausgeprägten männlichen Protest attestiert. In seiner Abhandlung *Der psychische Hermaphroditismus im Leben und in der Neurose* (1910) erläuterte Adler sein Modell einer innerseelischen Dynamik, die sich aus Minderwertigkeitsgefühlen (Inferiorität, Weiblichkeit als kulturell vermittelter niedriger Wert) und kompensatorischem Streben nach Überlegenheit (Dominanz, Größengefühl, Männlichkeit als kulturell vermittelter hoher Wert) speist. Die Kompensationsbemühungen benannte Adler als männlichen Protest – eine Bemühung, die auf die Formel gebracht werden kann: Ich will ein ganzer Mann sein, selbst wenn ich eine Frau oder lediglich ein Mann mit Schwächen bin.

Der männliche Protest kann nach Adler in verschiedenem Gewande auftreten: als hypertrophe Männlichkeitsattitüde und Kampfgebaren, aber auch als Weibchenschema (infantil-feminines Verhalten, Masochismus, scheinbare Unterwerfung). Je mehr primär Weibliches (in patriarchalisch geprägten Kulturen) beim Einzelnen eine Rolle spielt, umso mehr ist bei ihm sekundär verstärkter männlicher Protest zu erwarten.

Eine Zuspitzung erfährt diese Dynamik, wenn Menschen gehäuft in unterlegene Positionen geraten, zum Beispiel durch übersteigerte Ehrgeiz- und Protestziele oder aber durch reduzierte Aktivität hervorgerufen. Daneben erwähnte Adler als mögliche Ursache für das Scheitern des männlichen Protests auch das Hamlet-Schicksal:

> » Ein aus der Kindheit überkommendes, reges, leicht verschiebliches Schuldgefühl protegiert die weiblichen Züge und schreckt den

Patienten mit möglichen Folgen seiner Tat (Hamletnaturen).³

Die Hemmungen und das Zaudern des Dänenprinzen wären demnach als misslungene Entwicklung zum männlichen Erwachsenen zu deuten, als ein Überwiegen weiblicher Persönlichkeitsanteile (im Sinne von betonter Unterwerfung und Unterlegenheit) und als eine Lebenshaltung, die Adler mit dem Begriff der zögernden Attitüde belegte. Damit charakterisierte er Menschen, die sich angesichts von allfälligen Lebensschwierigkeiten und Widerständen der stumpfen Welt auf Privates zurückziehen und deshalb den Herausforderungen ihrer Existenz nicht voll gewachsen sind.

1921 publizierte C. G. Jung *Psychologische Typen* – ein Buch, in dem er eine tiefenpsychologische Typologie entwarf. Dabei unterschied er Denk-, Fühl-, Intuitions- und Empfindungstypen sowie die Haltungen von Intro- und Extraversion. Bei Menschen lassen sich dominante psychische Grundfunktionen (wie etwa Denken und Fühlen) und Einstellungen (z. B. Introversion) beobachten; sobald diese verfestigt sind, sprach Jung von einem Typus.

Der Denktypus etwa setzt einen Großteil seiner seelischen Energie dafür ein, mit seinem Intellekt die Welt in begrifflichen Zusammenhängen zu erfassen und zu gestalten. Diese Funktion wird entscheidend von den Einstellungen Extraversion und Introversion moduliert. Unter Extraversion verstand Jung die Auswärtswendung der Libido eines Menschen hin auf seine Umwelt. Die Interessen des Extravertierten sind auf Mitmenschen, Situationen und Dinge gerichtet, wohingegen Introvertierte die Libido nach innen wenden und sich von der Welt und ihren Aufgaben zurückziehen.

Bei Hamlet haben wir es dieser Einteilung Jungs zufolge mit einem überwiegend introvertierten jungen Mann zu tun, der sich vor allem auf die seelische Funktion des Denkens verlässt. Jung betonte, dass eine grobe Einteilung in Typen das je Individuelle eines Menschen verfehlen kann. Hamlet als introvertierten Denktypus zu klassifizieren spiegelt aber einen Teil des von Shakespeare geschaffenen Charakters korrekt wider:

---

³ Adler, A.: Der psychische Hermaphroditismus im Leben und in der Neurose (1910), in: Studienausgabe Band 1, Göttingen 2007, S. 110.

> » Das introvertierte Denken orientiert sich in erster Linie am subjektiven Faktor … Es führt also nicht aus der konkreten Erfahrung wieder in die objektiven Dinge zurück, sondern zum subjektiven Inhalt. Die äußeren Tatsachen sind nicht Ursache und Ziel dieses Denkens, obschon der Introvertierte sehr oft seinem Denken diesen Anschein geben möchte, sondern dieses Denken beginnt im Subjekt und führt zum Subjekt zurück … Dieses Denken verliert sich leicht in die immense Wahrheit des subjektiven Faktors.[4]

In seinen Schriften beschrieb Jung mehrfach die Entwicklung sogenannter Introversionsneurosen. Damit hob er auf die Gefahren ab, die in alleiniger und zu früher Orientierung eines Menschen auf den introvertierten Pol hin liegen. Für die Jugend und die jungen Erwachsenenjahre postulierte Jung, dass die Extraversion eine diesem Lebensalter adäquate Einstellung bedeutet; normalerweise sei erst in der zweiten Lebenshälfte mit einem Überwiegen der Introversion zu rechnen.

Wer wie Hamlet schon in der zweiten oder dritten Lebensdekade eine bevorzugt introvertierte Einstellung entwickelt, geht ein hohes Risiko ein, irgendwann seelische Störungen oder Krankheiten auszubrüten. Dazu rechnete Jung frühzeitig auftretende Formen der Melancholie und der Schizophrenie. Dass Hamlet von Shakespeare als krank oder verrückt konzipiert wurde, wird von den meisten Experten für unwahrscheinlich gehalten. Wie sehr er aber als Introvertierter nah an den Grenzen zum Wahn lebte und mit ihm ein Spiel trieb, bei dem er riskierte, nicht immer nur souveräner Akteur, sondern eventuell auch gefährdetes Opfer zu sein, verdeutlichen manche seiner Skurrilitäten:

---

[4] Jung, C.G.: Psychologische Typen (1921), in: Gesammelte Werke Band 6, Solothurn 1971, S. 407 ff.

> » Ich bin nur irr bei Nordnordwest. Kommt der Wind südlich, kann ich einen Bussard von einem Besenstiel unterscheiden.[5]

Das Verharren in einer kindlichen (ödipalen) Situation lässt sich den Tiefenpsychologen zufolge auch daran ablesen, dass die Ernsthaftigkeit des Daseins nur partiell anerkannt wird. Wünsche und Wirklichkeit, Schein und Sein werden nicht immer säuberlich getrennt, und oft genug schieben sich statt eines nüchternen Realitätsprinzips wohlfeile Vorstellungen, bunte Phantasien und das Lustprinzip in den Vordergrund.

Auf diese Aspekte hob Otto Rank in *Psychoanalytische Beiträge zur Mythenforschung* (1919) ab. Die ödipale Konfliktsituation Hamlets lässt sich Rank zufolge einerseits an dessen reger Phantasietätigkeit ablesen („nur reden will ich Dolche, keine brauchen"). Andererseits unterlaufen ihm aufgrund seiner unzureichenden Verankerung in der Wirklichkeit fatale Fehlleistungen wie die versehentliche Tötung von Polonius. Bei einem Gespräch Hamlets mit Gertrude bemerkt er, dass sich hinter dem Vorhang ein Lauscher befindet. Ohne nachzusehen, ob es Claudius ist, sticht er zu und tötet seinen potentiellen Schwiegervater. Seine Reaktion darauf ist eher lapidarer Natur:

> » Du ärmster, vorschnell-naseweiser Narr, leb wohl. / Ich hielt dich für wen Höhern. Nimm dein Los: / Du siehst, zu emsig sein, das bringt Gefahr.[6]

Rank bezeichnete die Tötung von Polonius als Surrogat für jene Tat, vor der Hamlet Mal um Mal zurückschreckt. Immerhin ist es eine Vaterfigur, die er ins Jenseits befördert – aber eben nicht der ihm vom väterlichen Geist aufgegebene und von seinem Bewusstsein akzeptierte Racheakt, vor dem ihn sein Unbewusstes immer wieder ausweichen lässt.

---

[5] Shakespeare: Hamlet (1602), München 1995, S. 113.
[6] Shakespeare: Hamlet (1602), München 1995, S. 185.

Ein weiterer Ersatz für tatsächlich vollzogene Handlungen stellt das Spiel im Spiele dar. Für Rank bedeutete die Schauspieltruppe im *Hamlet* eine Möglichkeit für den Dänenprinzen, nicht nur die Reaktion des Königs auf einen Bühnenmord zu beobachten, der dem vermuteten Brudermord in seinem Ablauf ähnelte. Daneben konnte sich Hamlet von den dabei evozierten Hassaffekten stimulieren lassen und sich mit den vorgespielten Handlungen soweit identifizieren, dass er sich im Gefühl wiegen durfte, bereits genug „getan" zu haben:

» Insoweit ersetzt ihm also das Schauspiel … außer der Tötung des Vaters auch den Sexualakt mit der Mutter, im Sinne der Vorbildlichkeit des elterlichen Verkehrs. Andererseits versetzt ihn diese Bedeutung des Schauspiels in die infantile Rolle des Zuschauers der elterlichen Zärtlichkeiten, welche als Urtrauma seiner Ödipuseinstellung zugrunde liegt.[7]

In der griechischen Mythologie wird Ödipus als junger Mann dargestellt, der zu seinen Taten getrieben und verführt wird, weil er nicht weiß, von wem er abstammt und wer er ist. Eine ähnliche Unsicherheit hinsichtlich der eigenen Identität diagnostizieren die Psychoanalytiker bei jenen, die in der ödipalen Situation verfangen sind. Zur Schar dieser Analytiker zählte auch Ernest Jones, der mit seiner Freud-Biografie bekannt wurde. In seinem *Hamlet and Oedipus* (1949) ergänzte er die Freudsche These vom Ödipuskomplex Hamlets um die Thematik der (sexuellen) Identitätssuche. Für Jones hatte der Bruderzwist zwischen Claudius und dem König ein aggressives wie auch ein erotisches Motiv – Motive, die er mithilfe der psychoanalytischen Symbollehre nachweisen wollte.

Für diese bedeutet etwa Gift eine mit böser Absicht aufgeladene Körperflüssigkeit, wohingegen die Schlange angeblich einen Phallus symbolisiert. Beides manipuliere in der Schilderung Shakespeares das Ohr von Hamlet dem Älteren (dem König), was Jones zufolge zweifelsfrei und eindeutig nur einen interpretatorischen Schluss nahelegt:

---

[7] Rank, O.: Psychoanalytische Beiträge zur Mythenforschung (1919), Hamburg 2010, S. 83 f.

> Der Mordanschlag hatte darum sowohl aggressive wie erotische Komponenten ... Dass weiter das Ohr ein unbewusstes Äquivalent für den Anus ist, ist eine These, für die ich an anderer Stelle ausführliche Beweise beigebracht habe. So müssen wir Claudius' Attacke gegen seinen Bruder sowohl eine mörderische Aggression wie einen homosexuellen Anschlag nennen.[8]

Nimmt man dann noch die Freudsche These für bare Münze, dass sich Hamlet der Jüngere mit seinem Onkel Claudius identifizierte, landet man bei einer Diagnose, welche das Zögern und Zaudern des Dänenprinzen nochmals verständlicher zu machen scheint: Hamlet war demnach ein femininer Homosexueller, der seine sexuelle Orientierung vor sich selbst und seiner Umwelt geheim halten wollte und musste.

Es ist durchaus nicht nach jedermanns Geschmack, aus Ohren im Handumdrehen einen Anus und aus dem Beinahehelden Hamlet ebenso flugs einen Homosexuellen femininer Bauart werden zu lassen. Diese Stoßrichtung einer psychoanalytischen Literaturinterpretation wurde in der Vergangenheit zu Recht kritisiert, und Ernest Jones hat mit manchen Aspekten seiner Hamlet-Deutung das gallige Urteil von Karl Kraus bestätigt, dass die Psychoanalyse jene Krankheit sei, die sie zu behandeln vorgibt. Aber eben nur hinsichtlich mancher Aspekte. Übersetzt man das Vokabular der Psychoanalyse in die Sprache des *Common sense*, ergibt sich ein Bild Hamlets, das seine Gefährdung in Bezug auf seelische Krankheiten (Wahn, Melancholie) sowie seine Neigung zu eigentümlichen Handlungen (von ihm selbst als wunderliches Wesen tituliert) verständlich werden lässt.

Fasst man wesentliche Aussagen von Freud, Adler, Jung, Rank, Jones über Hamlets Charakter, Lebensstil, Konfliktlage und psychosoziale Belastungen zusammen, entsteht das Psychogramm eines Menschen, der aufgrund seiner Kindheit, Jugend und Adoleszenz nicht ausreichend auf die Rolle eines erwachsenen Mannes vorbereitet ist, und der sich in einer feindseligen, an

---

[8] Jones, E.: Der Tod von Hamlets Vater (1948), in: Kaiser, J. (Hrsg.): Hamlet heute – Essays und Analysen, Frankfurt am Main 1965, S. 49.

Macht undRanküne orientierten Welt unsicher und mit Skrupel behaftet bewegt.

Hinzu kommt die Erschütterung über den Tod seines Vaters, mit dem er sich anders als mit Claudius nachhaltig identifiziert hatte, und die maßlose Enttäuschung über seine Mutter, die sich ihrem Schwager kurz nach dem Ableben ihres Gatten regelrecht an den Hals geworfen haben muss. Als ihm dann noch geoffenbart wird, dass der alte König von dessen eigenem Bruder und im Wissen der Königinmutter ermordet wurde, gerät für den von Hause aus nicht gerade cäsarenhaft-robusten Hamlet seine Welt massiv ins Schwanken.

Allein diese Belastungen hätten bei den meisten Menschen eine schwerwiegende seelisch-geistige Krise oder Erkrankung ausgelöst. Dass der zur (wenn auch witzigen) Introversion neigende Hamlet nun auch noch mit der nicht ganz trivialen Aufgabe der Rache an Claudius betraut wird, lässt sein bisheriges Dasein als fragwürdig, seine Identität als porös und seine Zukunft als nahezu katastrophal erscheinen. Der US-amerikanische Psychiater und Psychoanalytiker Theodore Lidz meinte dazu:

> » Hamlet ... befindet sich in einer Lage, deren Probleme nicht durch Nachdenken oder philosophische Überlegungen gelöst werden können ... Sich selbst gegenüber ist er verpflichtet, wieder eine Richtung, eine stabile Identität und einen Sinn im Leben zu finden, nachdem die Grundlagen seines Vertrauens in die Welt und die Menschen seiner Umgebung zerstört worden sind. Er kann nicht länger der Hamlet sein, der Wittenberg zwei Monate vor Beginn der Handlung verließ, er kann nicht der Hamlet sein, der er vermutlich geworden wäre.[9]

---

[9] Lidz, Th.: Hamlets Feind – Mythos und Manie in Shakespeares Drama (1975), Frankfurt am Main 1980, S. 74 f.

Ohne im Detail entscheiden zu können, an welchen Stellen Shakespeare seinen Protagonisten als im Wahn befindlich oder nur mit einer Maske versehen wissen wollte, kann man feststellen, dass Hamlet wahnhaft war und/oder wunderlich agierte, um seinen Personkern zu schützen und um einen Rest von Handlungsspielraum zu verteidigen. Damit reagierte er wie manche psychiatrischen Patienten, die über zu wenige Möglichkeiten verfügen, ihr Dasein zu ordnen und zu gestalten. Worin er sich von ihnen allerdings unterschied, war die Kraft seiner Worte, um zu sagen, was er leidet, und wie sehr er dabei seine Person in ein Innen und ein Außen teilen musste:

> War's Hamlet, der Laertes Unrecht tat? Nicht Hamlet! / Wenn Hamlet von sich selbst getrennt ist und / Als nicht er selbst Laertes Unrecht tut, / Dann tut es Hamlet nicht, Hamlet bestreitet's. / Wer tut es dann? Sein Wahnsinn. Wenn dies so ist, / So ist auch Hamlet wer, dem Unrecht widerfuhr. / Sein Wahnsinn ist des armen Hamlet Feind.[10]

Shakespeares Drama ist nach seiner Hauptperson *Hamlet* benannt – es hätte jedoch ebenso gut nach den darin dominierenden Affekten als *Das Misstrauen* oder *Die Rachsucht* oder nach den dargestellten psychiatrischen Krankheitsbildern als *Die Melancholie* oder *Der Wahn* bezeichnet werden können. Shakespeare bewies Menschenkenntnis und psychologische Intuition, als er diese Affekte und Krankheitsbilder nicht einer einzelnen Bühnenfigur alleine zuschrieb. Bis auf wenige Ausnahmen sind in *Hamlet* alle handelnden Personen von Misstrauen und Rachsucht, Wahn und Melancholie betroffen, wobei die Ausprägungsgrade und die Bedingungen ihrer Genese unterschiedlich sind. Das Stück wirkt wie ein Kompendium dieser psychopathologischen Phänomene, und gleichzeitig verdeutlicht es wesentliche Gesichtspunkte von Affekten und seelischen Krankheiten: Sie wirken ansteckend, und ihre Entstehung betrifft nie nur das Individuum allein, sondern stets auch dessen Umgebung.

---

[10] Shakespeare: Hamlet (1602), München 1995, S. 291.

So findet sich das Motiv der Rache nicht nur bei Hamlet, sondern auch bei Fortinbras und Laertes. Hamlet soll den Mord an seinem Vater rächen, und ebenso sehen sich Fortinbras und Laertes mit einer solchen Aufgabe konfrontiert. Der Vater von Fortinbras wurde schon Jahrzehnte vor der aktuellen Handlung von Hamlets Vater im Kampf besiegt und erschlagen – eine Geschichte, für die Fortinbras mit seinem Kriegszug gegen Dänemark Rache nehmen will. Das Rache-Motiv für Laertes hingegen speist sich aus dem Tod von Polonius, den Hamlet auf dem Gewissen hat.

Die Söhne werden von ihren verstorbenen Vätern für Taten und schicksalhafte Entwicklungen direkt (wie bei Hamlet) oder indirekt (wie bei Fortinbras und Laertes) in Haftung genommen, für die sie kaum oder gar keine Verantwortung übernehmen können. Ungewollt, ungefragt erhalten sie Aufträge (zur Rache und Rehabilitierung) von ihren Altvorderen, die ihr eigenes Dasein verändern und zerstören. So vererben sich Hass, Neid, Missgunst, Rachsucht und Entwertung über die Generationen hinweg, ohne dass sich die Nachfolgenden gegen diese Erbschaft nachhaltig zur Wehr setzen können.

Ähnlich weit wie das Rachemotiv hat Shakespeare das Misstrauen und die Paranoia in *Hamlet* gestreut. Der dänische Prinz gerät in Helsingör in ein Gespinst paranoider Ängste und Verdächtigungen, von denen fast alle am Hofe betroffen sind. Dass Claudius nach seinem Mord am Bruder keinem trauen darf, ist verständlich, und dass auch seine Mitwisserin Gertrude ängstlich wird, überrascht keineswegs: Beide haben berechtigte Sorge, dass sich ihre Aggression irgendwann gegen sie selbst richten könnte – eine Sorge, die sich letztlich auch in ihre eigene Beziehung einnistet und sie (im wahren Sinn des Wortes) vergiftet.

Misstrauisch sind des Weiteren Polonius und nach und nach auch seine Kinder Ophelia und Laertes. Dem alten Staatsrat hat Shakespeare die Rolle des Lauschers hinter der Wand zugedacht, der nicht nur seine eigene, sondern auch die Schande der anderen vernimmt und eine dazu entsprechende Misanthropie entwickelt. Bei seiner Tochter sät er den Keim des Zweifels an Hamlet, der sich zum Misstrauen und zur Distanz auswächst und jegliche erotischen Empfindungen unterminiert. Laertes schließlich misstraut nach dem Tod seines Vaters zuerst Claudius, der dessen Aggression jedoch geschickt auf Hamlet lenkt und so das finale Duell vorbereitet.

Hamlet selbst hat letztlich guten Grund, allen zu misstrauen: Seiner Mutter, Claudius und Polonius, aber auch dem Geist des Vaters, den beiden Beamten Rosenkranz und Güldenstern und sogar Ophelia – wer von ihnen sagt die Wahrheit, wem kann er vertrauen, wer steht wirklich zu ihm? Am ehesten noch bleibt Freund Horatio auf der Habenseite – alle anderen rutschen für ihn ins emotionale Obligo. Kein Wunder, dass er auf einem derart wackligen sozialen Fundament eine paranoide Haltung entwickelt, die leicht in einen manifesten Wahn kippen könnte.

Relevant wahnkrank wurde jedoch nicht Hamlet, sondern Ophelia. Hamlets Geliebte wirkt wie eine Symptomträgerin, die für das familiäre System (bzw. den dänischen Hof) jene Krankheitszeichen, Beschwerden und Phänomene übernimmt und an den Tag legt, an denen eigentlich alle zu leiden hätten: massive Ängste, Zusammenbruch zwischenmenschlicher Beziehungen, Verlust der Realitätsorientierung, Depressivität, Auflösung der Ich-Grenzen, Suizidimpulse und schließlich der vollzogene Suizid.

In gewisser Weise waren oder sind sämtliche signifikanten Figuren auf Schloss Kronborg verrückt: der alte König, der vor langer Zeit schon den norwegischen Herrscher erschlug; Claudius und Gertrud, die sich des Königs mittels Mord entledigten; Polonius, der notorische Intrigant und Lauscher hinter der Wand; die Söhne Laertes, Fortinbras und Hamlet, die vom Racheaffekt infiziert sind und (trunken und vollkommen verwirrt durch diesen Affekt) der Destruktivität freien Lauf lassen – der eine (Fortinbras) in Form eines Krieges, die anderen beiden in Form eines tödlichen Duells. Sie alle sind vergiftet (Gift spielt im Stück eine sehr zentrale Rolle) durch Misstrauen, Hass, Machtstreben und paranoide Ängste, und keiner von ihnen kennt und verfügt über die hilfreichen und heilenden Antidote Eros, Vernunft und Solidarität.

Shakespeare hat mit *Hamlet* ein Drama der Wiederholungen sowie der Doppelungen und Spiegelungen geschaffen: drei Söhne verlieren ihre Väter; alle Hauptpersonen sind in spannungsreiche Dreiecksbeziehungen involviert (der König, Claudius und Gertrude; Hamlet, Claudius und Gertrude; Hamlet, Ophelia und Polonius; Hamlet, Laertes und Ophelia; Hamlet, Rosenkranz und Güldenstern); Rache, Misstrauen, Machtstreben und Wahn bilden das bevorzugte psychosoziale Koordinatensystem ihres Daseins; ein Aussteigen aus der destruktiven Dynamik gelingt keinem von ihnen. So sehr die Einzelnen während des Stücks auch versuchen, sich gegen das nahende Unheil zu stemmen und Pläne für die Vernichtung des Feindes und die Rettung der eigenen Haut zu entwerfen, so sehr erweisen sich diese Versuche als null und nichtig. Zum Schluss verheddern sich alle in den Fängen ihrer eigenen Intrigen, Listen und Hinterhalte, aus denen es kein Entrinnen gibt.

Am meisten Energie und Phantasie hinsichtlich abgefeimter Pläne scheint Hamlet aufzubringen, wobei auch er wiederholt der unsichtbaren Regie des Zufalls oder Schicksals unterliegt. An ihm wollte Shakespeare allem Anschein nach ebenso wie an anderen Figuren seines Dramas zeigen, dass nicht sie, sondern das Stück über jenen Generalplan verfügt, der über

Wohl und Wehe der Protagonisten entscheidet. Der Mensch denkt, aber der Zufall (oder das Schicksal?) lenkt.

„*Hamlet* ist ein Drama der aufgezwungenen Situationen."[11] – meinte Jan Kott in *Shakespeare heute*. Alle Personen stecken in ihren Rollen und in deren Dynamik wie in Zwangsjacken, die sie nicht ablegen können. Allenfalls gelingt es ihnen ähnlich wie Hamlet, über ihre Determiniertheit nachzudenken und sie zu kommentieren, nicht aber, sie zu überschreiten. Mit Hamlet schwankt Jan Kott deshalb zwischen dem Zugeständnis einer relativen Freiheit und Verantwortung des Individuums für sein Leben und einer radikalen Absage an diese Möglichkeit.

Am ehesten war Hamlet noch frei in seinen Entscheidungen, als er in Wittenberg überlegte, ob und für wie lange er nach dem Tod seines Vaters nach Helsingör reisen werde. Spätestens aber mit dem Moment, in dem er sich von Claudius und seiner Mutter zu einem längeren Bleiben überreden ließ, verringerte sich der Spielraum seines Denkens, Fühlens und Verhaltens merklich. Von nun an zog ihn die Situation mit unheimlich anmutender Unnachsichtigkeit in ihren Bann.

Interessant ist, dass Shakespeare seinen *Hamlet* höchstwahrscheinlich als Reaktion auf ein biographisches Ereignis entwarf, das ihm die eigene Ohnmacht in Bezug auf die Lebensgestaltung drastisch vor Augen führte und ihm zu verstehen gab, dass das menschliche Dasein von Zufällen und Schicksalsschlägen geprägt und determiniert wird. 1594, als der Autor dreißig Jahre alt war, starb sein einziger Sohn namens Hamnet mit elf Jahren. Nicht wenige Shakespeare-Biographen sind der Meinung, dass die Auseinandersetzung mit dieser erschütternden Verlusterfahrung in den Jahren danach wesentlich zur Ausarbeitung der Hamlet-Figur beigetragen hat. Ähnlich urteilte James Joyce, der im *Ulysses* (1918 ff.) seinen Helden Stephen Dedalus über die biographischen Hintergründe Shakespeares bei der Entstehung des *Hamlet*-Dramas spekulieren lässt:

---

» Ist es möglich, dass dieser Schauspieler Shakespeare, ein Geist durch Abwesenheit, ... ein Geist durch Tod, der seine eigenen Worte zu seines eigenen Sohnes Namen spricht (hätte Hamnet Shakespeare gelebt, er wäre

---

[11] Kott, J.: Der Hamlet der Jahrhundertmitte, in: Shakespeare heute (1965), Berlin 1989, S. 81.

> Prinz Hamlets Zwillingsbruder gewesen), ist es möglich, will ich wissen, oder auch nur wahrscheinlich, dass er den logischen Schluss aus diesen Prämissen nicht zog oder doch vorhersah: du bist der enterbte Sohn: ich bin der ermordete Vater: deine Mutter ist die schuldige Königin: Ann Shakespeare, geborene Hathaway?[12]

Dass Hamlet trotz aller Aktivitäten und Pläne in einen Strudel der Ereignisse gezogen wird, der ihn schließlich total verschlingt, hat verschiedene Ursachen: ödipale Verstrickung, zögernde Attitüde, das Überwiegen eines introvertierten Lebensstils, eine unsichere männliche Identität. Neben den charakterlichen sind weitere Gesichtspunkte für das tragische Schicksal Hamlets namhaft zu machen, die nur indirekt mit seinem Lebensstil, seiner Gangart zusammenhängen. Vor allem an situative Momente ist in diesem Zusammenhang zu denken, vor denen sich Hamlet nicht wirkungsvoll genug abgrenzen konnte.

Führen wir uns nochmals das Leben Hamlets vor Augen, bevor er nach Helsingör zurückging und das Verhängnis seinen Lauf nahm. Ein junger Mann, Student in Wittenberg, keine dreißig Jahre alt, der sich (so konzipierte es Shakespeare) gerne mit Montaigne und seinem Buch (also den *Essais*) beschäftigte, und der über das menschliche Dasein altkluge und bisweilen auch witzige Kommentare abgab, ohne dass er bis dahin von ihm, dem Dasein, sonderlich heftig gestreift oder erschüttert worden wäre. Er kommt mit manchen damals fortschrittlichen Gedanken und Existenzformen in Kontakt – die Probleme und Konflikte seiner feudalen Vorfahren scheinen Äonen weit hinter ihm zu liegen.

Nun reist er in seine Vergangenheit nach Helsingör, beerdigt seinen Vater und ist eigentlich schon wieder auf dem Sprung nach Wittenberg zurück. Da stolpert er über die Mesalliance von Mutter Gertrude mit Onkel Claudius, über die Skrupellosigkeit, mit der sein Oheim den dänischen Thron okkupierte, und über das Mordkomplott, dem sein Vater zum Opfer gefallen ist. Die Schatten der Verstorbenen sowie die verbrecherischen Schemen der Lebenden halten ihn fest und betrauen ihn mit der Aufgabe,

---

[12] Joyce, J.: Ulysses (1918 ff.), Frankfurt am Main 1997, S. 265.

ihre tragischen Konflikte und Probleme zu erkennen, zu verstehen und wenn möglich sogar (gewaltsam) zu lösen.

Anstatt nun den Geist seines Vaters einen lieben Mann sein sowie Mutter Gertrude und Onkel Claudius mit ihrem Verbrechen und dem daraus resultierenden Gebräu aus Schuldgefühlen, paranoiden Ängsten und neuerlichen Aggressionen alleine zu lassen, fühlt sich Hamlet der Student berufen, Hamlet der Held zu werden und Ordnung ins dänische Chaos zu bringen – womit er sich, seine Talente und Fähigkeiten und sein Wesen vollkommen fehleinschätzt. Er wird zum Berufenen, der vergisst oder vergessen muss, wozu er geboren und wer er bis anhin geworden ist – eine Thematik, die Thomas Mann aus autobiographischen Erfahrungen heraus in seine Erzählung *Tonio* Kröger (1903) einfließen ließ:

> » Der Fall Hamlets, des Dänen, dieses typischen Literaten. Er wusste, was das ist: zum Wissen berufen werden, ohne dazu geboren zu sein. Hellsehen noch durch den Tränenschleier des Gefühls hindurch, erkennen, bemerken, beobachten und das Beobachtete lächelnd beiseite legen müssen noch in Augenblicken, wo Hände sich umschlingen ...[13]

War Hamlet krank, und wenn ja, woran litt er? Vorschnelle Antworten im Sinne von Wahnsinn und Melancholie verbieten sich nach alledem, was auf den letzten Seiten ausgeführt und in der Sekundärliteratur über *Hamlet* diskutiert wurde. Zugleich liegt es nahe, bei ihm von einer Störung oder Krise auszugehen und das Leiden und die Tragik seiner Existenz nicht gering zu schätzen.

Aufgrund der schicksalhaften Abläufe im Shakespeareschen Drama kann man die Konflikte Hamlets um Liebe und Hass gegenüber den Eltern analog zum Ödipuskomplex als einen Hamlet-Komplex bezeichnen. Im Unterschied zu seinem antiken Vorläufer versucht Hamlet allerdings, seine Triebe und Affekte primär zu kontrollieren und nicht auszuagieren. Seine Problematik besteht nicht in einer realen Schuld wie bei Ödipus, sondern

---

[13] Mann, Th.: Tonio Kröger (1903), in: Erzählungen I, Berlin 1975, S. 310.

in einem umso mächtigeren Schuldgefühl, das ihn wiederholt daran hindert, entschieden und beherzt zu handeln.

Tragisch ist, dass aus Hamlets Hemmungen, Zweifeln, Zögern und Nichthandeln letztlich ähnlich großes Leid entsteht wie aus den Taten des Ödipus. Fast könnte man meinen, dass diese Unterlassungen dieselben fatalen Ergebnisse zeitigen wie destruktive Handlungen, und wer eng mit vertrackten Situationen verwoben ist, kann sich zuletzt verhalten, wie er will – nicht er, sondern soziale und historische Umstände, die psychischen Determinanten der involvierten Personen, ökonomische und strukturelle Rahmenbedingungen sowie Sitte, Brauchtum und Tradition (in den Worten der Alten: die Götter oder das Schicksal) führen Regie.

Den Hamlet-Komplex kann man jedoch noch anders denn als eine Ergänzung zum Ödipuskomplex verstehen. So imponiert der Dänenprinz als ein Mensch, der sich eine Heroenaufgabe zumutet, ohne ihr wirklich gewachsen zu sein. Alles an ihm – Kindheit und Jugend, Ausbildung, Studium, Charakter, Gangart, Talente, Neigungen, Wesen und Gemüt – war darauf ausgerichtet, ein Leben zu führen, das aus Elementen wie Bildung, Freundschaften und Erotik bestehen sollte; Rache, Kampf, Hass, Niedertracht und Destruktivität waren da eigentlich nicht vorgesehen.

In dem Moment aber, als er der abgelegten Stimme seines toten Vaters Raum und Geltung in seinem Gemüt zugestand, entschied er sich für eine Form der Existenz, für die er eine andere, gröbere, kräftigere Bau- und Web-Art seiner Person bitter nötig gehabt hätte. Hamlet spürte diese Defizite, die er einerseits ironisch kommentierte und andererseits durch kraftvolle Vorsätze überspielen und kompensieren wollte.

Damit geriet er jedoch zunehmend in eine Spannung und Spaltung seines Ich, das aus einem reflektierenden Kommentator und dem zögernd und zaudernd Handelnden bestand – seine grundlegende Distanz und Befangenheit gegenüber der ihm vom väterlichen Geist übermittelten Aufgabe ließ sich dadurch jedoch in keiner Weise abbauen. Goethe hat diese Verhältnisse in *Wilhelm Meisters Lehrjahre* (1795/1796) geradezu als den Schlüssel zum Verständnis von Shakespeares *Hamlet* bezeichnet:

---

» Eine große Tat auf eine Seele gelegt, die der Tat nicht gewachsen ist ... Hier wird ein Eichbaum in ein köstliches Gefäß gepflanzt, das nur liebliche Blumen in seinen Schoß hätte aufnehmen sollen; die Wurzeln dehnen sich aus, das Gefäß wird zernichtet. Ein schönes, reines, edles, höchst moralisches Wesen, ohne die sinnliche Stärke, die den Helden macht, geht unter einer Last zugrunde, die es weder tragen noch abwerfen kann; jede Pflicht ist ihm heilig, diese zu schwer. Das Unmögliche wird von ihm gefordert, nicht das Unmögliche an sich, sondern das, was ihm unmöglich ist.[14]

Hamlet war ein Ausbund an Hemmung, Skrupel und Schuldgefühl, weil er sich in einer Situation bewähren wollte und sollte, die nicht die seine war, und die ihm während des Stücks, das ihm zu spielen aufgetragen war, immer fremder wurde. Seine Interpreten betonen, dass er nicht *per se* handlungsunfähig war; ihn machten vor allem die Konstellation und der Inhalt seiner nicht selbst gewählten, wohl aber von ihm akzeptierten Aufgabe zum Zweifler und Melancholiker und letztlich zu einer Gefahr für die anderen wie für sich selbst.

Der Komplex, an dem Hamlet litt, und der ihn und andere leiden ließ, war nicht allein durch Selbstvorwürfe und zögernde Attitüde gezeichnet. Neben seinem Pflichtgefühl und der Erkenntnis, dieser Pflicht nicht so ohne weiteres nachkommen zu können, darf man bei ihm auch eine Art Größenidee annehmen, die ihm suggerierte, dass er sich der Herkules-Aufgabe, den Augiasstall des dänischen Königshauses auszumisten, nicht entziehen dürfe, und dass er allen Vorbehalten zum Trotz dieses ihm wesensfremde Mandat annehmen müsse:

> » Die Zeit ist aus den Fugen. Fluch Schicksals Spottgeschenken, / Dass ich geboren wurde je, sie einzurenken.[15]

---

[14] Goethe, J.W.: Wilhelm Meisters Lehrjahre (1795/1796), in: Werke Band 7, Hamburger Ausgabe, München 1994, S. 245 f.
[15] Shakespeare: Hamlet (1602), München 1995, S. 75.

Doch weder Hamlet noch sonst ein Mensch wurden je geboren, um Zeit, Welt, Kosmos, Menschheit und Kultur wieder einzurenken – das wären Göttertaten, die jedermann komplett überforderten. Bei der Auswahl von Lebensaufgaben sind wir gut beraten, uns an menschlichen Maßstäben zu orientieren und Herkules einen lieben Mann sein zu lassen. Ein Hamlet-Komplex bedeutet, aus Pflichtgefühl, Eitelkeit oder Selbstüberschätzung falschen Rat- und Auftraggebern sein Ohr zu leihen und deren Mandate anzunehmen, obwohl sie dem eigenen Wesen nicht entsprechen und zu Selbstentfremdung und Ich-Schwächung beitragen. Solche unpassenden Aufgaben können sowohl über- als auch unterfordern, wobei anhaltende Unterforderung ebenfalls zum Selbstverlust beitragen kann.

Wer handeln will, darf und muss sich jenen Schwierigkeitsgraden des Daseins zuwenden, die er mit seinen biologischen, psychosozialen und geistigen Fertigkeiten unter Aufbietung seiner Kräfte und Ausnutzung ihm zur Verfügung stehender Wachstumspotentiale bewältigen kann. Damit wird er weder Gott noch Halbgott, aber ein akzeptabler Mitmensch, der gefeit ist vor dem Inhalt von Hamlets bekanntestem Monolog:

> » So macht Bewusstsein Memmen aus uns allen, / So wird die angeborne Farbe der Entschlusskraft / Siech überkränkelt von Gedankens Blässe, / Und Unterfangen großen Wurfs und Werts / Kehrn dieses Grunds halb ihre Schwungkraft seitwärts, und / Verlieren so den Namen „Tat".[16]

Noch ein letzter Aspekt sei erwähnt, der als Baustein eines Hamlet-Komplexes verstanden werden kann: die Neigung, als Kommentator und kritisch urteilender Betrachter des eigenen Lebens ein (zu) hohes Maß an nüchternem und desillusionierendem Welt- und Weitblick zu entwickeln, der ein Handeln und Eingreifen verkompliziert oder sogar verunmöglicht.

Auf diesen Zusammenhang von Erkenntnis und eingeschränktem Tatendrang hat Friedrich Nietzsche in *Die Geburt der Tragödie aus dem Geiste der Musik* (1872) hingewiesen. Anders als landläufig gedacht sind Menschen,

---

[16] Shakespeare: Hamlet (1602), München 1995, S. 137.

die ein umfängliches Verständnis von Geschichts-, Lebens- und Kulturabläufen gewonnen haben, dadurch nicht immer in die Lage versetzt, entschlossener zu handeln. Im Gegenteil: Weil sie die Relativität oder Vergeblichkeit von Taten richtig prognostizieren und durchschauen, werden sie nur selten oder überhaupt nicht mehr aktiv. Ihre Weigerung zur Tat entspringt einem die Verhältnisse dekuvrierenden Erkenntnisakt:

> » In diesem Sinne hat der dionysische Mensch Ähnlichkeit mit Hamlet: Beide haben einmal einen wahren Blick in das Wesen der Dinge getan, sie haben *erkannt*, und es ekelt sie zu handeln; denn ihre Handlung kann nichts am ewigen Wesen der Dinge ändern, sie empfinden es als lächerlich oder schmachvoll, dass ihnen zugemutet wird, die Welt, die aus den Fugen ist, wiedereinzurichten. Die Erkenntnis tötet das Handeln, zum Handeln gehört das Umschleiert-Sein durch die Illusion – das ist die Hamletlehre ... Die wahre Erkenntnis, der Einblick in die grauenhafte Wahrheit überwiegt jedes zum Handeln antreibende Motiv, bei Hamlet sowohl als bei dem dionysischen Menschen.[17]

So sehr sich Nietzsche als junger Mann mit Hamlet und dem dionysischen Menschen identifizierte, so sehr überwand er während der folgenden Jahre die Einstellung eines Hamlet-Komplexes. Zum Ende seiner wachen Lebenszeit, kurz bevor er in Turin zusammenbrach und die letzten elf Jahre seines Daseins im Dämmerzustand des Wahns zubrachte, plädierte er dafür, dem Menschen nicht dessen letzten Schleier abzuziehen, um zu Wahrheiten um jeden Preis vorzudringen. Statt Hamlets Erkenntnisdrang erschien ihm nun jene antik griechische Existenzform als angemessen, die zwar die Tragik der

---

[17] Nietzsche, F.: Die Geburt der Tragödie aus dem Geiste der Musik (1872), in: KSA 1, München Berlin 1988, S. 56 f.

menschlichen Verhältnisse ahnt und diesen gleichwohl ihr Geheimnis und den Glanz ihrer Oberfläche belässt:

> Heute gilt es uns als eine Sache der Schicklichkeit, dass man nicht alles nackt sehen, nicht bei allem dabei sein, nicht alles verstehen und „wissen" wolle … Oh diese Griechen! Sie verstanden sich darauf, zu *leben*! Dazu tut Not, tapfer bei der Oberfläche, der Falte, der Haut stehen zu bleiben, den Schein anzubeten, an Formen, an Töne, an Worte, an den ganzen *Olymp des Scheins* zu glauben! Die Griechen waren oberflächlich – aus Tiefe.[18]

Übertragen auf den Dänenprinzen Hamlet bedeuten diese Gedanken ein anderes Ende seines Dramas. Vieles auf Schloss Kronborg in Helsingör hätte er wohl intuitiv ahnend erfasst und verstanden: den Mord an seinem Vater; die delikate Beziehung seiner Mutter mit Claudius; dessen scham- und skrupellose Art des Machtgewinns; die problematische Persönlichkeit von Polonius; die hinterlistig verschlagene Gangart von Rosenkranz und Güldenstern – aber auch die Treue von Horatio und die zugewandte Liebe von Ophelia.

Nichts von alledem hätte bei ihm jedoch Melancholie und Wahnsinn ausgelöst, und nie und nimmer hätte er sich auf die Einladung von Mutter Gertrude und Oheim Claudius eingelassen, länger in Helsingör zu bleiben – wenn er denn ein Grieche im Nietzscheschen Sinne gewesen wäre. Und der Geist seines Vaters? – nun, womöglich hätte Hamlet ihn kurzerhand gerächt und wäre munteren Herzens wieder abgereist. So aber war er Wittenberger Student, dem es statt griechischer Oberfläche um tiefe Wahrheiten ging, der viel zu viel Geist der Reformation und zuwenig Unbekümmertheit der Renaissance im Gemüte trug und der deshalb Held einer Tragödie und nicht glücklicher Überlebender einer Komödie wurde.

---

[18] Nietzsche, F.: Nietzsche kontra Wagner – Aktenstücke eines Psychologen (1889), in: KSA 6, München Berlin 1988, S. 438 f.

# Literatur

Adler, A.: Der psychische Hermaphroditismus im Leben und in der Neurose (1910). In: Studienausgabe, Bd. 1. Göttingen (2007)

Burton, R.: Die Anatomie der Melancholie (1621). Mainz (1988)

Freud, S.: Die Traumdeutung (1900). In: Gesammelte Werke, Bd. II/III. Frankfurt a. M. (1999)

Goethe, J.W.: Wilhelm Meisters Lehrjahre (1795/96). In: Werke, Bd. 7, Hamburger Ausgabe. München (1994)

Jones, E.: Der Tod von Hamlets Vater (1948). In: Kaiser, J. (Hrsg.) Hamlet heute – Essays und Analysen. Frankfurt a. M. (1965)

Joyce, J.: Ulysses (1918ff.). Frankfurt a. M. (1997)

Jung, C.G.: Psychologische Typen (1921). In: Gesammelte Werke, Bd. 6. Solothurn (1971)

Kaiser, J. (Hrsg.): Hamlet heute – Essays und Analysen. Frankfurt a. M. (1965)

Klibansky, R., Panofsky, E., Saxl, F.: Saturn und Melancholie (1964). Frankfurt a. M. (1990)

Kott, J.: Der Hamlet der Jahrhundertmitte. In: Shakespeare heute (1965). Berlin (1989)

Lidz, Th.: Hamlets Feind – Mythos und Manie in Shakespeares Drama (1975). Frankfurt a. M. (1980)

Mann, Th.: Tonio Kröger (1903). In: Erzählungen I. Berlin (1975)

Nietzsche, F.: Die Geburt der Tragödie aus dem Geistes der Musik (1872). In: KSA 1. München Berlin (1988)

Nietzsche, F.: Nietzsche kontra Wagner – Aktenstücke eines Psychologen (1889). In: KSA 6. München Berlin (1988)

Rank, O.: Psychoanalytische Beiträge zur Mythenforschung (1919). Hamburg (2010)

Shakespeare: Hamlet (1602). München (1995)

menschlichen Verhältnisse ahnt und diesen gleichwohl ihr Geheimnis und den Glanz ihrer Oberfläche belässt:

> Heute gilt es uns als eine Sache der Schicklichkeit, dass man nicht alles nackt sehen, nicht bei allem dabei sein, nicht alles verstehen und „wissen" wolle ... Oh diese Griechen! Sie verstanden sich darauf, zu *leben*! Dazu tut Not, tapfer bei der Oberfläche, der Falte, der Haut stehen zu bleiben, den Schein anzubeten, an Formen, an Töne, an Worte, an den ganzen *Olymp des Scheins* zu glauben! Die Griechen waren oberflächlich – aus Tiefe.[18]

Übertragen auf den Dänenprinzen Hamlet bedeuten diese Gedanken ein anderes Ende seines Dramas. Vieles auf Schloss Kronborg in Helsingör hätte er wohl intuitiv ahnend erfasst und verstanden: den Mord an seinem Vater; die delikate Beziehung seiner Mutter mit Claudius; dessen scham- und skrupellose Art des Machtgewinns; die problematische Persönlichkeit von Polonius; die hinterlistig verschlagene Gangart von Rosenkranz und Güldenstern – aber auch die Treue von Horatio und die zugewandte Liebe von Ophelia.

Nichts von alledem hätte bei ihm jedoch Melancholie und Wahnsinn ausgelöst, und nie und nimmer hätte er sich auf die Einladung von Mutter Gertrude und Oheim Claudius eingelassen, länger in Helsingör zu bleiben – wenn er denn ein Grieche im Nietzscheschen Sinne gewesen wäre. Und der Geist seines Vaters? – nun, womöglich hätte Hamlet ihn kurzerhand gerächt und wäre munteren Herzens wieder abgereist. So aber war er Wittenberger Student, dem es statt griechischer Oberfläche um tiefe Wahrheiten ging, der viel zu viel Geist der Reformation und zuwenig Unbekümmertheit der Renaissance im Gemüte trug und der deshalb Held einer Tragödie und nicht glücklicher Überlebender einer Komödie wurde.

---

[18] Nietzsche, F.: Nietzsche kontra Wagner – Aktenstücke eines Psychologen (1889), in: KSA 6, München Berlin 1988, S. 438 f.

## Literatur

Adler, A.: Der psychische Hermaphroditismus im Leben und in der Neurose (1910). In: Studienausgabe, Bd. 1. Göttingen (2007)
Burton, R.: Die Anatomie der Melancholie (1621). Mainz (1988)
Freud, S.: Die Traumdeutung (1900). In: Gesammelte Werke, Bd. II/III. Frankfurt a. M. (1999)
Goethe, J.W.: Wilhelm Meisters Lehrjahre (1795/96). In: Werke, Bd. 7, Hamburger Ausgabe. München (1994)
Jones, E.: Der Tod von Hamlets Vater (1948). In: Kaiser, J. (Hrsg.) Hamlet heute – Essays und Analysen. Frankfurt a. M. (1965)
Joyce, J.: Ulysses (1918ff.). Frankfurt a. M. (1997)
Jung, C.G.: Psychologische Typen (1921). In: Gesammelte Werke, Bd. 6. Solothurn (1971)
Kaiser, J. (Hrsg.): Hamlet heute – Essays und Analysen. Frankfurt a. M. (1965)
Klibansky, R., Panofsky, E., Saxl, F.: Saturn und Melancholie (1964). Frankfurt a. M. (1990)
Kott, J.: Der Hamlet der Jahrhundertmitte. In: Shakespeare heute (1965). Berlin (1989)
Lidz, Th.: Hamlets Feind – Mythos und Manie in Shakespeares Drama (1975). Frankfurt a. M. (1980)
Mann, Th.: Tonio Kröger (1903). In: Erzählungen I. Berlin (1975)
Nietzsche, F.: Die Geburt der Tragödie aus dem Geistes der Musik (1872). In: KSA 1. München Berlin (1988)
Nietzsche, F.: Nietzsche kontra Wagner – Aktenstücke eines Psychologen (1889). In: KSA 6. München Berlin (1988)
Rank, O.: Psychoanalytische Beiträge zur Mythenforschung (1919). Hamburg (2010)
Shakespeare: Hamlet (1602). München (1995)

# 3

# Romeo und Julia – Die Melodien der Liebe

Abgegriffen; ausgewrungen; kitschig bis inflationär gebraucht und gespielt; bis zur tödlichen Langeweile erzählt; als Allegorie längst abgewirtschaftet; als Plot zu unglaubwürdig, zu pathetisch, zu romantisch; in allen Varianten durchdekliniert, vertont, verfilmt, verfremdet – was soll über dieses Stück noch groß nachgedacht und geschrieben werden? Ist es überhaupt noch ein Stück oder nicht längst schon ein Mythos, den alle Welt müde nickend zu kennen glaubt, ohne ihn jedoch punktgenau benennen zu können?

Und dennoch: Nicht nur, weil *Romeo und Julia* ein derart populäres Drama geworden ist – auch im 21. Jahrhundert zählt es weltweit zu den am häufigsten gespielten Stücken Shakespeares –, sondern auch, weil es anthropologisch und psychologisch interessante Aussagen zur Liebe und zu ihren vielen Variationen enthält, darf hier ein Kapitel über die Tragödie der beiden Liebenden und ihrer Familien nicht fehlen.

Der Inhalt des Dramas ist leicht berichtet. Zwei Veroneser Familien – die Montagus sowie die Capulets – liegen seit langem schon im Streit, ein Streit, der sich bis in die letzten Etagen des jeweiligen Personals dieser Familien hinein fortgesetzt hat, und dessen glimmende Glut jederzeit und bei den nichtigsten Anlässen aufzulodern imstande ist. Simson, ein Diener aus dem Hause Capulet, meint über seine Kolleginnen und Kollegen aus dem Hause Montagu ziemlich zotig-lapidar: „Ich will die Sau rauslassen; erst massakrier ich die Männer, dann charmier ich die Weiber: ich zerfetz ihnen die Haut… die Haut der Weiber, oder die Häutchen der Jungfern."[1] Auch

---

[1] Shakespeare: Romeo und Julia (1597), München 1995, S. 11 f.

die Herrschaften selbst sind in ihrer Ausdrucksweise nicht sonderlich vornehmer; im Hinblick auf das Oberhaupt der Familie Montagu flucht der alte Capulet: „Mein Schwert, sag ich! Der Huster Montagu läuft rum und schwingt die Klinge mir zum Hohn!"[2]

Vor dem Hintergrund der vor sich hin schwelenden Familienfehde trifft Romeo, der einzige Sohn des alten Montagu, bei einem Fest auf Julia, die kaum 14-jährige Tochter der Capulets. Tybalt, Neffe von Lady Capulet, würde Romeo am liebsten attackieren – was der alte Capulet jedoch als Familienoberhaupt und Ausrichter des Festes verbietet: „Nur friedlich, Vetterherz, lass ihn in Ruh. Der hat Benimm und Anstand wie ein Herr. Recht muss Recht bleiben: ganz Verona rühmt die Wohlerzogenheit des braven Kerls."[3]

Der brave Kerl Romeo allerdings entpuppt sich in Bezug auf Julia durchaus nicht nur als schüchtern-zurückhaltend und wohlerzogen. Kaum treffen die beiden beim Fest alleine aufeinander, dauert es keine drei, vier Wortwechsel, und sie küssen sich – wobei die expansive Manier nicht nur *a conto* Romeo zu verbuchen ist. Beide jungen Leute sind schlagartig und auf den ersten Blick in Liebe, Zuneigung und Leidenschaft entflammt und halten sich in keiner Weise an jene Werbungskonventionen, die nicht nur das 16. Jahrhundert für derlei Situationen vorgesehen hat. Und nach dem erfolgten Austausch ihrer Zärtlichkeiten urteilt Julia (eine 14-Jährige) als Kompliment an Romeo ganz im Stile einer erfahrenen Geliebten über das soeben Erlebte: „Sie küssen so mit Kunst!"[4] Als sie aber wenig später realisiert, wer und wen sie da geküsst hat (den Sohn der verfeindeten Montagus), dämmert ihr das außerordentlich Konflikthafte ihrer jählings entfachten Liebe:

> » Einzige Liebe, die im einzgen Hass sich fand! / Erst unerkannt gesehn, jetzt viel zu spät erkannt! / Dass Liebe mir als schlimme Missgeburt erscheint, / Weil ich ihn lieben muss, ihn, den verhassten Feind.[5]

---

[2] Shakespeare: Romeo und Julia (1597), München 1995, S. 17.
[3] Shakespeare: Romeo und Julia (1597), München 1995, S. 57 f.
[4] Shakespeare: Romeo und Julia (1597), München 1995, S. 61.
[5] Shakespeare: Romeo und Julia (1597), München 1995, S. 65.

Mit dieser letzten Strophe ist das Tragische der darauffolgenden Akte bereits vorgezeichnet – ein Tragisches, das sich vorerst jedoch in der sich zart-romantisch-leidenschaftlich entwickelnden Liebe zwischen Romeo und Julia verbirgt; erst zum Schluss hin bricht es sich Bahn und wandelt eine vielversprechende Romanze in destruktiv-thanatisches Chaos. Doch bis dahin sind noch vier Akte Handlungen zu erzählen, Handlungen, in die Shakespeare neben erotisch-liebestrunkenen Szenen auch Aggressives, Problematisches bis hin zum Hasserfüllten eingeflochten hat – sowie die Breite der Liebesphänomene, die vom sehnenden Schmachten des lyrisch hochstehenden Petrarkismus bis in delikat-obszöne Umschreibungen des Sexualakts reichen (allerdings nicht aus dem Mund von Romeo und Julia):

> » Jetzt sitzt er (Romeo) unter einem Zwetschgenbaum / Und träumt von seinem liebsten Früchtchen und / Von dem, was Mädchen kichernd „Pflaume" nenne. / Ach, Romeo, wär sie ein Vögelbeerbaum doch / Und du ihr Specht und hacktest froh dein Loch![6]

Zur Erläuterung für in einer solchen Terminologie nicht sattelfeste Leser: Als Pflaume wurden und werden von manchen aufgrund der oberflächlich betrachteten Ähnlichkeit die äußeren weiblichen Schamlippen bezeichnet. Man kann leicht nachvollziehen, dass im Hinblick auf solche Passagen dem jeweiligen Übersetzer keine geringe Verantwortung bei der Auswahl seiner Begrifflichkeiten zufällt. Je nachdem, welchen Shakespeare er dem Leser präsentieren will und welche eigenen Moral- und Stilvorstellungen ihn dominieren, entstehen dabei ganz unterschiedliche Übersetzungs- und Interpretationsvarianten. Bei August Wilhelm Schlegel etwa lauten die

---

[6] Shakespeare: Romeo und Julia (1597), München 1995, S. 71.

eben zitierten Verse und Strophen in dessen lange Zeit als mustergültig gehandelten Shakespeare-Übertragung:

> » Nun sitzt er (Romeo) wohl an einen Baum gelehnt / Und wünscht, sein Liebchen wär die reife Frucht / Und fiel ihm in den Schoß ...[7]

Um *Romeo und Julia* nicht lediglich zu einer Liebestragödie von zwei Cephalopoden (Kopffüßler) ohne Unterkörper, ohne Begierden und ohne jugendlich-frech-kecke Ausdrucksweisen werden zu lassen, empfehlen sich Übersetzungen wie diejenige (von mir präferierte) von Frank Günther. Dieser Shakespeare-Experte hat es in keiner Weise nötig, den englischen Dramatiker bezüglich derartiger Textpassagen zu reinigen oder zu glätten – im Gegenteil: Das Ungereimte, Holprige und Schlüpfrige, das Ordinär-Direkte sowie das Animalische gehörten für ihn ebenso zu Liebesspielen wie die stilsichere Poesie und das Tupfend-Zarte des Minnesangs, und Shakespeare hat (nicht nur in *Romeo und Julia,* sondern auch in anderen seiner Dramen) dieser Breite des Ausdrucks und gelebten Liebeslebens vollumfänglich Rechnung getragen.

Doch zurück zur Handlung von *Romeo und Julia* und damit zurück zu weiteren Facetten ihrer sich anbahnenden Liebesempfindungen. Ziemlich im Kontrast zu den eben zitierten Zeilen lesen sich jene Verse, die Romeo an Julia und diese an ihn richtet, als er sie nachts auf dem Balkon ihres Hauses im Selbstgespräch antrifft und ihr zuhört: „Oh sprich noch einmal, lichter Engel!", heißt es da. „Du Herrlichkeit erscheinst der Nacht, die um mich ist, wie nur ein Himmelsflügelbote..."[8] – und so weiter und so fort. Mit noch so charmanten, schmeichelnden, weichen, werbenden Tönen will Romeo seine Julia umgarnen und für sich gewinnen.

Julia hingegen reagiert für ihr Lebensalter wiederum erstaunlich klug und abgeklärt. Wie eine in Liebesangelegenheiten überaus erfahrene Frau verweist sie auf die enorme Schnelligkeit, mit der sich der erste Kuss wie auch die ersten

---

[7] Shakespeare: Romeo und Julia (1597), in der Übersetzung von A.W. Schlegel, in: Sämtliche Dramen Band III, München 1988, S. 305.
[8] Shakespeare: Romeo und Julia (1597), München 1995, S. 73.

Liebesbeteuerungen eingestellt haben – und auf die große Fragwürdigkeit, die davon ausgehend mit Zukunfts-Versprechungen und Schwüren in der Regel verbunden ist. Und weil sie spürt, dass Romeo nicht nur Schwüre für die Zukunft, sondern auch erotische Wünsche für den Augenblick signalisiert, versucht sie, ihm gegenüber einen nüchtern überlegenen Ton anzuschlagen:

» Ach, schwör doch nicht! Ich freu mich zwar an dir, / Doch freut mich nicht so ein Vertrag heut Nacht. / Das ist zu rasch, zu unbedacht, zu plötzlich; / Zu sehr ein Blitz, der aufhört, noch bevor / Man sagen kann „es blitzt". Gut Nacht, mein Liebster! / Mag sein, dass unsre Knospenliebe reif / Im Sommerwind erblüht beim Wiedersehn. / Gut Nacht, gut Nacht! So sanfte Rast und Ruh, / Wie ich sie fühl, schließ dir die Augen zu.[9]

Diese abgeklärte, wohlbedachte Argumentationskette Julias repräsentiert jedoch nur das eine ihrer beiden Herzen – das andere schlägt in einem bedeutend ungestümer-wilderen Takt. Beinahe hätte Romeo sich an das Lebewohl von Julia gehalten und sich von dannen geschlichen, da ruft sie ihn zurück und gibt ihm zu verstehen, dass sie ihn nicht ziehen lassen will:

» Es wird gleich Tag. Ich will jetzt, dass du gehst. / Und doch nicht weiter als ein schlimmes Kind / Den Vogel durch die Finger schlüpfen lässt / Wie einen Häftling an der langen Kette, / Und dann am Seidenfaden zurück und an sich reißt, / Und ihm die Freiheit liebevoll missgönnt.[10]

---

[9] Shakespeare: Romeo und Julia (1597), München 1995, S. 79.
[10] Shakespeare: Romeo und Julia (1597), München 1995, S. 85.

Zwei Motive des Liebeslebens wurden von Shakespeare in diese Verse eingeflochten, die nicht nur bei Romeo oder Julia eine gewichtige Rolle spielen: die Ambivalenz sowie der besondere Raum der Liebe, die Nacht. Zwei Seelen wohnen, ach! in meiner Brust – heißt es in Goethes *Faust*. Die eine klammert sich ans Konkret-Sinnliche und will Konkret-Sinnliches; die andere hingegen kennt das Abstrakte, Sublimierte und sehnt sich auch danach. Und beides zeichnet die Liebe (von Romeo und Julia) aus: der unbedingte Drang nach Hingabe und rascher körperlicher Verschmelzung einerseits sowie der retardierende Hang zu sublimierender Reflexion und Erkenntnis andererseits.

Die Ambivalenz einer Liebe schlägt sich noch in einem weiteren existentiellen Thema nieder: in der nicht endgültig aufzulösenden Polarität von Autonomie und Abhängigkeit, von Freiheit und Notwendigkeit. Wie Häftlinge an langen Ketten, so erleben und empfinden sich nicht wenige Liebende zumindest während der Zeit ihrer Verliebtheit aneinander- und zusammengebunden und wollen und können Zustände des Losgelöst-Seins vom anderen kaum imaginieren, geschweige realisieren.

Dieser Zustand der halb freiwilligen, halb erzwungenen Abhängigkeit von einem Du und dessen Liebe jedoch wird fast regelhaft konterkariert durch ein außergewöhnliches Freiheits- und Autonomie-Erleben, das mit Liebes- und Verliebtheits-Gefühlen häufig verknüpft ist. Als ob uns jählings Flügel gewachsen wären, fliegen wir als Liebend-Verliebte über Abgründe und Zerklüftungen unseres Daseins hinweg, ohne dass uns das Gewicht der Welt als unangemessen beschwerend erscheint. Und werden wir uns trotz alledem bisweilen unserer Abhängigkeit bewusst, reagieren wir im Status der Liebe so wie der Chor der Gefangenen aus Verdis Oper *Nabucco*: Wir singen uns ins Weite und ins Freie – *Va, pensiero, sull'ali dorate* (Flieg, Gedanke, auf goldenen Schwingen).

Das zweite Motiv, die Nacht, wird uns im Folgenden noch beschäftigen – doch zunächst weiter im Handlungsverlauf. Shakespeare lässt neben Romeo und Julia eine Reihe anderer Figuren auftreten (etwa Mercutio, ein Freund Romeos; Benvolio, ebenfalls ein Freund Romeos; die Amme Julias; einige Diener und Musikanten sowie Bürger aus Verona), die vor allem dem Zweck dienen, verschiedene Aspekte von Liebesbeziehungen mit ihren Kommentaren zu versehen und als dramatisierende Momente für die immer intensivere Annäherung zwischen Romeo und Julia zu wirken. So verbalisiert die Amme in einer kurzen Unterhaltung mit Romeo all jene Zweifel, die häufig in noch jungen Liebesbeziehungen im Hinblick auf die

Ernsthaftigkeit des jeweiligen anderen der beiden Protagonisten geäußert oder zumindest empfunden werden:

> » Bitte, Herr, ein Wort nur: und wie ich Ihnen sagte, mein junges Fräulein befahl mir, Sie auszukundschaften. Und was sie mich sagen lässt, behalt ich für mich. Eins sag ich Ihnen gleich vorneweg, wenn Sie die in ein Wolkenkuckucksheim reinverführen sozusagen, das wär ein sehr unfeines Verhalten sozusagen. Das Fräulein ist ein Küken, und wenn Sie drum doppeltes Spiel mit ihr spielen, also wirklich, das wär nicht nett umgegangen mit keinem Fräulein überhaupt und ganz schwaches Betragen.[11]

Um auch noch die letzten Zweifel auszuräumen und die Seriosität seiner Liebesempfindungen für Julia zu unterstreichen, weiht Romeo die Amme in seinen Plan ein, sich noch in selbiger Nacht mit seiner Geliebten von Bruder Lorenzo, einem Franziskaner-Mönch, trauen zu lassen. Die Amme soll Julia dabei behilflich sein, dass aus diesen Ideen in wenigen Stunden Wirklichkeit wird. Als die Amme wieder auf Julia trifft, kann diese es kaum erwarten, was ihr die Liebesbotin als Nachricht zu überbringen hat. Überaus witzig argumentiert die Alte mäandernd um den heißen Brei herum, bevor sie mit Romeos Plan herausrückt: „Dann auf und fort zu Bruder Lorenz' Klause. / Dort steht ein Mann, um dich zur Frau zu machen." – „Mit Glück zum Gipfel meines Glücks" – lautet die jubelnde Reaktion Julias darauf.[12]

Heinrich Heine hat in seinem Text *Shakespeares Mädchen und Frauen* (1838) zu Recht darauf hingewiesen, dass wir uns weder am Alter Julias (erst 14-jährig) noch an ihrer überraschend schnellen Zustimmung zur Hochzeit stören dürften. Eine 14-jährige Veroneserin der Spätrenaissance entspräche einer etwa 17-, 18-, 19-Jährigen im 19. Jahrhundert, und für die

---

[11] Shakespeare: Romeo und Julia (1597), München 1995, S. 103 f.
[12] Shakespeare: Romeo und Julia (1597), München 1995, S. 113.

Unbedingtheit der Liebe, wie Shakespeare sie seiner Julia ins Gemüt gelegt hat, sei es grundwesentlich, dass sie keinen Aufschub duldet:

> Für sie gibt es kein Gestern, und sie denkt an kein Morgen ... Sie begehrt nur des heutigen Tages, aber diesen verlangt sie ganz, unverkürzt, unverkümmert ... Sie will nichts davon aufsparen für die Zukunft und verschmäht die aufgewärmten Reste der Vergangenheit ... Je wilder sie brennt, desto früher erlöscht sie ... Aber das hindert sie nicht, sich ihren lodernden Trieben ganz hinzugeben, als dauerte ewig dieses Feuer.[13]

Weil Julia das erste Mal in ihrem Leben erfährt, was es bedeutet, wenn Gott Eros in einen Menschen fährt und ihn vollumfänglich beherrscht, ist die behände, anmutige und grazile Schnelligkeit ihrer Bewegungen wie ihrer Entscheidungen verständlich. „Verliebte tanzen auf den Spinnenfäden, / Die durch die warmen Sommerwinde gleiten, / Und fallen nicht."[14] – meint Bruder Lorenzo, als er Julia auf sich zukommen sieht. Und schon wenige Minuten später vermählt er im Geheimen Romeo und Julia und gibt ihrer Ehe den Segen der Kirche.

Eben noch der erste Kuss, und jetzt schon Braut und Bräutigam, die ihre Ehe auch entsprechend feiern wollen. Die Geschwindigkeit dieser Liebe wirkt für Außenstehende irrational verrückt – die beiden galoppieren nicht, sie katapultieren sich über alle möglichen Hindernisse hinweg und scheinen den Widerstandskoeffizienten der Welt nicht zu kennen. Liebe konzentriert und presst Inhalte des Lebens, für die Normalsterbliche Tage und Wochen benötigen, in nur wenige Stunden zusammen, und in diesen kurzen Zeitabschnitten ereignen sich seelische und körperliche Offenheit, Zuwendung, Anerkennung in enormer Dichte und Intensität; und Liebe will das Dasein

---

[13] Heine, H.: Shakespeares Mädchen und Frauen (1838), in: Sämtliche Schriften Band 7, Frankfurt am Main 1981, S. 245.
[14] Shakespeare: Romeo und Julia (1597), München 1995, S. 115.

so lange destillieren, bis schließlich reiner, hochprozentiger Extrakt genossen wird.

Julia ist ebenso wie Romeo vom Tempo dieser Liebe fasziniert, und beide kommen ihr völlig vorbehaltlos nach. Kaum dass sie Opfer dieser ihrer Geschwindigkeit wäre, treibt Julia sich selbst und ihren Geliebten zu noch größerer Eile und zur Aufgipfelung ihrer Existenz an:

> Galopp, galopp, ihr Sonnenwagenrosse, / Heimwärts zum Stall! Phaeton als Wagenlenker / Würd euch mit Peitschenhieben westwärts jagen / Und schneller Wolkennacht zum Himmel ziehn. / Breit aus den Vorhang, liebesschwere Nacht, / Mach scharfe Augen stumpf, und Romeo huscht / Unsichtbar ungesehn in meinen Arm.[15]

Doch diesem erotischen Ansinnen kommen jäh die aggressiven und todgetränkten Verhältnisse zwischen den Montagus und den Capulets in die Quere. Mercutio und Benvolio (die Freunde Romeos) treffen zufällig auf Tybalt (Neffe von Lady Capulet), der sichtlich auf Krawall gebürstet ist und einen Streit mit Mercutio vom Zaune bricht. Der hinzueilende Romeo versucht vergeblich, die Streithähne zu beruhigen – Tybalt ersticht zuletzt Mercutio im Degenduell.

Obwohl sich Romeo vorerst besonnen verhalten hat, steigen in ihm nun nach dem Tod des Freundes Mercutio mächtige Racheimpulse hoch. Außerdem wirft er sich vor, aufgrund seiner emotionalen Weichheit (seine Liebesgefühle für Julia) Tybalt nicht entschieden und wehrhaft genug entgegengetreten zu sein. Zusammen mit seinen Rachegelüsten bewirken diese Selbstvorwürfe, dass Romeo nunmehr ebenfalls zum Degen greift und Tybalt niedersticht.

---

[15] Shakespeare: Romeo und Julia (1597), München 1995, S. 133 f.

Als der Fürst von Verona, der jeglichen Streit zwischen den beiden Familien strikt untersagt hatte, von den mörderischen Vorfällen Kenntnis erhält, erkundigt er sich zwar bei Benvolio ausführlich nach den Abläufen der Auseinandersetzung und ordnet durchaus die Verantwortlichkeiten der Einzelnen richtig ein. Schlussendlich bleibt ihm aber keine andere Wahl, als Romeo aufgrund seiner Mittäterschaft aus der Stadt und dem Staat Verona bei Androhung der Todesstrafe zu verbannen – eine Strafe, die in ihrer Härte auch dadurch bedingt war, weil Mercutio ein Verwandter des Fürsten war.

Mit einem Schlag und ebenfalls innerhalb kürzester Zeit nimmt die Romanze zwischen Romeo und seiner Gattin jene tragischen Züge an, die Julia bereits zu Beginn ihrer Liebschaft vorausgeahnt hat: „Weil ich ihn lieben muss, ihn, den verhassten Feind." Nun sind zwei Tote zu beklagen, und weil ihr geliebter Gatte ab sofort aus Verona verbannt ist, wirkt ihre Liebe wie zerschnitten. Neben Gott Eros hat sich Gott Thanatos inmitten ihrer Beziehung breit gemacht und holt sich seine ersten Opfer.

Wie fatal und zerstörerisch eine Leidenschaft werden kann, wurde von Shakespeare in mehreren seiner Dramen mit erschütternder Konsequenz auf der Bühne gezeigt: bei *Hamlet* sind es Ophelia und schließlich auch Hamlet selbst, deren Liebe zueinander ihren destruktiven Leidenschaften kein wirksames Paroli bieten kann; bei *Othello* fordert rasende Eifersucht ihren mörderischen Tribut; bei *Romeo und Julia* nun sind es zuvörderst die Affekte der jeweiligen Anverwandten und Freunde, die sich im erotischen Miteinander der beiden Liebenden einnisten und dort zunehmend Unheil bewirken.

Was derlei für das Liebesleben im 21. Jahrhundert lehrt? Nun, eine jede Liebe findet – so sehr sie dies auch wünschen mag – nicht im Luft-, Beziehungs- und Geschichts-leeren Raum statt, sondern stets vor dem Hintergrund der gelebten Biographien der beiden Protagonisten sowie der jeweiligen emotionalen, sozialen, kulturellen Rahmenbedingungen, in diese beiden gestellt waren oder sind. Solche Faktoren unberücksichtigt zu lassen, beschert einer Liebesbeziehung nicht selten große und manchmal sogar unüberwindbare Hindernisse.

So stark und unverletzlich Liebende sich oftmals wähnen, und so wirkmächtig sie ihre Liebe imaginär meist in die Zukunft hinein verlängern, so sehr vermögen die Umstände, die lieben Verwandten, gesellschaftliche und historische Gegebenheiten einer Liebesbeziehung zuzusetzen. Wenn man denn Romeo und Julia einen gedanklichen Vorwurf machen möchte, so den, die limitierende Klebrigkeit der familiären, städtischen, staatlichen Verhältnisse unterschätzt und sie nicht vor- und umsichtig genug in die Gleichung ihrer Liebe mit integriert zu haben. Sie waren beide so sehr mit sich, ihrem

Innenleben und ihren Gefühlen füreinander befasst, dass sie zu wenig die Perspektive wechseln und von außen auf sich sehen konnten – ein Verharren in der Perspektive der Liebe, die zugegebenermaßen zu den allerschönsten liebeslyrischen Versen von Julia Anlass gibt:

> » Komm, ernste Nacht, / Schlicht schwarzgekleidete Matrone du, / Und lehr mich mit Gewinn ein Spiel verlieren, / Wo zweimal Unberührtheit Einsatz ist. / Mein Blut nach seinem Falkner glüht und brennt, / Bis scheue Liebe kühn und mutig wird, / Und sieh den Liebesakt als Keuschheit an... / Komm, liebe, samtne, sanfte Nacht. Komm, gib / Mir meinen Romeo. Und wenn ich ersterbe, / Nimm ihn und schneid ihn dir in kleine Sterne, / Und das Gesicht des Himmels wird so schön, / Dass alle Welt sich in die Nacht verliebt...[16]

Das Schöne, generös Erhabene, Grenzüberschreitende einer Liebe vermag unendlich viel – aber nicht alles. Als Romeo von Bruder Lorenzo von seiner Verbannung erfährt, ist er verzweifelt und dem Suizid nahe. Er kann des Fürsten Strafe nicht als Gnadenakt empfinden und wähnt sich als Exilierter schon wie tot: „Welt gibt's nicht außerhalb Veronas Mauern, / Nur Fegefeuer, Folter, Hölle nur! / Von hier verbannt, heißt aus der Welt verbannt, / Und weltverbannt heißt Tod."[17]

Bruder Lorenzo ebenso wie die hinzukommende Amme haben alle Hände voll damit zu tun, den emotional völlig derangierten Romeo etwas zur Raison zu bringen. Sein immens heftiges Verlangen, Julia zu sehen, seine Leidenschaften und Begierden, seine Verliebtheit und die Tatsache, dass er vor kurzem einen Menschen erschlagen hat – alle diese Affekte und

---

[16] Shakespeare: Romeo und Julia (1597), München 1995, S. 135.
[17] Shakespeare: Romeo und Julia (1597), München 1995, S. 145.

Emotionen verbringen ihn in einen Ausnahmezustand, der von Bruder Lorenzo schlicht als verrückt bezeichnet wird. Ähnlich wie in der antiken griechischen Medizin heftig verliebte Menschen als krank galten und mit entsprechenden diätetischen Maßnahmen behandelt wurden, zeichnete Shakespeare seinen Romeo als beinahe wahnhaft gestört, der kaum mehr zu einer vernünftigen Überlegung imstande ist. Mächtige Affekte ziehen Denk-, Urteils-, Gefühlsstörungen nach sich, deren Dimensionen sich im Bereich psychiatrischer Diagnosen bewegen.

Es kostet die Amme und Bruder Lorenzo alle Überzeugungskraft, zu der sie fähig sind, um Romeo dazu zu bringen, sich zuvörderst aus Verona weg nach Mantua zu begeben und seine Julia erst nachts über ihren Balkon zu besuchen. Dabei kommt es zu jenem hunderttausendfach zitierten Satz von Julia: „Es war die Nachtigall und nicht die Lerche, / Was eben dein erschrecktes Ohr zerriss."[18] – ein Satz, der Romeo, der gerade bei ihr weilt, beruhigen soll, dass er sie noch nicht gleich wieder verlassen muss. Wenig später jedoch erkennt Julia den Jagdruf der Lerche, die den erwachenden Tag anzeigt, und schickt ihren Romeo zurück nach Mantua.

Viel mehr an konkret vollzogener Ehe, an Zärtlichkeit und Sexualität der beiden hat Shakespeare uns nicht mitgeteilt. Die Stunden zwischen dem Gesang der Nachtigall und demjenigen der Lerche hat der Dichter in knapp drei oder vier Dutzend Versen untergebracht – so, als wollte er uns damit sagen, dass die erotische Aufgipfelung von Romeos und Julias Existenz ebenfalls unter dem Motto *tempus fugit* (die Zeit vergeht rasend schnell) stand. Dazu passen die Todesahnungen, die sowohl Romeo als auch Julia beim Abschied einander mitteilen – ein Abschied, der letztlich für immer sein sollte.

Alle Vorgänge, Prozesse und besonders auch die Liebe zwischen Romeo und Julia wirken in diesem Drama als enorm schnell, in Hast und Eile und ohne Möglichkeiten des Innehaltens, Durchdenkens, Einordnens von Personen, Emotionen, Konstellationen. *The time is very short*[19] (Die Zeit ist knapp), heißt es an einer Stelle der Tragödie – dieser Satz dürfte fast jedem Akt und beinahe jeder Szene vorangestellt werden; und dieser Satz steht aber auch für eine grundlegende Ursache, warum die Liebe von Romeo und Julia letztendlich scheitern muss.

Denn eine Liebe wächst wie eine Pflanze mit individuellen zeitlichen Abfolgen, mit retardierenden und progressiven Phasen, mit langwartenden und geduldigen zeitlichen Abschnitten, in denen scheinbar kaum oder gar

---

[18] Shakespeare: Romeo und Julia (1597), München 1995, S. 161.
[19] Shakespeare: Romeo und Julia (1597), München 1995, S. 178.

nichts an Veränderung geschieht, und die dennoch als Vorbereitung für einen nächsten Wachstumsschub wesentlich sind. Romeo und Julia aber sind ins Zeitkorsett von wenigen Stunden gezwängt, in denen Knospung, Reifung, Blüte und Verwelken erfolgen soll, und das dementsprechend bei ihnen lediglich eine atemlose Notreifung und Notblüte erlaubt.

Kaum hat Romeo seine Julia, unentdeckt und unbemerkt von anderen, verlassen, kommen ihre Eltern zu ihr und teilen ihr freudestrahlend mit, dass sie einen passenden Ehemann und eine ausgezeichnete Partie, den jungen Grafen Paris, für sie gefunden haben, der sie schon in wenigen Tagen zu heiraten gedenkt. Doch anstatt eine aufgrund dieser Nachricht begeistert Hurra rufende Tochter erleben die beiden Capulets eine zutiefst störrisch-traurig-bockige Julia, der es ganz offensichtlich an Dankbarkeit für den ach so eleganten Heiratsplan ihres Vaters gebricht, und die sich im Gespräch wiederholt weigert, den Grafen Paris zu ehelichen.

Insbesondere ihr Vater versteigt sich daraufhin in Verbalinjurien, die eines Veroneser Gassenjungen, in keiner Weise jedoch dem Oberhaupt einer der angesehensten Familien der Stadt angemessen waren. Capulet schimpft und droht und beschmutzt seine Tochter – „Raus, du grünes Aas! Du bleichsüchtiges Luder! / Du Talggesicht… / Geh, lass dich hängen, Biest! Verstockte Schlampe!"[20] –, ohne sie jedoch auch nur im Geringsten von ihrem Nein abzubringen.

Als Julia mit ihrer Amme wieder alleine ist, bittet sie diese um ihre Ratschläge ob der sie zunehmend verzweifelt werden lassenden Situation. Als die Amme aber pragmatisch und ohne emotionales Federlesen dafür plädiert, den Grafen Paris zu heiraten und Romeo preiszugeben, ist es um die bis dahin vertrauensvolle Beziehung zwischen den beiden Frauen geschehen. Für Julia ist es völlig unvorstellbar, Romeo zu verraten und sich in eine Ehe zu begeben, der die liebende Basis fehlt. Zum ersten Mal äußert sie Gedanken an einen freien, frühen Tod: „Schlägt alles fehl, hab ich auch Kraft zum Sterben."[21]

Die existentielle Ernsthaftigkeit, die sich bei Julia hier hinsichtlich ihrer Liebe andeutet, beherrscht von da an dieses Drama bis zum bitteren Ende. Spätestens jetzt wird deutlich, dass es sich bei *Romeo und Julia* um kein französisches Rokoko-Stück, um keine Liebelei oder bloße Romanze, sondern um eine Tragödie handelt; und dass das Stück neben den beiden Hauptpersonen eine weitere handlungsbestimmende Größe kennt, die sich in den Vordergrund drängt und das Geschehen dominiert: die Liebe – von

---

[20] Shakespeare: Romeo und Julia (1597), München 1995, S. 171.
[21] Shakespeare: Romeo und Julia (1597), München 1995, S. 177.

der Lessing in seiner *Hamburgischen Dramaturgie* meinte, er „kenne nur eine Tragödie, an der die Liebe (hat) selbst arbeiten helfen – und das ist *Romeo und Julia* von Shakespeare".[22]

Mit ihrem Vorsatz, im Zweifelsfall für diese ihre Liebe sogar sterben zu wollen, sucht Julia den Bruder Lorenzo auf, der Romeo und sie getraut hat. Lorenzo ist im Bilde, was den Vermählungsplan der Capulets für ihre Tochter anbelangt, und kann die Verzweiflung Julias nachvollziehen. Doch statt sich von den fatalen Gedanken der jungen Frau anstecken zu lassen, übergibt er ihr eine Flasche mit destilliertem Saft, den sie trinken solle, um für vierundzwanzig Stunden wie tot zu wirken. Sie könne zuvor noch Paris die Ehe versprechen und würde jedoch kurz darauf als Scheintote in die Familiengruft der Capulets gebracht. Dort wolle Lorenzo sie bewachen, und der in der Zwischenzeit informierte Romeo würde sie – nachdem ihre Lebensgeister zurückgekehrt seien – mit sich nach Mantua nehmen.

So kühn dieser Plan auch klingen mochte – Julia stimmt ihm sofort zu und kehrt mit der Flasche versehen ins Elternhaus zurück. Zur Freude von Vater und Lady Capulet signalisiert sie ihr Einverständnis, dass Paris sie ehelichen dürfe, woraufhin ein geschäftiges Treiben einsetzt, um die Blitzhochzeit am nächsten Tag Wirklichkeit werden zu lassen. Julia aber zieht sich auf ihr Zimmer zurück, und nach heftigen inneren Zweifeln trinkt sie schließlich den Inhalt der Flasche vollständig aus.

Am nächsten Morgen will die Amme Julia wecken und ihr bei den Vorbereitungen zur Trauung helfen. Man kann sich das Grauen vorstellen, als sie anstelle einer wunderschön herausgeputzten Braut eine (Schein-)Tote vor sich liegen sieht; und dieses Grauen erfasst rasch die Eltern Capulet wie auch den Grafen Paris, der zusammen mit Musikern gerade seine zukünftige Frau abholen und zum Traualtar führen will:

> » Hab ich das Tageslicht herbeigesehnt, / Damits mir solchen Anblick hell bescheint? / ... Getäuscht, getrennt, gekränkt, geprellt, geschlagen! / Ewig verdammter Tod, von dir getäuscht, / Von dir so grausam, grausam überrollt! / Oh Liebe! Leben! – leb im Tode, Liebe![23]

---

[22] Lessing, G.E.: Hamburgische Dramaturgie (1767), in: Werke IV, Darmstadt 1996, S. 299.
[23] Shakespeare: Romeo und Julia (1597), München 1995, S. 203.

Alle Anwesenden sind fassungslos und fluchen, greinen, stammeln wild durcheinander. Einzig Bruder Lorenzo findet – was Wunder – bei dem allgemeinen Chaos strukturierend-handlungsanweisende Worte:

> » Still, schämt euch! Solche Schicksalsschläge heilt / Kein Umsichschlagen... Wischt eure Tränen, gebt den Hochzeitsstrauß / Dem schönen Leichnam, und nach alter Sitte / Tragt sie im besten Kleid zur Kirche hin. / Wenn auch Natur uns albern weinen macht, / Bleibt noch Vernunft, die dieser Tränen lacht.[24]

In Mantua wartet in der Zwischenzeit Romeo auf Nachricht von seiner Julia. Balthasar, sein Diener, betritt in Reitstiefeln den Raum und berichtet seinem Herrn, dass er Julia im Grabmal der Capulets in Verona beigesetzt gesehen hat – eine Nachricht, die Romeo außer sich geraten lässt, weil Balthasar den alles aufklärenden Brief von Bruder Lorenzo nicht mit sich führt. Jählings sucht er einen Apotheker in Mantua auf, den er so lange bedrängt, bis dieser ihm Gift verkauft – Gift, das ihn, Romeo, in wenigen Minuten vom Leben zum Tode bringen soll.

Dann macht er sich auf nach Verona, um Julia ein letztes Mal (und wieder ist es Nacht) zu besuchen. Beim Versuch, die Gruft zu öffnen, trifft er auf den Grafen Paris, der Totenwache halten will. Beide erkennen sich, und es hebt ein wilder Streit und Kampf an, bei dem der Graf schließlich unterliegt und stirbt. Romeo aber dringt ins Familiengrab ein, sieht Julia als (scheinbar) Tote und trinkt das Gift, um sich, wie er überzeugt ist, endgültig mit ihr zu vereinen:

> » Wie oft sind Menschen in der Sterbestunde / Bei bester Laune! ... Auge – letzter Blick! / Letzte Umarmung, Arme! und ihr Lippen, / Tore des Atems, küsst amtliche Siegel / Zum

---

[24] Shakespeare: Romeo und Julia (1597), München 1995, S. 205.

Ewigkeitsvertrag mit Krösus Tod! / Komm, bittrer Führer, scharfer Lotse, komm! / Halsbrecherischer Steuermann, lass schnell / Dein krankes Schlingerschiff am Fels zerschellen! / Liebste, zum Wohl! (er trinkt) Oh bravo, Apotheker, / Dein Gift wirkt schnell. So sterbe ich im Kuss.[25]

Kurz darauf erwacht Julia, und als sie Romeo tot neben sich liegen sieht, ersticht sie sich mit einem Dolch, den sie in der Gruft findet.

Das Finale des Dramas ist schnell erzählt. Nachdem zum Schluss sich alle Überlebenden am Schauplatz der Tragödie einfinden, ist es an Bruder Lorenzo, den Anwesenden die Geschichte von Romeo und Julia und ihrer Liebe nahezubringen: „Ich fass mich kurz; mein kurzer Lebensfaden reicht nicht hin, um langes Garn zu spinnen." – so beginnt er seinen Bericht, um dann fortzufahren:

» Romeo, / Der tot dort liegt, war Julias Mann; / Und sie, die dort tot liegt, war Romeos Frau. / Ich traute sie; und ihr geheimer Hochzeitstag / War Tybalts Sterbetag, für dessen Tod / Man Romeo frisch vermählt von hier verbannte; / Und der war, um den Julia litt, nicht Tybalt.[26]

Nach und nach klärt Lorenzo die Umstehenden über die Hintergründe von Mercutios und Tybalts und des Grafen Paris Tod sowie über die fatalen Umstände auf, die zu den Freitoden von Romeo und Julia führten – sofern man überhaupt von Frei- und nicht vielmehr von Zwangs-Toden sprechen darf und muss, die mit unerbittlicher Konsequenz den überaus grausamen Zufällen und den daraus abgeleiteten Fehlurteilen sowie der alten, unbarmherzigen Familienfehde zwischen den Montagus und den Capulets geschuldet waren. Als den Veronesern allmählich das ganze Ausmaß der

---

[25] Shakespeare: Romeo und Julia (1597), München 1995, S. 225 f.
[26] Shakespeare: Romeo und Julia (1597), München 1995, S. 237.

Tragödie wie auch ihre Hintergründe bewusst werden, ist es der Fürst von Verona, der daraus den imperativen Impuls ableitet, dass angesichts der Katastrophe die verfeindeten Familien ihren Streit für immer begraben müssen – ein Impuls, der von den Montagus und den Capulets umgesetzt wird, der im Vorfeld einen enorm hohen Blutzoll und unendlich viel Leid als Preis gefordert hat, und der den Fürsten ein nur gedämpftes Schlusswort im Drama sprechen lässt:

> » Ein trüber Frieden dämmert mit dem Morgen. / Die Sonne zeigt vor Leid nicht ihr Gesicht. / Kommt, ich will Weitres hören und will sorgen / Für manchen Freispruch, manches Strafgericht. / Kein Leidensweg war schlimmer irgendwo, / Als der von Julia und von Romeo.[27]

Fünf Tote, darunter die beiden Liebenden, sind reichlich viel, selbst für eine Liebesgeschichte ohne *happy end*. Handelt es sich hierbei überhaupt um eine Liebesgeschichte, und wo entdecken wir bei so viel Destruktion noch das Erotische, Wert- und Würdevolle, Erhabene einer Liebe?

Einige Facetten wurden hier schon erwähnt, und einige bleiben jedoch noch nachzutragen. Da ist zuallererst das Phänomen zu bedenken, dass Shakespeare die Beziehung zwischen Romeo und Julia von ihren ersten zarten Anfängen bis zum bittersten Ende sich stets nachts ereignen lässt. Es ist Nacht, als sie – einander unbekannt – den ersten Kuss tauschen; es ist Nacht, als Romeo unter dem Balkon von Julia ihren Worten lauscht; es ist Nacht, als er sie als seine angetraute Frau in ihrer Kemenate besucht; und es ist dunkelste Nacht, als die beiden zuletzt in der Familiengruft der Capulets liegen – zuerst noch lebend und schlussendlich als Tote, für die die Weltnacht angebrochen ist.

Was aber bedeutet es, eine Liebesbeziehung ausschließlich nachts stattfinden zu lassen? Der russisch-französische Psychiater und Philosoph Eugen Minkowski (1885–1972) hat in *Die gelebte Zeit* (1933) differenziert einen Tag-Raum (den er als hell, klar, distanziert, präzise, intersubjektiv

---

[27] Shakespeare: Romeo und Julia (1597), München 1995, S. 243.

charakterisierte) von einem Nacht-Raum (mysteriös, direkt berührend, in Personen eindringend, subjektiv) unterschieden. Bezogen auf Romeo und Julia kann man rückschließen, dass sie ihre Liebe zwar einerseits nur dem Schutz der Nacht verdankten – die Feindschaft zwischen ihren beiden Familien hätte alle offenen Beziehungsversuche von vorneherein sabotiert und zum Scheitern gebracht. Andererseits gelang es ihnen nicht, die Liebe aus dem Nacht-Raum in den Tag-Raum zu verbringen und sie der Welt und den Mitmenschen zu präsentieren.

Für angehende, wachsende, unsichere, fragwürdige oder sich erst entwickelnde Liebesbeziehungen ist es nun durchaus günstig, ohne kritische, fixierende Blicke und Kommentare der Um- und Mitwelt sich der eigenen Dynamik und den Bedürfnissen der Liebenden gemäß zu entfalten. Hierfür bietet sich ein Nacht-Raum an, der das Zarte ebenso wie das Intime und Private einer Verliebtheit und einer Liebe schützend umhüllt und sie (falls nötig) zum Geheimnis macht.

Manche Liebe verbleibt, ohne dass es je zu den tragischen Romeo-und-Julia-Folgen kommt, lange Zeit oder für immer in diesem Nacht-Raum und bezieht daraus einen Teil ihres dunkel-mysteriösen Reizes. Andere oder die meisten Liebesbeziehungen jedoch sind zukunftsfähig, wenn sie aus dem Nacht- in den Tag-Raum wechseln und sich einem Prozess der Objektivierung anheimstellen. Freunde, Bekannte, Familienangehörige, Berufskollegen, kurz: die Welt nimmt Stellung zu einem Liebespaar; und zugleich erlebt eine Liebe dadurch im günstigen Falle Bereicherungen und Anregungen von außen.

Die Nacht ist noch mittels einer weiteren Qualität prädestiniert, zum Raum und zur Zeit von Liebenden zu werden. Weil unsere Fernsinne (vor allem das Sehen) nachts merklich limitiert sind, dürfen und müssen wir uns auf die Nahsinne (Schmecken, Riechen, Tasten) konzentrieren – auf Sinnesqualitäten, die insbesondere bei Intimität, Zärtlichkeit und Sexualität dominieren.

Shakespeare verlegte die Liebesbeziehung zwischen Romeo und Julia wohl auch aufgrund dieser Qualitäten in die Nachtstunden, wobei er auch das Hören und Sprechen (in Form von Flüstern) unter die Nahsinne subsumierte. Die Liebe, die sich im Sinnlich-Erotischen gefällt, verfängt sich im nächtlichen Zwischenraum und in der nächtlichen Zwischenzeit und vergisst die geometrischen Verhältnisse des Tages ebenso wie seine chronologische Verfasstheit – in einem Zwischenraum, einer Zwischenzeit jenseits der Gesetze von Raumzeit und Helligkeit des Tages. Wer je das Flüstern, Riechen, Tasten dieses Zwischenraums und dieser Zwischenzeit erlebt hat, weiß, wonach er sich tagsüber sehnt, und welche Macht dies

Sehnen einnehmen kann. Und er weiß, welch emanzipatorisches Potenzial in der Liebe steckt, die uns nachts die physikalischen, gesellschaftlichen und sozialen Gesetze und Konventionen des Tages nicht selten bis zur Nivellierung hintanstellen und vergessen lässt.

Uns liebende Menschen ermutigen uns, jene Seiten unseres Daseins und Charakters zu erkunden und womöglich auch auszudrücken, die als das Eigene, Seltene, Besondere unserer Person gelten und im Alltag in der Regel kaum in Erscheinung treten. Liebe zielt nicht auf das Ordinäre, sondern das Extraordinäre unserer Existenz ab – wobei darunter nicht das Narzisstische, Laute, sondern etwas Leises, für die meisten Mitmenschen kaum Vernehmbares gemeint ist.

Vielen Liebenden wachsen Rezeptoren für das Außergewöhnliche ihres jeweiligen Gegenübers, und diese erst ermöglichen es, Wertvolles, Ideales, Bedeutsames am Du zu empfinden und entsprechend anzuerkennen. Bei Romeo und Julia sind es ihre musikalischen Stimmen, ihre feinzisilierten Gedanken, ihre anmutigen Bewegungen, ihre subtilen Gefühlsregungen, die sie aneinander registrieren und benennen – und die dazu beitragen, dass sie in eine andauernd aufwärtsgerichtete Spirale des Fühlens und Wertens geraten, die sie auf ungeahnte Höhen ihres Existenz-Erlebens hebt und zugleich jeder Daseinsäußerung des jeweils anderen immense Tiefe, Weite und Bedeutsamkeit zuspricht.

Zumindest ein Teil jener Unbedingtheit, die Romeo wie auch Julia mit ihrer Liebe zueinander verbinden, speist sich aus diesem alle bisher gültigen Sinn-, Wert- und Bedeutungsmaßstäbe sprengenden Erleben, das nach oben scheinbar keine Begrenzungen kennt. Sie fliegen von einer Aufgipfelung ihrer Existenz zur nächsten und sind zunehmend bereit, für diese Art des Daseins den Einsatz stetig zu erhöhen. Ist es anfangs nur das Risiko, als Montagu im Hause der Capulets bei dessen Fest entdeckt zu werden, sind es zuletzt ihre beider Leben, die sie im Bewusstsein ihrer Liebe hin- und aufgeben.

Liebe, wie Romeo und Julia sie empfinden, ist keine Tändelei und kein belangloses Spiel – sie ist ein süßer und manchmal aber auch ein bitterer Ernst. Dieser Ernst äußert sich normalerweise in einer Veränderung der Wahrnehmung und Beurteilung von Welt, Mitmensch und eigener Person – sie alle werden tiefer, weiter, höher, bedeutsamer erlebt als zu Zeiten des Nicht- oder Noch-Nicht-Liebens. Das Wertsensorium wird geschärft, und damit eröffnen sich Möglichkeiten eines differenzierteren und verbreiterten Gefühlslebens.

Dieser Ernst schlägt sich jedoch auch in einer veränderten Daseins-Gestaltung nieder. Wer je wirklich geliebt hat, erinnert sich, dass er dieser bewegenden Emotion, diesem enormen Erfasst-Werden, diesem immens neuen Werterleben und diesem geliebten Menschen zuliebe manches in seinem bisherigen Leben modifiziert oder eventuell sogar grundlegend revidiert hat – begonnen bei den kleinen Gewohnheiten unserer Existenz bis hin zu relevanten existentiellen Weichenstellungen, die dem Dasein neue Inhalte, Richtungen, Zielsetzungen vermitteln. Shakespeare hatte derlei wohl im Sinn, wenn er besonders Julia in Situationen versetzte, in denen sie sich unter Berufung auf ihre Liebe heroisch ihrer alten Existenz entledigen und einen Aufbruch ins Neue, Unbekannte wagen will:

> » Dies Ergehen der Liebe am Rande des Grabes, dies verzweifelte Spiel mit der Gefahr, dieses Eintauchen im Tod, um ein neues Leben zu beginnen… kein Kind dieser Eltern mehr sein… durch die Todespforte eingehen, wie in den Himmel, in ein andres Land, ein neues Reich, das ihr das Reich der Liebe sein soll.[28]

Zugegeben: In der Regel setzen wir, bei allem Ernst unseres Liebens, nicht auf die Karte des Todes, sondern auf lebendigere, weniger tragische Formen des Einsatzes; und in der Regel reicht die erotische, verbindende, neue Einheiten schaffende und verknüpfende Kraft einer Liebesbeziehung aus, um (anders als bei Romeo und Julia) den mehr oder minder fatalen Zufällen unserer Existenz effektiv die Stirn zu bieten. Das Ernsthafte aber einer Liebe darf, selbst wenn Heroentum nicht nötig oder möglich ist, als *Basso continuo* im Konzert ihrer diversen Melodien vernehmbar sein.

Das Fatum, also das Schicksalhafte, oder der sinnwidrig wirkende Zufall vereiteln in *Romeo und Julia* den kühnen Plan von Bruder Lorenzo. Nur weil ein Brief und damit eine, nein *die* allerwichtigste Nachricht Romeo in Mantua nicht rechtzeitig erreicht hat, reiht sich Fehlinterpretation an Fehlinterpretation und führt schließlich zu den tragischen Fehlhandlungen beider Liebender. Ein kleiner, dummer, lächerlicher Zufall induziert eine thanatische Katastrophe sondergleichen; mit dem Zufall, dem (scheinbar)

---

[28] Landauer, G.: Shakespeare (1918), Hamburg 1962, S. 33.

Schicksalhaften schiebt sich Irrationales ins rationale Spiel des Planens und Entwerfens, und noch so heiter gedachte Liebesszenen wandeln sich im Nu in pures Chaos.

So wie der Zufall in *Romeo und Julia* wesentlich zur Tragik ihrer Liebesgeschichte beigetragen hat, so sorgt der Zufall jedoch nicht selten auch für die entgegengesetzten Effekte: Zufällig begegnen sich Menschen, die einander sympathisch sind; es ist der Zufall, der zwischenmenschliche Konstellationen und Möglichkeiten gebiert; es ist allerdings kein bloßer Zufall, was die Beteiligten aus diesen Chancen entstehen lassen, und ob und wenn ja welche Liebe daraus erwächst.

Beim Versuch aber, diverse Entstehungs- und Gestaltungsbedingungen von Liebesbeziehungen exakt und im Detail zu beschreiben, stoßen sowohl die Protagonisten als auch Außenstehende meistens an ihre Grenzen. Alle bewusst erlebten und wahrgenommenen und benannten Attraktionen des Gegenübers oder alle bei sich selbst registrierten Anlehnungs- und Anerkennungsbedürfnisse sind in der Regel zwar durchaus richtige, aber nicht hinreichende Gründe und Argumente für das Entzünden heftiger Liebesempfindungen. Häufig kleiden sich un- und halbbewusste Motive (Phantasien, Affekte, Antriebe, Wünsche, Erinnerungsspuren, Begierden, biographische Erfahrungen) in die rational scheinenden Entscheidungen von Liebenden und bestimmen diese maßgeblich mit.

Ehrlicher und bedeutend realitätsadäquater wäre es daher, wenn sich Liebende oder Verliebte eingestehen könnten, dass ein gehöriges Maß an Unbewusst-Irrationalem zur Genese ihrer Beziehung beigetragen hat – Unbewusst-Irrationales, das aber eventuell nach und nach in Worte gefasst und eingeordnet werden kann.

Besonders im Status der Verliebtheit sind Liebende jedoch in der Regel zu solchen Leistungen aufgrund von Idealisierungstendenzen, die sie beide betreffen, kaum in der Lage. Nicht selten ereignen sich deshalb vor allem zu Beginn von Liebesbeziehungen so manche Verkennungen und Wahrnehmungsverschiebungen, die sich im günstigen Fall in nüchternere, realistischere und länger anhaltende, darum aber nicht unbedingt weniger bewegende Liebesempfindungen auflösen lassen – ein Prozess, der in Shakespeares Drama allerdings nicht zum Thema wurde:

> *Romeo und Julia* ist das Schauspiel der jungen, stürmischen Liebe, die, auf den ersten Blick entstanden, so leidenschaftlich ist, dass sie, um ihr Ziel zu erreichen, alle Hindernisse sprengt, so ernst, dass sie keine andere Wahl kennt als den Geliebten oder den Tod, so stark, dass sie das junge Paar beinahe augenblicklich und auf der Stelle einander in die Arme wirft, endlich so unselig, dass der Untergang mit reißender Schnelligkeit auf das Glück der Vereinigung folgt.[29]

Wie ein mächtiges Stück Leben schieben sich Verliebtheit und Liebe ins Dasein von Liebenden – ein Stück Leben, das häufig erst allmählich in seinen Dimensionen und Komplexitätsniveaus verstanden und daraufhin entsprechend heftig oder zart und subtil behandelt wird. Die nicht enden wollenden Gespräche von Verliebten sind neben dem starken Impuls, sich und den anderen kennenzulernen, auch dem Umstand geschuldet, das vorerst nur schwer Fassbare und manchmal sogar Überwältigende einer Liebe verbal zu bändigen zu versuchen.

Doch trotz aller Erklärungs- und Verstehens- und Verbalisierungs-Versuche bleibt beim Phänomen der Liebe oftmals ein ungebändigter Rest, der irgendwo im Irrational-Unbewussten unserer Existenz wurzelt, und dem wir mit all unserer Rationalität allein nicht beikommen können – wobei das Irrationale von den ersten faszinierend-rauschhaften Momenten der sich jählings entzündenden Attraktion bis zu den personale Würde ausstrahlenden Liebeswerten von z. B. Treue, Loyalität, Verantwortung, Dauer und gegenseitiger Hilfe reichen kann.

Man versteht, wenn Liebende angesichts dieser und anderer, oft kaum in Worte zu fassender Qualitäten ihrer Beziehung oft auf das Bildhafte, Poetische, Melodische von Kunst und Literatur oder auch auf manche mythologische Gestalten (z. B. Amor und Psyche oder Gottheiten wie Eros, Apollon, Dionysos) zurückgreifen, um ihren Empfindungen einen halbwegs adäquaten Ausdruck zu verleihen. Wer selbst Dichter und Künstler

---

[29] Brandes, G.: Shakespeare, Paris – Leipzig – München 1898, S. 106.

ist, findet hierfür womöglich neue und überzeugende Symbole, die von der existenzverändernden Kraft der Liebe künden. Wir vielen anderen jedoch, wir Nicht-Dichter und Nicht-Künstler, sind darauf angewiesen, uns das Poetische, Rhythmische, Musikalische, Harmonische, das eine Liebe auszuzeichnen vermag, als dichterisch-künstlerische Ausdrücke von ihren Urhebern zu borgen und als Zitate im rechten Augenblick an Geliebte zu verschenken.

Shakespeares *Romeo und Julia* eignet sich als Beschreibungs- und Zitatenschatz hierfür über alle Maßen, denn auf fast jeder Seite finden sich Strophen, die uns Mal um Mal poetisch belehren, was denn die Liebe ist oder sein oder werden soll. Shakespeare verfügte über die seltene Gabe, verschiedenste Melodien anzustimmen, die in Liebes-Chören vernehmbar sind: leidenschaftliche; verhalten-nachdenkliche; zart-tupfende; lebendige; pianissimo- ebenso wie fortissimo-Passagen; sehnsuchtsvoll-begehrende; Disharmonien auflösende; existentiell bewegende; ermutigende; ins Neue und Unbekannte souverän vordringende; generös-wertschätzende. „Denn Liebe macht (so heißt es bei ihm) vor keiner Mauer Halt, / Und was die Liebe kann, wird Liebe immer wagen."[30]

## Literatur

Brandes, G.: Shakespeare. Paris – Leipzig – München (1898)
Günther, F.: Unser Shakespeare. München (2014)
Heine, H.: Shakespeares Mädchen und Frauen (1838). In: Sämtliche Schriften, Bd. 7. Frankfurt a. M. (1981)
Landauer, G.: Shakespeare (1918). Hamburg (1962)
Lessing, G.E.: Hamburgische Dramaturgie (1767). In: Werke IV. Darmstadt (1996)
Shakespeare: Romeo und Julia (1597), in der Übersetzung von Frank Günther, München (1995)

---

[30] Shakespeare: Romeo und Julia (1597), München 1995, S. 75.

# 4

# Othello – Syndrom der ontologischen Unsicherheit

Der britische Historiker Thomas Rymer (1643–1713) befasste sich nicht nur nebenbei mit Theater- und mit Literaturkritik. In dieser Funktion äußerte er sich einmal wenig schmeichelhaft über *Othello:* „Die Moral dieser Geschichte ist sehr lehrreich. Erstens: Es mag als Warnung für alle Mädchen aus gutem Hause gelten, sich nicht ohne Erlaubnis ihrer Eltern von Schwarzen entführen zu lassen. Zweitens: Es mag als Warnung für alle braven Ehefrauen gelten, gut auf ihre Wäsche aufzupassen. Drittens: Es mag eine Lektion für Ehemänner sein, sich um mathematisch exakte Beweise der Untreue zu bemühen, bevor ihre Eifersucht zu tragischen Folgen führt."[1] Wenngleich diese Zusammenfassung des Stückes nicht völlig falsch ist, lohnt es meiner Meinung nach, den einen oder anderen Gedanken an *Othello* etwas differenziert-großzügiger zu verschwenden.

So darf etwa die Ausgangssituation der handelnden Personen bedacht werden. Das Stück spielt zuerst in Venedig, wo einige Militärs (Othello, ein dunkelhäutiger General; Cassio, ein Leutnant Othellos; Jago, Othellos Fähnrich) auf den Dogen und einige Senatoren Venedigs (darunter der Senator Brabantio und seine Tochter Desdemona) und auf den Edelmann Roderigo treffen.

Schon diese ersten Szenen verheißen nun eine spannend-konfliktreiche Geschichte, bei der beinahe alle Hauptfiguren irgendeine Art von gefühlter oder tatsächlicher Minderwertigkeit an sich erleben: Othello ist der ein-

---

[1] Rymer, Th.: A Short View of Tragedy (1693), zit.n. Kott, J.: Shakespeare heute (1965), Berlin 1989, S. 106 f.

zige Dunkelhäutige unter lauter Weißen; von Jago wird rasch offenkundig, dass er bei einer Beförderung nicht berücksichtigt wurde – statt seiner wurde Cassio befördert; Brabantio bemerkt eines Nachts entsetzt, dass seine Tochter nicht im Hause ist und als Braut des Generals Othello bei diesem weilt; Roderigo ist massiv enttäuscht, weil er sich Hoffnungen auf eben jene Desdemona gemacht hatte und diese nun in den Armen eines Mohren sehen muss. Allein aufgrund dieser sozialen Konstellationen kann man sich als Leser oder Zuschauer ausmalen, wie konfliktträchtig dieses Stück im weiteren Verlauf werden wird: Minderwertigkeitsgefühle treffen pur aufeinander und entwickeln eine destruktive Dynamik.

Diese heiklen zwischenmenschlichen Beziehungen ereignen sich jedoch nicht nur in privaten Räumen – sie sind vielmehr in mancher Hinsicht mit den öffentlich-politischen Vorkommnissen Venedigs verknüpft. Der Senat der Lagunenstadt hat soeben darüber beraten, wie man angesichts eines drohenden Überfalls der türkischen Flotte auf Zypern reagieren könne – und man ist zu dem einhelligen Schluss gekommen, Othello mit seiner Armee nach Zypern zu beordern, um die Türken in die Flucht zu schlagen.

Die privaten Kalamitäten müssen – so der Doge von Venedig – bei dieser Großwetterlage zurückstehen. Dazu zählt vor allem die Entrüstung Brabantios, der seine Tochter durch Othello entführt, verhext und entehrt wähnt, der deshalb zu drastischen Worten greift und drakonische Strafen für den General als das Mindeste hält, was Othello treffen sollte:

> » Du Drecksdieb, du, wo hast du meine Tochter? / Hast sie verhext, verdammt, wie du schon bist, / … Ob die, dass sie's Gespött für alle wird, / Wegläuft zuhaus, hin zur rußschwarzen Brust / So einer Kreatur wir dir? Die schreckt, nicht lockt! / Richt mich die Welt, wenn das nicht glockenklar ist, / Dass du sie mit Magie beeinflusst hast, / Ihr Kinderherz mit Kräutergift missbraucht hast, / Das ihr den Sinn verwirrt: das lass ich klären; / Das ist zum Greifen, liegt doch auf der Hand.[2]

---

[2] Shakespeare: Othello (1603/04), München 1995, S. 27 f.

Doch als Othello vor dem Dogen und einigen Senatoren berichtet, wie er und Desdemona ein Paar wurden, und wie sehr Letztere ihn aufgrund der abenteuerlichen Biographie, die er ihr im Hause ihres Vaters erzählt hatte, liebt, schwenkt die Stimmung der Anwesenden zugunsten des Generals um. Als dann noch Desdemona auftritt und die Ausführungen von Othello vollumfänglich bestätigt, muss Brabantio kleinbeigeben – seine Tochter lässt keinen Zweifel an ihrer selbstbestimmten Liebe aufkommen:

» Dort aber steht mein Mann; / Und soviel Pflicht, wie meine Mutter dir / Erwies, als sie dich ihrem Vater vorzog, / Soviel – das Recht beanspruch ich – möchte ich / Auch meinem Mann erweisen.[3]

Mit diesen Worten wird für alle Anwesenden unmissverständlich die Verbindung von Othello mit Desdemona nicht nur öffentlich, sondern auch in ihrem Wesen transparent. Desdemona empfindet sich beileibe nicht von ihrem Mann verführt, verhext, entehrt, sondern geliebt; und sie selbst liebt ihn nicht, obwohl er anders als die anderen ist, sondern gerade wegen der Andersartigkeit seines gesamten Wesens:

» Dass ich den Afrikaner liebe, mit ihm leben will, / Mag meine Leidenschaft und Weltmissachtung / Nur laut hinausposaunen. Meinem Mann / Beugt sich mein Herz in allem, was er ist. / Othellos Aussehn, das zeigt mir sein Geist; / Und seiner Ehre, seinem tapfern Wesen / Hab ich mein Herz und all mein Glück geweiht.[4]

---

[3] Shakespeare: Othello (1603/04), München 1995, S. 43.
[4] Shakespeare: Othello (1603/04), München 1995, S. 47.

Und weil die Liebe zwischen Desdemona und Othello so leidenschaftlich tief und emotional so anrührend zu sein scheint, erlaubt der Doge, dass Erstere ihren Gatten auf dem Kriegszug gegen die Türken begleiten darf – eine Erlaubnis, die durchaus als ungewöhnlich imponiert. Wenige Stunden später stechen Othello, seine Frau und die Truppen in See gen Zypern.

Mit von der Kriegs-Partie sind auch Cassio, Jago und Roderigo. Als sie schließlich alle zusammen mit Desdemona, Othello und den Truppen nach einer ziemlich bewegten Überfahrt auf Zypern landen, beginnt Jago, der sich schon in Venedig mit Roderigo gegen Othello verbündet hatte, mit seinem intriganten Spiel. Dies kann er umso effektiver verwirklichen, als auf Zypern kein Kriegshandwerk zu verrichten ist: Die türkische Flotte ist in der stürmischen See zerschellt.

Für Jago ist es anfangs durchaus keine ausgemachte Sache, wie er sich an Othello für dessen Bevorzugung von Cassio sowie für seine, Jagos, Zurücksetzung rächen kann. Ihm schwebt vor, Roderigos Verliebtheits-Empfindungen für Desdemona dafür ebenso zu nutzen wie die charmante Art des Umgangs von Cassio. Außerdem hätte er keineswegs dagegen etwas einzuwenden, Desdemona eine Nacht als Geliebte zu erobern – dies imaginiert Jago als passende Rache vor allem auch, weil er glaubt, dass Othello einst seine eigene Frau Emilia als Geliebte kannte:

» **Denn ich vermute, dass der geile Schwarze / Mal meine Stute ritt; und der Gedanke / Daran frisst mir wie Gift die Eingeweide; / Und nichts kann oder soll mein Herz befrieden, / Bis ich erst quitt mit ihm bin, Frau um Frau; / Oder, falls das misslingt, dass ich den Schwarzen / Zumindest mehr in Eifersucht versetze, / Als je Vernunft kurieren kann.**[5]

Als vorbereitende Maßnahme zettelt Jago vorerst einen Streit zwischen Cassio und Roderigo an, der schließlich derart heftig eskaliert, dass Othello dazwischenfährt und die sich duellierenden Streithähne trennt. Othello will wissen, wer für diesen Streit verantwortlich zu machen ist, und der listig-

---

[5] Shakespeare: Othello (1603/04), München 1995, S. 81.

intrigante Jago berichtet so geschickt von dem Vorfall, dass Cassio zuletzt von Othello seiner Offizierswürde enthoben wird. Damit wird auch Cassio zu einem Benachteiligten, zu einem Menschen, dem ein offensichtlicher Makel anhaftet, und der sich der unverzeihlichen Disziplinlosigkeit seines wilden, prügelnden Streitens massiv schämt:

> » Mein Ruf! Mein Ruf! Mein guter Ruf! Ich hab meinen guten Ruf verloren! Was unsterblich in mir ist, hab ich verloren, und was übrigbleibt, ist viehisch![6]

Als degradierter, beschämter, weit hinter den eigenen Ansprüchen und Idealen zurückgebliebener Mann wird nun auch Cassio ein Spielball von Jagos bitterbösen Plänen. Letzterer empfiehlt ihm, sich bald Desdemona gegenüber zu erklären und sie zu bitten, bei Othello ein gutes Wort für ihn einzulegen. Gleichzeitig – so Jagos Absicht – wird er Othello weismachen, dass Desdemona sich nur aus egoistischen und libidinösen Erwägungen heraus für Cassio verwendet: „Blas ich als Gift ihm (Othello) in die Ohren, dass sie ihn (Cassio) nur zurückwünscht ihrer Bettlust wegen"[7] – so der infame Plan Jagos.

Gespürt, gedacht, gesagt, getan. Cassio wendet sich vertrauensvoll an Desdemona, die ihm erwartungsgemäß versichert, sich bei Othello für ihn zu verwenden. Und Jago sucht die Nähe zu Othello, um ihm das still und verlässlich wirkende Gift des Misstrauens und der Eifersucht einzuträufeln. Als Desdemona ihren Gatten bittet, Cassio wieder in seinen alten Rang zu heben, reagiert Othello zwar zugewandt, aber nicht vollends begeistert; und je mehr Jago geschickt mit seinem General über Cassio spricht, umso misstrauischer und zurückhaltender wird Othello. In einem Moment der vernunftgesteuerten Reflexion erkennt er zwar die hohe Bedeutung seiner Liebe zu Desdemona und gesteht sich (und ihr) ein: „Und wenn ich dich nicht liebe, dann kehrt das Ur-Chaos zurück!"[8]

Doch dieses Eingeständnis und sein durchaus zutreffendes Gespür für jenes Ur-Chaos, das in ihm losbräche, sobald seine Liebesempfindungen

---

[6] Shakespeare: Othello (1603/04), München 1995, S. 101.
[7] Shakespeare: Othello (1603/04), München 1995, S. 107.
[8] Shakespeare: Othello (1603/04), München 1995, S. 123.

für Desdemona schwänden, sind für Othello nur sehr kurzzeitig präsent und bleiben ihm nicht lange bewusst. Je mehr er sich den Einflüsterungen Jagos hingibt, der überaus geschickt die Person Cassios durch stockend vorgebrachte Andeutungen in Misskredit bringt, desto mehr entfernt sich Othello von der Ebene vernünftiger Überlegungen und desto mehr gerät er in den Sog irrationaler und affektiv überlagerter Verdächtigungen.

Zunehmend fällt es dem General schwer, zwischen Schein und Sein, zwischen Oberfläche und Tiefe, zwischen Lug und Trug und Wahrheit zu unterscheiden. Cassio und dessen Taten so zu beurteilen, wie es dem Wesen dieser Person und den realen Ereignis-Abläufen entspricht, ist für Othello beinahe unmöglich geworden – eine Schwierigkeit, die Jago überdeutlich spürt, und die er mit seinen Kommentaren nur noch weiter anzuheizen gedenkt: „Der Mensch müsst so sein, wie er scheint; und wer so *nicht* ist, dürft nicht menschlich scheinen!!"[9]

In gewisser Weise hat Jago mit diesem Satz sich selbst charakterisiert. Roderigo, Cassio, Othello, aber auch Desdemona und Emilia – sie alle wissen und ahnen nicht, welche Pläne Jago verfolgt; und sie alle sind dem Schein seiner Wortkaskaden und Erzählungen verfallen, ohne dass sie in der Lage wären, das Sein seiner Person sowie die tatsächlichen Prozesse und Ereignisketten der vergangenen Stunden und Tage zu durchschauen:

> » Jago gab vor, jemand zu sein, der er nicht war, und in der Tat befasst sich *Othello* als Ganzes damit, was es bedeutet, „ein Ding zu scheinen und ein anderes zu sein".[10]

Ein Ding zu scheinen und ein anderes zu sein. Versetzen wir uns in die Lage Othellos oder auch Desdemonas, Cassios, Roderigos, kann man die Verunsicherung nachempfinden, die alle ergreifen muss, wenn sie spüren, dass Sein und Schein nicht zur Deckung gebracht werden können. Auf wen oder was kann man sich verlassen? Wer repräsentiert die Wahrheit, wer den Trug? Wer ist authentisch, und wer spielt mit der Authentizität? Und wie lassen sich diese Zweifel entweder aus der Welt räumen oder aber nach- und beweisen?

---

[9] Shakespeare: Othello (1603/04), München 1995, S. 127.
[10] Laing, R.D.: Das geteilte Selbst (1960), Köln 1994, S. 122.

## 4 Othello – Syndrom der ontologischen Unsicherheit

intrigante Jago berichtet so geschickt von dem Vorfall, dass Cassio zuletzt von Othello seiner Offizierswürde enthoben wird. Damit wird auch Cassio zu einem Benachteiligten, zu einem Menschen, dem ein offensichtlicher Makel anhaftet, und der sich der unverzeihlichen Disziplinlosigkeit seines wilden, prügelnden Streitens massiv schämt:

» Mein Ruf! Mein Ruf! Mein guter Ruf! Ich hab meinen guten Ruf verloren! Was unsterblich in mir ist, hab ich verloren, und was übrigbleibt, ist viehisch![6]

Als degradierter, beschämter, weit hinter den eigenen Ansprüchen und Idealen zurückgebliebener Mann wird nun auch Cassio ein Spielball von Jagos bitterbösen Plänen. Letzterer empfiehlt ihm, sich bald Desdemona gegenüber zu erklären und sie zu bitten, bei Othello ein gutes Wort für ihn einzulegen. Gleichzeitig – so Jagos Absicht – wird er Othello weismachen, dass Desdemona sich nur aus egoistischen und libidinösen Erwägungen heraus für Cassio verwendet: „Blas ich als Gift ihm (Othello) in die Ohren, dass sie ihn (Cassio) nur zurückwünscht ihrer Bettlust wegen"[7] – so der infame Plan Jagos.

Gespürt, gedacht, gesagt, getan. Cassio wendet sich vertrauensvoll an Desdemona, die ihm erwartungsgemäß versichert, sich bei Othello für ihn zu verwenden. Und Jago sucht die Nähe zu Othello, um ihm das still und verlässlich wirkende Gift des Misstrauens und der Eifersucht einzuträufeln. Als Desdemona ihren Gatten bittet, Cassio wieder in seinen alten Rang zu heben, reagiert Othello zwar zugewandt, aber nicht vollends begeistert; und je mehr Jago geschickt mit seinem General über Cassio spricht, umso misstrauischer und zurückhaltender wird Othello. In einem Moment der vernunftgesteuerten Reflexion erkennt er zwar die hohe Bedeutung seiner Liebe zu Desdemona und gesteht sich (und ihr) ein: „Und wenn ich dich nicht liebe, dann kehrt das Ur-Chaos zurück!"[8]

Doch dieses Eingeständnis und sein durchaus zutreffendes Gespür für jenes Ur-Chaos, das in ihm losbräche, sobald seine Liebesempfindungen

---

[6] Shakespeare: Othello (1603/04), München 1995, S. 101.
[7] Shakespeare: Othello (1603/04), München 1995, S. 107.
[8] Shakespeare: Othello (1603/04), München 1995, S. 123.

für Desdemona schwänden, sind für Othello nur sehr kurzzeitig präsent und bleiben ihm nicht lange bewusst. Je mehr er sich den Einflüsterungen Jagos hingibt, der überaus geschickt die Person Cassios durch stockend vorgebrachte Andeutungen in Misskredit bringt, desto mehr entfernt sich Othello von der Ebene vernünftiger Überlegungen und desto mehr gerät er in den Sog irrationaler und affektiv überlagerter Verdächtigungen.

Zunehmend fällt es dem General schwer, zwischen Schein und Sein, zwischen Oberfläche und Tiefe, zwischen Lug und Trug und Wahrheit zu unterscheiden. Cassio und dessen Taten so zu beurteilen, wie es dem Wesen dieser Person und den realen Ereignis-Abläufen entspricht, ist für Othello beinahe unmöglich geworden – eine Schwierigkeit, die Jago überdeutlich spürt, und die er mit seinen Kommentaren nur noch weiter anzuheizen gedenkt: „Der Mensch müsst so sein, wie er scheint; und wer so *nicht* ist, dürft nicht menschlich scheinen!!"[9]

In gewisser Weise hat Jago mit diesem Satz sich selbst charakterisiert. Roderigo, Cassio, Othello, aber auch Desdemona und Emilia – sie alle wissen und ahnen nicht, welche Pläne Jago verfolgt; und sie alle sind dem Schein seiner Wortkaskaden und Erzählungen verfallen, ohne dass sie in der Lage wären, das Sein seiner Person sowie die tatsächlichen Prozesse und Ereignisketten der vergangenen Stunden und Tage zu durchschauen:

> » Jago gab vor, jemand zu sein, der er nicht war, und in der Tat befasst sich *Othello* als Ganzes damit, was es bedeutet, „ein Ding zu scheinen und ein anderes zu sein".[10]

Ein Ding zu scheinen und ein anderes zu sein. Versetzen wir uns in die Lage Othellos oder auch Desdemonas, Cassios, Roderigos, kann man die Verunsicherung nachempfinden, die alle ergreifen muss, wenn sie spüren, dass Sein und Schein nicht zur Deckung gebracht werden können. Auf wen oder was kann man sich verlassen? Wer repräsentiert die Wahrheit, wer den Trug? Wer ist authentisch, und wer spielt mit der Authentizität? Und wie lassen sich diese Zweifel entweder aus der Welt räumen oder aber nach- und beweisen?

---

[9] Shakespeare: Othello (1603/04), München 1995, S. 127.
[10] Laing, R.D.: Das geteilte Selbst (1960), Köln 1994, S. 122.

## 4 Othello – Syndrom der ontologischen Unsicherheit

Diese und ähnliche Fragen hat Jago entweder direkt formuliert oder mit seinen delikaten Andeutungen und Misstrauen säenden Halbsätzen billigend in Kauf genommen. Es wirkt daher besonders perfide, wenn er – nachdem er Othello schon beinahe im manifesten Eifersuchtsgeschehen angekommen sieht – denselben vor der Eifersucht warnt:

> » Oh hüten Sie sich, Herr, vor Eifersucht! / Dem grünäugigen Ungeheuer, das mit uns / Spielt, eh's uns frisst. Selig der Hahnrei, der / Sein Los kennt und die *nicht* liebt, die ihn hörnt; / Doch oh, mit was für Qualen schlägt sich der, / Der liebt, doch zweifelt – argwöhnt, doch vergöttert![11]

Bei einem derart verunsicherten Menschen wie Othello braucht es nicht mehr viel, um seine emotionale Prädisposition zur Eifersucht in konkrete, wahnhaft wirkende Überzeugung von der Untreue seiner Gattin kippen zu lassen. Im Drama ist es eine Fehlleistung Desdemonas sowie das brutal-kaltblütige Ausnutzen eben jener Fehlleistung durch Jago, um dies Kippen auszulösen.

Die Fehlleistung Desdemonas besteht in nichts Harmloseren und doch Bedeutsameren als dem Verlieren eines Taschentuches. Allerdings handelt es sich bei diesem Tuch nicht um irgendeines, sondern um jenes Taschentuch, das Othello einst seiner Angebeteten als Faustpfand seiner Liebe geschenkt hat. Dieses Tuch findet Emilia und übergibt es ohne Arg ihrem Gatten Jago, der es mit enormen Triumph-Empfindungen an sich nimmt: Mit diesem angeblichen *Corpus Delicti*, so Jago siegesgewiss, wird er Othello von der Untreue Desdemonas sowie von den schäbigen Absichten Cassios vollends überzeugen können.

Beim nächsten Aufeinandertreffen von Desdemona und Othello macht sich bereits dessen Misstrauen seiner Gattin gegenüber bemerkbar. Da sie seiner Bitte, ihm das besagte Tuch zu zeigen, nicht nachkommen kann und stattdessen wieder über Cassio und dessen Rehabilitierung sprechen will, wird Othello in seiner Fehlüberzeugung nur noch weiter bestärkt. Keine

---

[11] Shakespeare: Othello (1603/04), München 1995, S. 129.

Antwort und kein Argument Desdemonas reicht nun hin, ihn von seinem emotional massiv getönten Urteil abzubringen. Als sich Desdemona nach ihrer prekären Unterredung mit Othello mit Emilia darüber austauscht, gebrauchen die beiden Frauen das erste Mal den Begriff der Eifersucht, um die eigentümlichen Reaktionsweisen von Othello zu benennen; Emilia erläutert dabei ihre Sicht auf diesen Affekt:

> » Die Antwort reicht der Eifersucht nicht aus; / Man eifersüchtelt nicht aus Grund, nein, nur / Aus Eifer-Sucht: Sie ist ein Ungeheuer, / Das sich selbst zeugt und aus sich selbst gebiert.[12]

Inzwischen hat Jago das Taschentuch in Cassios Gemächer bugsiert, wo dieser es seiner Geliebten Bianca übergibt, die es – weil es ihm gut gefällt – kopieren soll. Bei einem Gespräch zwischen Jago und Cassio, dem Othello im Geheimen beiwohnt, schwärmt Cassio von seiner Geliebten – wobei Othello, der dies alles belauscht, fälschlicherweise meint, Cassios Erzählung beziehe sich auf Desdemona. Als dann noch Bianca zu dem Gespräch hinzukommt und das Taschentuch an Cassio zurückgibt, ist es um Othellos Vernunft und Denkfähigkeit geschehen. Nunmehr ist er völlig überzeugt von dem angeblichen Verhältnis zwischen seiner Gemahlin und seinem früheren Leutnant, und sein einziger Impuls besteht jetzt darin, beide zu töten.

Wenig später taucht Lodovico, ein edler Venezianer und Verwandter Brabantios, auf Zypern auf und überreicht Othello einen Brief des Dogen. Darin wird Othello aufgefordert, nach Venedig zurückzukehren; an seiner statt soll Cassio den Oberbefehl auf Zypern führen. Dieser Befehl aus der Heimat verstärkt nochmals das affektive Chaos Othellos, und bei einem nichtigen Missverständnis zwischen ihm und Desdemona lässt er sich im Beisein von Lodovico sogar dazu hinreißen, seine Gattin zu schlagen. Der venezianische Edelmann ist entsetzt über dieses Verhalten des Generals, den er als überaus besonnen in Erinnerung hatte, und von dem er sich nun fragt: „Ist er noch bei Verstand? nicht krank im Hirn?"[13] Desdemona reagiert auf diese riesige Verletzung mit Sätzen wie: „Das habe ich nicht verdient." sowie „Wenn ich dich störe, geh ich." – und zieht sich zurück.

---

[12] Shakespeare: Othello (1603/04), München 1995, S. 167.
[13] Shakespeare: Othello (1603/04), München 1995, S. 195.

Diverse Versuche, Othello von seiner wahnhaften Überzeugung abzubringen, scheitern; sowohl Lodovico als auch Emilia und Desdemona vermögen es nicht, den General bezüglich seiner Eifersucht zu korrigieren. Er selbst spürt deutlich, wie außerordentlich hoch der Verlust seiner Liebe zu veranschlagen ist – dennoch kann er von seinen verhärteten Affekten nicht lassen und findet keinen Weg zurück zu einem weicheren, offenen Umgang mit Desdemona:

» Doch dort, wo ich mein Herz gebettet hab / Und leben muss oder zu leben aufhör, / Der Quell, der meinen Lebensstrom speist oder / Vertrocknen lässt – von dort vertrieben werden...[14]

Othello erlebt sich ebenso wie Desdemona als Opfer seiner Affekte, als ein Vertriebener, dem (wie er meint) seine Gemahlin all sein Glück und die Basis seines Lebens raubt. Fatalerweise kann er aus seinen Affekten nicht aussteigen oder sich zumindest so weit von ihnen distanzieren, dass er die tragische Entwicklung seiner ehemaligen Liebesbeziehung erkennt und sich in Frage stellt. Mit dem Schurken Jago (so wird er im Personen-Verzeichnis von Shakespeare bezeichnet) hat er hinsichtlich auf Vertrauen und Beratung aufs falscheste Pferd gesetzt, das sich im gesamten Drama finden lässt – und der nun alles daran setzt, seine finsteren, hasserfüllten Pläne final-destruktive Wirklichkeit werden zu lassen.

Dafür inszeniert Jago nun neuerlich einen Streit zwischen Roderigo und Cassio, bei dem der Erstere stirbt und der Letztere sehr schwer verwundet wird. Othello glaubt, dass auch Cassio tot ist, und bezieht dies auf eine Verabredung mit Jago, der ihm angeboten hatte, das Rachegeschäft an Cassio in seinem, Othellos, Namen zu vollziehen. Der General seinerseits geht nun daran, Rache an Desdemona zu nehmen. Er findet sie in ihrem gemeinsamen Ehebett; alle noch so lieben Worte Desdemonas prallen an Othellos emotionaler Total-Verhärtung ab, und er erwürgt sie.

*Othello* wäre kein Shakespeare-Stück, wenn es nur mit diesem Totschlag bereits sein ganzes Ende fände. Nachdem Desdemona gestorben ist, betreten

---

[14] Shakespeare: Othello (1603/04), München 1995, S. 201.

Emilia, Jago, Lodovico, Cassio, Othello und weitere Figuren die Bühne und sorgen dafür, dass nach und nach die tatsächlichen Gegebenheiten transparent werden. Vor allem Emilia ist in dieser Hinsicht hilfreich, da sie – obwohl Jago sie wiederholt davon abhalten will – die Hintergründe aller Ränkeschmiede und zwischenmenschlichen Abgründe aufdecken hilft. Da sie auf die Interventionen ihres Mannes nicht hört und immer mehr Licht ins Dunkel der verworrenen Vorgänge bringen will, gerät Jago so sehr unter Druck, dass er sie schließlich ersticht.

Doch Emilia ist nicht die letzte Tote des Stückes. Nachdem Othello das gesamte Ausmaß seiner Fehlurteile und seiner Affekte sowie der daraus resultierenden Taten realisiert und zugleich bemerkt, wie sehr es sich bei diesen Taten um nicht revidierbare Wirklichkeiten handelt, richtet er sich selbst und tötet sich. Zuvor allerdings bittet er Lodovico noch, in Venedig von sich und seinem Irrtum so wahrheitsgemäß wie immer möglich zu berichten:

> » Ich bitt Sie, wenn Sie brieflich / Die unseligen Taten melden, sprechen Sie / Von mir so, wie ich bin: Nichts mildern, nichts / Bösartig schärfen. Sprechen Sie von einem, / Der nicht sehr klug geliebt hat, doch zu sehr; / Der nicht leicht eifersüchtig war, doch – aufgebracht – / Aufs Äußerste verwirrt war; dessen Hand, / Dumm wie der Inder einst, die Perle wegwarf, / Die mehr wert war als alles; dessen Augen, / Sonst nicht gewöhnt zu weinen, überwältigt / Vor Tränen fließen wie Arabiens Bäume / Vor heilkräftigem Harz.[15]

Lodovico bleibt die schwere Aufgabe, in Venedig über die Tragik Othellos und Desdemonas zu berichten. Und dem zypriotischen Gouverneur bleibt die Aufgabe, den Höllenschuft Jago (so wird er zum Schluss im Drama Shakespeares tituliert) abzuurteilen, ohne dabei mit der Zeit, dem Ort oder

---

[15] Shakespeare: Othello (1603/04), München 1995, S. 267.

## 4 Othello – Syndrom der ontologischen Unsicherheit

der Grausamkeit und Länge der dabei anzuwendenden Folter zu gering oder zu milde zu verfahren.

Und nun? Der Vorhang zu, und alle Fragen offen? Was heißt und wie gerät man in Eifersuchts-Affekte? Was macht Othello dafür anfällig? Wie konnte er sich in Jago derart irren? Und wie lässt sich die Figur des Jago, wie lassen sich seine Intrigen, das Diabolische seiner Handlungen und das Perfide seines Charakters verstehen? Trägt Desdemona irgendeine Verantwortung für ihr tragisches Schicksal, und lässt sich Gut und Böse in *Othello* tatsächlich derart eindeutig zuordnen, wie es der oberflächliche Blick auf die Ereignisse nahelegt? Und was schließlich hat *Othello* mit der Überschrift dieses Kapitels, mit ontologischer Unsicherheit zu schaffen?

Beginnen wir mit Othello selbst. Ein Haupthandikap seines Wesens, seiner Natur, seiner Existenz ist seine Hautfarbe: Er ist ein Mohr, und als solcher ist er in Venedig ebenso wie auf Zypern der ganz Andere, Fremde und Außenseiter. Zwar hat er sich aufgrund seiner militärischen Erfolge die Hochachtung der Signoria von Venedig erarbeitet – doch zu einem waschechten Venezianer wurde er deshalb noch lange nicht – und wird es niemals werden. Max Frisch hat in seinem *Tagebuch 1946–1949* (1950) auf diesen entscheidenden Sachverhalt hingewiesen:

> » **Warum ein Mohr?** *Othello oder Der Mohr von Venedig* heißt der ganze Titel. Othello ist in erster Linie nicht ein Eifersüchtiger, sondern ein Mohr, also ein Mensch aus verachteter Rasse. Sein persönlicher Erfolg, den er soeben errungen hat, ändert nichts an seinem verwundeten Selbstvertrauen. Man achtet ihn zwar, obschon er ein Mohr ist. Es bleibt das Obschon, das er spürt, es bleibt seine andere Haut. Er leidet an seinem Anderssein; hier wurzelt die Tragödie, scheint mir, und so entwickelt sie sich auch. Noch handelt es sich nicht um Eifersucht; hinter allem, wie ein Schatten, steht jenes Gefühl von Minder-

wert, und der Mohr ist ehrgeizig, wie wir es alle sein müssen in dem Grad, als wir Mohren sind.[16]

Aufgrund seines Inferioritäts- sowie des mangelhaften Selbstwert-Erlebens ist Othello kaum imstande, unerschütterlich an die Liebe Desdemonas zu glauben. Bei ihm braucht es nur wenige Fragen und Argumente, um sein Misstrauen zu entfachen und seine Eifersucht anzustacheln. Hätte Jago es mit einem tatsächlich in sich ruhenden und von keinen Selbstzweifeln angekränkelten General zu tun gehabt, wäre es ihm bedeutend schwerer gefallen, dessen Liebesbeziehung mit derart bohrenden Fragezeichen zu versehen, wie ihm dies bei Othello gelungen ist.

Ein weiterer Effekt des Mohren-Daseins, der Othello prädisponierte, in heftige Affekte wie Eifersucht zu verfallen, ist die sogenannte ontologische (also das Sein betreffende) Unsicherheit. Dieser Terminus geht auf den Psychiater Ronald D. Laing (1927–1989) zurück, der die biographischen und charakterlichen Voraussetzungen von Personen beschreiben wollte, die von psychotischen Krankheiten bedroht sind oder an ihnen laborieren.

Normalerweise erleben Menschen sich als wirklich, lebendig, ganz, verschieden vom Rest der Welt, innerlich konsistent sowie kontinuierlich in Raum und Zeit, mit Substanz, Wahrheit und Wert versehen, einen Anfang und ein Ende aufweisend. Sie verfügen über einen Kern von ontologischer Sicherheit, und diese Sicherheit beziehen sie auf ihr eigenes Dasein wie auch auf das Sein ihrer Umwelt.

Ontologisch unsichere Menschen hingegen sind damit beschäftigt, sich ihrer Identität und Lebendigkeit, ihres Körpers sowie ihres Selbstwerts dauernd zu versichern. Damit verändern sich jedoch ihre Beziehungen zu anderen Menschen und ihr In-der-Welt-Sein merklich, und auch der Bezug zum eigenen Körper weist zu wenig Selbstverständlichkeit auf. Wird der Körper wiederholt in Frage gestellt, bedeutet er nach einiger Zeit keine Heimat mehr; stattdessen wird er als fremd oder falsch bewertet.

Menschen mit ontologischer Unsicherheit lassen sich als heimatlos in einem umfänglichen Sinne begreifen. Weder empfinden sie sich in ihrem eigenen Körper zu Hause noch erleben sie die Mitmenschen als verlässlich Halt gebend. Sie sind – wie die französische Sprache sie charakterisiert

---

[16] Frisch, M.: Tagebuch 1946–1949, Frankfurt am Main 1974, S. 424.

– *aliénés,* also Fremdlinge, die zwar die Sehnsucht nach Nähe und Heimat mindestens so sehr wie alle anderen kennen, zugleich aber aufgrund ihrer ontologischen Unsicherheit oftmals jene Situationen meiden, in denen sich Intimität und Hingabe ereignen könnten.

Othello hatte infolge seiner Abstammung und Hautfarbe wie auch der ihm entgegengebrachten Distanz der Edelleute von Venedig allen Grund, ein gehöriges Maß an ontologischer Unsicherheit in sich zu kultivieren. Er war und blieb trotz seiner militärischen Karriere *aliéné* (französisch: fremd, aber auch wahnsinnig), und als solcher war er für Affekte empfänglich.

Wie aber hängen Affekte und ontologische Unsicherheit zusammen? Der hauptsächliche Affekt, mit dem ontologisch unsichere Menschen im Kontakt mit anderen Menschen und der Welt konfrontiert werden, ist die Angst – oftmals als Unsicherheit, Hemmung, Ohnmacht, Schüchternheit, Unterlegenheit, Rückzug oder aber (reaktiv darauf) als Ärger, Wut, Neid, Hass oder eben auch als Eifersucht erlebt.

Ontologisch unsichere Menschen neigen daher leichter und häufiger zu Affekten aller Art, und umgekehrt erhöhen manche Affekte (vor allem die offensichtlich aggressiven und distanzierenden Affekte) die empfundene ontologische Unsicherheit. Wer sich von den aggressiven Emotionen eines Gegenübers attackiert fühlt, zieht sich nicht selten von ihm zurück – was dessen ontologische Unsicherheit nochmals steigert, bei ihm eventuell zu noch mehr Affekten Anlass gibt und daraufhin die Distanz zwischen den Betreffenden immer weiter verstärkt.

Eifersuchtsgeplagte Menschen können bestätigen, dass ihr Dasein sich während und aufgrund ihres Affekts wie auf einer schiefen Bahn nach unten rutschend ereignet. Halt, Ordnung, Struktur gebende Beziehungen fehlen oder werden nur misstrauisch beäugt, und insbesondere emotional herausfordernde Liebesbeziehungen geraten dabei nicht selten an ihre Belastungsgrenzen.

Je heftiger Othello von einem Eifersuchts-Affekt dominiert wird, umso stärker und rasanter bewegt er sich nicht mehr auf einer Ebene, sondern auf einer Schiefe nach unten. Cassio, Emilia, Desdemona, Lodovico, die ihm unter normalen Umständen ein hilfreiches, haltgebendes Korrektiv der Zwischenmenschlichkeit bedeutet hätten, gelten mit ihren Erwägungen, Gefühlen, Argumenten nichts mehr – einzig auf Jago hört Othello noch, dem er sich in kindlicher Naivität anschließt, und der daraus sein Kapital schlägt, indem er den Neigungswinkel der Schiefe ins Extreme steigert.

Das Extrem eines Eifersuchtsaffekts ist der Eifersuchtswahn. Ähnlich wie andere Wahnerkrankungen handelt es sich dabei um ein Urteil, eine Überzeugung, die selbst durch noch so handfeste und vernunftgeleitete Argumente und „Beweise" nicht korrigiert werden können. Lodovico fragt im Stück sehr folgerichtig, ob Othello noch bei Verstand oder nicht krank im Gehirn sei – der weitere Verlauf der Ereignisse bestätigt die Verdachts-Diagnose des venezianischen Edelmannes: Othello fühlt, denkt, erlebt und handelt zeitweise wie ein Wahnkranker.

In seiner Abhandlung *Über einige neurotische Mechanismen bei Eifersucht, Paranoia und Homosexualität* (1922) hat Sigmund Freud drei verschiedene Stufen von Eifersucht unterschieden: die konkurrierende, die projizierte sowie die wahnhafte Eifersucht. Von der Ersteren meinte er, dass sie weit verbreitet und beinahe als normal zu bezeichnen sei, obwohl sie durchaus auf narzisstische Kränkung schließen lasse und ihre Quellen im frühkindlichen Ödipus- oder Geschwisterkomplex zu suchen sind.

Die zweite Spielart der Eifersucht speise sich aus projizierten, in der eigenen Existenz entweder getätigten oder gewünschten, nicht selten aber verdrängten Wünschen und Antrieben zur Untreue. Der Eifersüchtige sieht oder vermutet im jeweiligen Gegenüber eben jene Impulse, Vorstellungen oder Handlungen zum Seitensprung oder zur Affäre, die ihn selbst mehr oder minder stark auszeichnen. In diesem Zusammenhang erwähnt Freud auch Shakespeares Drama *Othello*.[17]

Die paranoide und wahnhafte Form der Eifersucht sei ebenfalls auf den Mechanismus der Projektion zurückzuführen – allerdings, so Freud, sei dabei das Objekt der libidinösen Phantasien des Eifersucht-Kranken von gleichgeschlechtlicher Natur. Homophile oder homosexuelle Tendenzen vermengen sich mit den Stufen eins und zwei der Eifersucht; sie seien aber in einem psychoanalytischen Prozess bedeutend schwerer zu erfassen und zu reflektieren.

Es wäre nun mehr als gewagt, Othello aufgrund seiner passager wahnhaften Eifersucht homosexuelle Tendenzen attestieren zu wollen. Was ihn jedoch charakterisierte und im übertragenen Sinne homophilen Neigungen entsprach, war seine Verankerung im Männlich-Militärischen und damit in einer männerbündisch-patriarchalischen Welt. Jago konnte mit seinen Einflüsterungen auch deshalb bei Othello derart reüssieren, weil er perfekt das Milieu und die Atmosphäre dieser militärischen Welt verkörperte – ein Milieu, eine Atmosphäre, in denen seit Jahrhunderten chauvinistische Überlegenheit über Frauen bei gleichzeitigem Misstrauen ihnen gegenüber gezüchtet wurde. Dazu traten (stark noch zu Beginn des 17. Jahrhunderts)

---

[17] Freud, S.: Über einige neurotische Mechanismen bei Eifersucht, Paranoia und Homosexualität (1922), GW XIII, Frankfurt am Main 1999, S. 197.

Vorstellungen von Gewalt, Herrschaft und Besitz als die wesentlichen „Qualitäten" einer Mann-Frau-Beziehung – „Qualitäten", die sich auch in der Beziehung von Desdemona und Othello widerspiegeln.

Wie sehr Shakespeare solchen Geschlechter-Zuschreibungen kritisch und fragend gegenüberstand, wird an vielen Frauen-Gestalten in seinen Dramen offensichtlich. In *Othello* ist es nicht nur Desdemona, die Aspekte von Frau-Sein, Gefühlhaftigkeit und solidarischer Zwischenmenschlichkeit verkörpert; daneben gibt es auch Emilia, die Gattin Jagos, die durch ihre mutigen Geständnisse zum Schluss des Stückes für Transparenz und damit für eine gerechtere Beurteilung der handelnden Personen sorgt – Geständnisse, für die sie letztlich mit ihrem Leben bezahlt.

Darüber hinaus klärt Emilia in einem Dialog mit Desdemona diese über manche Hintergründe von ehelicher Treue und Untreue sowie von männlichen und weiblichen Bedürfnissen auf – wobei sie (respektive Shakespeare) eine in unserer heutigen Sicht durchaus moderne Lesart vom Wesen und Charakter von Mann und Frau an den Tag legt. Für Emilia unterscheiden sich die Geschlechter nur marginal, und anstatt das Trennende zu betonen, unterstreicht sie die Gemeinsamkeiten, die sich bis in manche sexuellen Wünsche und Phantasien von Mann und Frau hinein beobachten und eine simple Zuordnung oder Beurteilung von animalischer Triebhaftigkeit (männlich) und tugendhafter Sublimierung (weiblich) als obsolet erscheinen lassen:

> » Die Männer solln's nur wissen, / Es haben Frauen genau die gleichen Sinne. / Sie sehn und riechen, schmecken süß und sauer / Wie ihre Männer. Was nur treibt sie, dass / Sie uns mit andern tauschen? Jagdgelüst? / Ich glaube schon. Kommt's von der Leidenschaft? / Ich glaube schon. Ist's Schwachheit, dass sie sich verirrn? Wohl auch. Und haben nicht auch wir Gelüst / Und Leidenschaft und Schwächen wie die Männer?[18]

---

[18] Shakespeare: Othello (1603/04), München 1995, S. 223.

Bei Eifersuchts-Attacken darf man sich jedoch fragen, ob es neben der nicht selten eklatanten Liebes- und Werbungs-Schwäche des an Eifersucht Erkrankten (statt generös zu lieben entwickelt er kleinliche Kontrolle und grundsätzliches Misstrauen) auch Anteile am Geschehen gibt, die in den Verantwortungs- und Gestaltungsbereich des jeweiligen Partners fallen. Im konkreten Fall wäre demnach zu fragen, ob denn Desdemona an der entstehenden Eifersucht Othellos nicht irgendeinen Anteil hatte, der die unselige Dynamik mit anstacheln half.

Eine der häufigsten Ursachen für Eifersucht des einen Partners ist die vermeintliche oder tatsächliche Hinwendung des anderen Partners zu einem Dritten – eine Hinwendung, die bei Desdemona zu beobachten war. Ohne die Falle, die Jago ihr gestellt hatte, zu erkennen, engagierte sie sich energisch und wiederholt für Cassio und dessen Rehabilitation – ein Engagement, das für Othellos Empfinden so scheinen mochte, als ob sich seine Gattin aus libidinös-sexuellen Motiven heraus Cassio zugewandt und für ihn eingesetzt hätte. Unglücklicherweise gebraucht sie, als Othello durch Jagos Reden bereits in Affekt geraten ist, Sätze hinsichtlich Cassio, die ihren Gatten doppelt, dreifach eifersüchtig werden lassen respektive ihn in seinem Affekt geradezu bestätigen: „Ich mag den Cassio."[19] – so erklärt sie sich Lodovico gegenüber, während Othello sie belauscht.

Noch fataler jedoch wirkt die Fehlleistung ihres verlorenen Tuches, das Desdemona einst von Othello geschenkt bekam, und welches der bösartig listige Jago mithilfe seiner Frau, die das Tuch gefunden hat, in den Besitz von Cassio geraten lässt. Seit Sigmund Freuds *Zur Psychopathologie des Alltagslebens* (1904) ist man gut beraten, allen möglichen Fehlleistungen gegenüber – Verlegen, Vergessen, Verlieren, Versprechen etc. – mit einem gehörigen Schuss Skepsis zu begegnen, was deren Harmlosigkeit anbelangt. Womöglich hatte auch Desdemonas Verlieren des Tuches eine psychosoziale Bedeutung, die Shakespeare als Tiefenpsychologe *avant la lettre* seiner Heldin intuitiv und psychologisch passend als Fehlhandlung ins Regiebuch geschrieben hat.

Die Hauptthese Freuds in der erwähnten Abhandlung hinsichtlich der Interpretation von Fehlleistungen lautet, dass sich diese zwar häufig bei Müdigkeit oder Konzentrationsmangel ereignen, meist aber mit einem oder mit mehreren unbewussten Motiven und Intentionen verknüpft sind, die es lohnt, bewusst zu machen. Einerseits weisen Fehlleistungen auf die

---

[19] Shakespeare: Othello (1603/04), München 1995, S. 191.

## 4 Othello – Syndrom der ontologischen Unsicherheit

Dynamik des Unbewussten hin; andererseits könne sich der Betreffende mit dem Aufdecken dieser unbewussten Motive besser kennenlernen.

Wie aber könnte man das Verlieren des Liebesgeschenks (Tuches) von Desdemona interpretieren, und welche ganz unbewusste Haltung ihrerseits kommt darin womöglich zum Ausdruck? Desdemona verliert das Tuch in einer Phase ihrer Beziehung mit Othello, in der dieselbe hinsichtlich ihrer emotionalen Stabilität und Innigkeit bereits erste kleinere Risse aufweist – im verlorenen Tuch deutet sich der kommende Verlust der Liebe an.

Ebenfalls das bereits angekränkelte Vertrauensverhältnis zwischen den Ehepartnern widerspiegelnd erklärt Desdemona ihrem Gatten, dass sie das Tuch lediglich momentan nicht zur Hand, nicht jedoch, dass sie es verloren hat. Für Othello bedeutet diese kleine Mogelei eine neuerliche Bestätigung seines Misstrauens – so wie man generell dem Eifersüchtigen dessen Affekt verdoppelt, indem man seine Unsicherheit durch ungenaue oder nicht ganz der Wahrheit entsprechende Kommunikation vergrößert.

Die Liebesbeziehung zwischen Desdemona und Othello entstand, weil ursprünglich nicht Zauberei (wie Brabantio meinte), sondern eine mächtige Magie im Spiel war. Diese ließ für Desdemona aus einem Outlaw, einem dunkelhäutigen Außenseiter eben jenen psychosozial-geistigen Edelstein werden, den sie bedingungslos bewundern, dem sie sich – wie ehedem ihrem eigenen Vater – anschließen und dem sie sich unterordnen wollte und konnte:

» **Dass ich den Afrikaner liebe, mit ihm leben will, / Mag meine Leidenschaft und Weltmissachtung / Nur laut hinausposaunen. Meinem Mann / Beugt sich mein Herz in allem, was er ist. / Othellos Aussehn, das zeigt mir sein Geist; / Und seiner Ehre, seinem tapfern Wesen / Hab ich mein Herz und all mein Glück geweiht.**[20]

Diese Magie, die zu einem nicht geringen Teil auf die erzählerischen und abenteuer-heldenhaften Qualitäten Othellos zurückzuführen war, ließ für

---

[20] Shakespeare: Othello (1603/04), München 1995, S. 47.

Desdemona keine Zeit und Möglichkeit, ihren Gatten anders denn als den tapferen Helden und besonnenen General kennenzulernen. Inwiefern er sich in den Liebesangelegenheiten der menschlichen Existenz als ähnlich erfahren und souverän erweisen mochte wie in den vielen Schlachten, die er geschlagen hatte, war Desdemona vor ihrer Verehelichung unbekannt. Sie liebte, und zum Wesen der Liebe gehört es, höchstmögliche Werte und Ideale im Gegenüber zu sehen, selbst wenn dieses (das Gegenüber) dieselben für sich kaum gelten lässt – wie es bei Othello der Fall war, der sich in seinem Selbstwert viel niedriger taxierte, als dies im Gegenzug von Desdemona vermutet und von ihr bis zum bitteren Ende des Dramas kontinuierlich hochgehalten wurde.

So sehr es vor allem in Zeiten der Verliebtheit Usus ist, dass die Verliebten aneinander Großartigkeiten sehen und vermuten, die sich nach und nach als Idealisierungen herausstellen und von nüchternerer Realität abgelöst werden können, so sehr tut es für Liebesbeziehungen Not, dass sich die gegenseitigen Wertschätzungen einander angleichen und nicht von massiven Gefällen zwischen Selbst- und Fremdeinschätzung geprägt sind. Eine Ursache für die Tragik ihrer Liebesbeziehung bestand in der enormen und bis zum Schluss nicht aufgelösten Diskrepanz zwischen dem niedrigen Selbstwert-Erleben Othellos einerseits und Desdemonas Idealisierungs-Tendenz ihm gegenüber andererseits.

Alle diese eben erwähnten Kalamitäten hätten in anderer Konstellation womöglich zu Partnerschafts-Krisen der beiden Protagonisten geführt – nicht aber zu jenem destruktiven Eifersuchtsdrama, für das *Othello* seit seiner Uraufführung als paradigmatisches Beispiel steht. Dazu brauchte es den genial-bösen Plan und die abgebrühte Kaltschnäuzigkeit eines Jago, ohne den dieses Shakespeare-Stück niemals zu jener Berühmtheit gelangt wäre, die es inzwischen in der westlichen Welt errungen hat.

Wie lässt sich Jago und wie lassen sich sein Wesen und Charakter, seine Handlungen und Haltungen sowie seine Beziehungen zu Othello, Cassio, Roderigo, Desdemona und Emilia verstehen? Und vor allem: Wie lässt sich nachvollziehen, dass aus einem differenzierten und klardenkenden Menschen eine Dramenfigur wird, die diese Qualitäten fast ausschließlich in destruktive Geschäfte investiert? Immerhin stammen von ihm im ersten Akt kluge Überlegungen zur Thematik von Vernunft und Leidenschaft:

> » Hätt' unsere Lebenswaage nicht eine Schale der Vernunft als Gegengewicht zur Schale unserer Triebe, dann würd unser böses Blut und unsre erbärmliche Natur uns zu den verrücktesten Sachen treiben. Aber wir haben die Vernunft, um unsere rasenden Regungen abzukühlen, unsern fleischlichen Stachel, unsre zügellose Lüste...[21]

Der Anglist Hans-Dieter Gelfert (geboren 1937) meint in seinem *William Shakespeare in seiner Zeit* (2014), dass der Autor von *Othello* nicht nur in diesem Drama, sondern in den meisten späten Tragödien den „Widerstreit von Vernunft und Leidenschaft"[22] zum Hauptthema seiner Stücke erkoren hat. Auch in *König Lear* oder in *Macbeth* werde diese Thematik ähnlich tief und breit abgehandelt wie in *Othello,* das diesbezüglich jedoch als ein besonders gelungenes Beispiel gelten darf.

In *Othello* sind Jago und Othello kontradiktorisch angelegt. Von Jago wird gesagt, dass er sich doppelt gekränkt und zurückgesetzt erlebt: Von Othello wird er zugunsten von Cassio bei der Frage nach einer militärischen Beförderung übergangen, und daneben vermutet er, dass ihn der General mit seiner Gattin Emilia betrogen haben könnte; eigentlich (so der Beginn des Dramas) dürfte Jago ein leidenschaftlich Hassender und Eifersüchtiger werden.

Othello hingegen bleibt bis in den dritten Akt hinein besonnen und souverän – er hat anscheinend die Vernunft gepachtet, und die anderen (Jago, Roderigo, Cassio, Brabantio) neigen zu mächtigen Affekten aller Art. Das Blatt aber wendet sich im Laufe des Dramas fundamental, und Jago wird zunehmend zum Vertreter einer kühl-berechnenden Vernunft – wenn man seine Pläne und Handlungen denn vernünftig nennen darf.

1983 publizierte Peter Sloterdijk (geboren 1947) seine *Kritik der zynischen Vernunft*[23] – ein Buch, das damals viel von sich reden machte, dessen Inhalt hier aber nicht erörtert wird. Den Titel allerdings finde ich insofern

---

[21] Shakespeare: Othello (1603/04), München 1995, S. 53.
[22] Gelfert, H.-D.: William Shakespeare in seiner Zeit, München 2014, S. 345.
[23] Sloterdijk, P.: Kritik der zynischen Vernunft, Frankfurt am Main 1983.

interessant, als er auf jene Form der Vernunft anspielt, die bei Jago im Übermaß zu finden ist: Zynismus.

Was ist und was bedeutet Zynismus? Der Begriff leitet sich ab vom griechischen Kynismus, einer antiken Philosophenschule, deren Adepten dem Leitspruch huldigten: „Wir besitzen nichts, damit wir nicht besessen werden." Die Anspruchslosigkeit und der asketische Lebensstil wurden von den Kynikern später an die Stoa weitervererbt, wo derlei als die Ideale von Autarkie, Ataraxie und Apathie fortlebte.

Unter Zynismus verstehen wir heute eine zum Kynismus völlig verschiedene Einstellung. Wenn wir Menschen als zynisch bezeichnen, zielen wir auf deren gefühllose, menschenverachtende und mitleidlose Haltung ab, welche die Mitmenschen zum bloßen Ding oder Sachverhalt reduziert und sie entsprechend acht-, würde- und respektlos behandelt oder grausamst und sadistisch traktiert.

Zynismus ist nicht selten die Folge von Verletzungen aller Art, die zuerst zu emotionaler Verhärtung und Versteinerung (Petrifikation) der Betreffenden und später zu Empathie-losen Handlungen ihren jeweiligen Mitmenschen gegenüber führt. Die abgestorbenen Gefühlsempfindungen verunmöglichen es, dass Zyniker das Wertvolle und Bedeutsame der Welt und der anderen Menschen entsprechend wahrnehmen und behandeln – sie imponieren wie welke oder tote Seelen, die sich das Lebendige um sie her entweder einverleiben oder aber in unlebendige Materie verwandeln.

Die zynische Vernunft nun ist, um obige Formulierung aufzugreifen, im Grunde keine Vernunft, sondern kalte und berechnende Rationalität und Verstandestätigkeit. Vernunft speist sich aus emotionalen, sozialen, kommunikativen und intellektuell-kognitiven Quellen und berücksichtigt (seit Sigmund Freud) auch das Wurzelgeflecht des Unbewussten (Antriebe, Wünsche, Phantasien, Erinnerungen) ebenso wie Rahmenbedingungen der Kultur. Der Verstand eines Menschen gefällt sich dagegen meistens in der stringenten Kombinatorik von Ursache-Wirkungs-Zusammenhängen unter Ausschaltung aller störenden psychosozialen Einflussgrößen.

Kalt bis ins Herz hinein – das ist Motto des Zynismus, und dieses Motto schlägt uns bei Jago vollumfänglich entgegen. Seine emotionale Kühle bis hin zur Affektfreiheit erlaubt es ihm, destruktive Pläne auszuhecken sowie umzusetzen, ohne dass ihn auch nur eine Spur von Zweifel oder Schuldgefühl befallen würde; und seine Kälte führt dazu, dass er sogar die eigene Gattin erstickt, um die Aufklärung über seine früheren Vergehen zu verhindern.

Jago ist ebenso wie Othello von ontologischer Unsicherheit geplagt, doch seine Antwortmuster darauf bestehen nicht im Zweifel, in Misstrauen und der Verzweiflung angesichts einer subjektiv als zusammenbrechend erlebten Liebesbeziehung. Anders als Othello, der zumindest noch das Wagnis einer Liebe eingeht und daran scheitert, lebt Jago längst schon jenseits aller zwischenmenschlichen Beziehungen, die Nähe, Intimität und Verbindlichkeiten erfordern und ermöglichen. Für Othello wäre die Liebe, könnte er denn nachhaltig und umfassend an sie glauben und damit deren Aufgaben und Herausforderungen meistern, eine Rettung; Jagos aktiver und passiver Wortschatz kennt Liebe als Phänomen und Begriff dagegen nur im Sinne von Schwächebekundung des Gegenübers – eine Schwäche, die er zynisch auszunutzen und zu missbrauchen versteht.

Für Jago zählt nur Zählbares, und daher hat ihm Shakespeare zu Recht mehrfach Sätze in den Mund gelegt, die beispielsweise Roderigo auffordern, ihm endlich Geld in seine Schatulle zu legen. Materieller Besitz bedeutet für Zyniker noch am ehesten einen Wert, den sie gelten lassen; verglichen damit sind alle anderen Werte (personaler, überpersonaler, vitaler Natur) nicht relevant, nicht existent, nicht wahrnehmbar; wer sich dennoch auf sie berufen will, gerät für einen Zyniker in dringenden infantil-weibischen Sentimentalitäts-Verdacht.

Neben dem schnöden Mammon kennen zynisch verhärtete Menschen noch eine zweite Größe, die ihnen imponiert: die Überlegenheit im Sinne eines ausgeprägten Herr-Knecht-Verhältnisses. Vor über 200 Jahren hat GWF Hegel in seiner *Phänomenologie des Geistes* (1807) dieses Thema klug abgehandelt und betont, dass zwischenmenschliche Beziehungen oft und beinahe regelmäßig in ihrer Dynamik dem Schema Herr und Knecht Folge leisten – wobei Hegel bereits darauf abhob, die Überlegenheit nicht stets und alleine in der Rolle des Herrn, sondern bisweilen auch in der Rolle des Knechts zu verorten.

Zwar sind die Knechte häufig von der Willkür und den Anordnungen ihrer Herren abhängig, und oft genug geschieht es, dass im direkten oder übertragenen Modus die Herren diese ihre Überlegenheit ausspielen und sie die ihnen Untergebenen spüren lassen. Zugleich aber meinte Hegel, dass diese Herren von der Anerkennung ihrer Knechte abhängig sind: Nur solange nämlich ein Knecht seinem Herrn dient und ihn damit in seiner Rolle als Herrn anerkennt, ist dieser tatsächlich Herr. Emanzipiert sich aber der Knecht, fällt diese Anerkennung weg, und damit wird die Existenz als Herr fragwürdig oder sogar aufgehoben.

Shakespeare war nicht nur ein Tiefenpsychologe, sondern auch ein Hegelianer *avant la lettre*, und schon in der ersten Szene des ersten Akts lässt er Jago in Bezug auf Othello eine Aussage tätigen, die uns hellhörig machen sollte: „Ich dien ihm, um mich seiner zu bedienen."[24] Treffender, besser, kürzer kann man meiner Ansicht nach die sich dann entwickelnde Dynamik der Herr-Knecht-Beziehung zwischen Othello und Jago nicht auf den Punkt bringen. Obwohl Othello als Herr und Vorgesetzter den Knecht und Untergebenen Jago anfänglich dominiert, wird er von diesem zuletzt vollständig instrumentalisiert und wie eine Marionette dirigiert.

Etwa ab der Mitte des Dramas kehrt sich dieses Herr-Knecht-Verhältnis zwischen Jago und Othello zunehmend um. Zwar bleibt der Erstere *de jure* in der militärischen Rangfolge weiterhin enorm unter dem Letzteren; *de facto* aber hat der Knecht Jago seinen Herrn Othello komplett in seiner Hand und schickt ihn brutal in jene emotionale Sackgasse der wahnhaft gesteigerten Eifersucht, die schlussendlich zum Totschlag Desdemonas und zum Suizid Othellos führt.

Diese Wahnsinns-Taten lassen sich als Affekthandlungen Othellos interpretieren – daneben aber auch als Taten, in die Jago seinen eigenen Hassaffekt mit investierte, ohne selbst ein Täter sein zu müssen. Othello tötet Desdemona und sich als Verzweifelter und ans Ende seiner Möglichkeiten gelangter Affektgetriebener. Jago hingegen lässt töten (erneut ein Hinweis auf seinen umfassenden Zynismus); erst als er zum Ende der Tragödie hin in die Enge getrieben nicht mehr Herr und Regisseur seiner Pläne ist, greift er selbst zur Waffe und wird zum Mörder seiner Gattin.

Ähnlich wie in *Hamlet* könnte der Zuschauer oder Leser von *Othello* zum Schluss also feststellen: „Die Welt ist aus den Fugen, und keiner da, sie wieder einzurenken!" Doch Shakespeare sorgte auf seine Art für eine Spielform der Ordnung, die es uns erleichtert, trotz aller erschütternden Tragik dieses Stückes mit einem Gran Zuversicht weiterzuleben.

Nicht die puren Leidenschaften und Affekte bilden die Schlusssätze des Dramas, sondern die Repräsentanten von Mäßigung und Vernunft. So übernimmt der edle Venezianer Lodovico zum Ende die Initiative und sorgt nach dem Totschlag Desdemonas, dem Mord an Emilia und dem Suizid Othellos für eine Beruhigung der Situation. Der Gouverneur von Zypern wird von ihm mit der Aufgabe betraut, den „Höllenschuft Jago" zu foltern, abzuurteilen und seiner gerechten Strafe zuzuführen.

Er selbst aber, Lodovico, sieht seine Rolle ähnlich wie in *Hamlet* der Prinz von Norwegen Fortinbras darin, dafür zu sorgen, die Geschichte von Othello und Desdemona, Jago und Emilia, Cassio und Roderigo und den anderen so wahrheitsgetreu wie möglich in Venedig weiterzuerzählen: „Ich

---

[24] Shakespeare: Othello (1603/04), München 1995, S. 11.

geh an Bord, dass ich dem Staat in Bälde / Die schwere Tat mit schwerem Herzen melde."[25] Wer Zeuge, Überlebender des Schrecklichen geworden ist, darf und soll davon berichten, damit Nachgeborene die Möglichkeit erhalten, es einzuordnen und eventuell es zu verstehen.

## Literatur

Freud, S.: Über einige neurotische Mechanismen bei Eifersucht, Paranoia und Homosexualität (1922). GW XIII, Frankfurt a. M. (1999)
Frisch, M.: Tagebuch 1946–1949. Frankfurt a. M. (1974)
Gelfert, H.-D.: William Shakespeare in seiner Zeit. München (2014)
Kott, J.: Shakespeare heute (1965). Berlin (1989)
Laing, R.D.: Das geteilte Selbst (1960). Köln (1994)
Shakespeare: Othello (1603/04), in der Übersetzung von Frank Günther. München (1995)
Sloterdijk, P.: Kritik der zynischen Vernunft. Frankfurt a. M. (1983)

---

[25] Shakespeare: Othello (1603/04), München 1995, S. 269.

# 5

# Macbeth – Die Melodien von Herrschaft, Macht, Gewalt

Dieses Drama handelt, summarisch zusammengefasst, vom Aufstieg des schottischen Fürsten Macbeth zum König von Schottland. Irritierend daran für uns Demokratie-verwöhnte Westeuropäer im 21. Jahrhundert ist der Umstand, dass der Aufstieg mit mehreren Morden und dem Wahnsinn des neuen Königs erkauft wird. Sieht man jedoch genauer auf das Stück, gehört manche von Shakespeare geschilderte zwischenmenschliche oder politisch-gesellschaftliche Dynamik von vor vier Jahrhunderten durchaus zum Verhaltensrepertoire unserer Gegenwart. Und sobald man Politik und Geschichte im globalen Maßstab betrachtet, muss man zugeben, dass die Gepflogenheiten des Machtgewinns und Machterhalts sich heutzutage an manchen Orten der Erde nur unwesentlich von denjenigen Macbeths und seiner Gattin unterscheiden.

Das Stück *Macbeth* hat – ähnlich wie die Königsdramen Shakespeares – einen realhistorischen Hintergrund. 1603 starb Elisabeth I., die englische Königin, die beinahe ein halbes Jahrhundert lang Regentin gewesen war. In ihre Regierungszeit fielen so wesentliche Konflikte und Entwicklungen wie die Hinrichtung der schottischen Königin Maria Stuart; der Aufstieg Englands zur Seemacht; die Weltumsegelung von Francis Drake; die erste Kolonie Englands in Amerika (Virginia); die endgültige Konstituierung der Anglikanischen Kirche; der Krieg gegen die spanische Armada; die extrem blutigen Auseinandersetzungen mit dem von England besetzten Irland. Nicht zufällig benannte man daher die zweite Hälfte des 16. Jahrhunderts auch als das Elisabethanische Zeitalter.

Elisabeth wurde oftmals als *The Maiden Queen,* als die jungfräuliche Königin bezeichnet. Obwohl es mehrere Versuche der Verheiratung gab, zerschlugen sich alle diese Anläufe aufgrund von persönlichen oder aber politischen Vorbehalten. Es gab deshalb keine direkten Nachkommen von Elisabeth; nach ihrem Tod 1603 bestieg Jakob VI., König von Schottland, als Jakob I. den englischen Thron. Dieser war – Ironie der Geschichte – Sohn eben jener Maria Stuart, die auf Geheiß von Elisabeth hingerichtet worden war. Ihm gelang es als erstem Monarchen, die Königreiche von Schottland und England zu vereinigen.

Dass Elisabeth unverheiratet blieb, bedeutete nicht, dass sie keine Liebhaber gehabt hätte. Die Historiker benennen eine ganze Reihe von mehr oder minder honorigen Männern, die sich um sie bemühten und für einige Zeit die Gunst der Königin erwarben. Bei ihren Liebschaften soll sie sich als ähnlich launisch und affektgeladen erwiesen haben wie in ihrem sonstigen Dasein; dazu passt, dass sie für ihre jeweiligen Geliebten in der Regel eigentümliche Kosenamen erfand: einen von ihnen nannte sie nicht gerade überschwänglich-zärtlich ihren Frosch.

Die Herrschaft Elisabeths kannte neben den erwähnten Kriegen sowie der Hinrichtung Maria Stuarts (die im gleichnamigen Drama Schillers eine theatralische Ausarbeitung erfahren hat) jede Menge weiterer aggressiver Ereignisse. Zu den folgenreichsten zählte die Essex-Verschwörung, die von Robert Devereux, dem zweiten Earl of Essex, angeführt wurde. Dieser war eine Weile Geliebter von Elisabeth gewesen und wandte sich dann einer anderen Frau zu – ohne explizite Erlaubnis der Königin. Diese war *not amused* und belegte den Earl mit Hausarrest, woraufhin Devereux einen Staatsstreich gegen Elisabeth plante. Der Putsch jedoch schlug fehl; der Earl wurde verhaftet und schlussendlich 1601 (im zarten Mannesalter von erst 35 Jahren) hingerichtet.

Man sieht: Die politisch-historischen Verhältnisse zu Beginn des 17. Jahrhunderts, die Shakespeare ziemlich hautnah erlebte, waren überaus bewegt und von allerlei Ränkespielen, Verschwörungen, Rache-Akten, Hinterlist und Heimtücke geprägt – von diversen Mordanschlägen, Totschlägen und Hinrichtungen ganz zu schweigen. Neben den kulturellen Aufschwüngen der Spät-Renaissance beschäftigte sich die britische Aristokratie damals durchaus mit Gewalt in ihren unterschiedlichsten Ausprägungsformen.

Vor diesem zeitgeschichtlichen Hintergrund verwundert es nicht, in *Macbeth* auf ausgesprochen gewaltbereite politisch Handelnde zu stoßen. Shakespeare hat sein Drama um 1606, also nur wenige Jahre nach dem Tod Elisabeths, fertiggestellt, und so manche Figur und Ereigniskette auf der Bühne mag die Zuschauer seinerzeit ähnlich wie den Autor an ihre jüngste

Vergangenheit ebenso wie an das damals aktuell agierende aristokratische Polit-Personal erinnert haben.

Schon gleich zu Beginn im ersten Akt treffen wir auf eine Atmosphäre des Unheimlichen und Undurchschaubaren – eine Atmosphäre, die sich durch das gesamte Stück immer wieder bemerkbar macht und uns frösteln lässt. Es donnert, es blitzt, und drei Hexen treten auf, die man sich als seltsame Zwitterwesen – undefinierbar alte Frauen mit Bärten – vorstellen muss. Sie verabreden sich, wann sie sich wiedersehen, und stoßen dabei rhythmische Verse aus, die einigermaßen unverständlich klingen: „Recht ist schlecht, und schlecht ist recht: / Durch stinkige Luft schwebt und neblige Nächt."[1]

Nach diesem atmosphärisch kühlen Entree gerät man als Zuschauer auf ein Schlachtfeld. Der schottische König Duncan erhält von seinem Sohn Malcolm und einem Hauptmann Bericht über siegreiche Schlachten gegen irische und norwegische Truppen. Der Than (Gefolgsmann) Macbeth hat sich dabei als außerordentlich tapferer Kämpfer erwiesen, indes der Than von Cawdor einen Hochverrat beging. Duncan beschließt kurzerhand, den Frevler hinrichten zu lassen und dafür Macbeth als den neuen Than von Cawdor auszuzeichnen. In Bezug auf den Hochverräter, dem er lange Zeit blind vertraute, meint Duncan recht lapidar: „Kein Regelbuch / Lehrt, vom Gesicht aufs wahre Herz zu schließen."[2]

In der nächsten Szene begegnet Macbeth und sein Feldherrnkollege Banquo den besagten drei Hexen. Wieder donnert und blitzt es; diesmal übernehmen die Hexen die Funktion von Wahrsagerinnen und versichern Macbeth, dass er König werden wird; außerdem titulieren sie ihn mit Than von Cawdor. Banquo hingegen prophezeien sie, dass er Könige zeugen kann, obschon er selbst niemals die Königswürde erreichen wird.

Banquo bleibt angesichts dieser Prognose einigermaßen nüchtern; Macbeth dagegen wirkt wie elektrisiert und phantasiert sich schon als Nachfolger von König Duncan. Dass dieser lebt und in Amt und Würden steht, stört ihn dabei wenig; bereits unmittelbar, nachdem die drei Hexen ihn als den zukünftigen Herrscher hochleben lassen, schießen Macbeth Gedanken an einen Königsmord durch den Kopf, und er nimmt sich vor, derlei nicht nur zu imaginieren, sondern womöglich sogar umzusetzen:

---

[1] Shakespeare: Macbeth (1606), München 2011, S. 9
[2] Shakespeare: Macbeth (1606), München 2011, S. 29.

> Wirkliche Gräuel / Sind harmloser als Graun, das man sich denkt. / Mein Denken, das noch Mord nur phantasiert, / Erschüttert so mein unteilbares Sein / Als Mensch, dass Handeln ganz erstickt im Grübeln, / Und nichts ist, als was nicht ist.[3]

Als Boten des Königs Macbeth mitteilen, dass Duncan ihn zum Than von Cawdor erhoben hat, bestärkt ihn dies völlig in der Annahme, dass die Prophezeiung der Hexen (die ihn ja mit diesem Titel schon angesprochen hatten, noch bevor der König dieses verlautbaren ließ) in Bezug auf die zukünftige Königswürde zutreffend sein wird. Brieflich verständigt er seine Gattin Lady Macbeth davon, woraufhin diese aber in Gedanken mit einer skeptischen Einschätzung reagiert, was den Grad der konsequent-harten Aggressivität und Durchsetzungsfähigkeit ihres Mannes anbelangt:

> Nur fürcht ich doch dein Wesen: / Es ist zu voll der Milch der Menschheitsgüte, / Den nächsten Weg zu gehn. Groß möchtst du sein; / Bist nicht von Ehrgeiz frei, bloß frei von Bosheit, / Die ihn begleiten müsst: wo du hoch raus möchtst, / Da möchtst du heilig raus.[4]

Weil Lady Macbeth ihren Gatten und dessen für einen Königsmord viel zu weiche Seite kennt, und weil sie aber selbst von der Idee, sehr bald die Gemahlin eines Königs werden zu können, hoch begeistert ist und dafür auch über Leichen zu gehen gewillt ist, beschließt sie, ihre eigene Härte und Grausamkeit für das Projekt in die Waagschale zu werfen: Zusammen mit ihrer Vehemenz (so Lady Macbeth) müsste der Plan, König Duncan zu beseitigen, gelingen – ein Vorhaben, zu dem sie per Autosuggestion auch

---

[3] Shakespeare: Macbeth (1606), München 2011, S. 27.
[4] Shakespeare: Macbeth (1606), München 2011, S. 35.

noch die allerletzten Mordimpulse bei sich mobilisieren und die allerletzten weibisch-mitfühlenden Spuren in sich eliminieren will:

> Kommt, Geister, die / Ihr Mordgedanken zeugt, entweibt mich hier, / Und füllt mich an von Kopf bis Fuß berstvoll / Grässlichster Grausamkeit! ... Kommt zu den Weiberbrüsten, / Mischt meine Milch zu Galle, Mordmarschalle, / Wo immer ihr in unsichtbarn Substanzen / Naturunheil umdient![5]

Kurz darauf tut sich für Lady Macbeth und ihren Mann eine Gelegenheit auf, ihren Gedanken an den Mord Taten folgen zu lassen. König Duncan besucht mit seinem Gefolge die beiden auf ihrem Schloss, um den neuen Than von Cawdor zu ehren. Und weil er den Besuch in den Abend hinein ausdehnt und im Schloss zu übernachten gedenkt, beschließen Macbeth und seine Gattin, ihren königlichen Gast noch diese Nacht zu töten. Weil ihr Mann immer wieder von Skrupeln heimgesucht wird, den Königsmord tatsächlich zu begehen, bedrängt ihn Lady Macbeth wiederholt mit affektiv massiv getönten Reden, die seine Männlichkeit, seinen Ehrgeiz und seine Größenideen anstacheln. Zuletzt vergleicht sie den anstehenden Mord mit einer Kindstötung, vor der sie, Lady Macbeth, niemals zurückgeschreckt wäre, wenn dies denn für das Erreichen eines Größenziels erforderlich ist, dem man sich einmal verschworen hat:

> Ich hab gestillt und weiß / Wie's wärmt, das Kind zu lieben, das mich trinkt: / Ich hätt, und wie's mir lächelt ins Gesicht, / Die Zitze ihm gezerrt vom weichen Gaumen / Und ihm das Hirn zu Brei zerhaun, hätt ich's / Geschworn, wie du geschworen hast.[6]

---

[5] Shakespeare: Macbeth (1606), München 2011, S. 37.
[6] Shakespeare: Macbeth (1606), München 2011, S. 47.

Mit solchen und ähnlichen Reden bringt Lady Macbeth ihren Mann dazu, König Duncan im Schlaf zu erdolchen. Als am nächsten Morgen die Tat entdeckt und der Königsmord offenkundig wird, entsteht im Schloss unter den Anwesenden immens große Aufregung; auch Lady Macbeth und ihr Gatte scheinen völlig entsetzt zu sein. Letzterer erschlägt daraufhin die beiden Kammerdiener des Königs als die angeblichen Mörder. Donalbain jedoch und Malcolm, die zwei Söhne Duncans, die mit ihm zusammen Macbeth und seine Gattin auf ihrem Schloss besucht hatten, fliehen Hals über Kopf, denn sie vermuten, ebenfalls (von wem auch immer) getötet oder aber (als die bevorzugten Erben der Königswürde) des Mordes an ihrem Vater verdächtigt zu werden. Weil nun nach der Flucht der Söhne keine natürlichen Nachkommen des alten Königs zur Verfügung stehen, um diesem nachzufolgen, fällt die Königswürde auf Macbeth, der sich umgehend auf den Weg zur Krönungsfeier macht.

So weit, so schlecht – oder aus der Perspektive der beiden Macbeths: so weit, so erfolgreich. Der dritte Akt des Dramas sieht Macbeth als König und Lady Macbeth als Königin, die mit Vorbereitungen für das Krönungs-Bankett befasst sind. Einladungen werden ausgesprochen, so auch an Banquo, jenen Feldherrnkollegen von Macbeth, mit dem zusammen er die drei Hexen und deren Prophezeiungen erlebt hat.

Bei Banquo allerdings gerät Macbeth ins misstrauische Grübeln. War diesem nicht von den Hexen geweissagt worden, dass er zwar selbst kein König werden, dafür aber königliche Nachkommen zeugen könne? Und hatte dieser Banquo mit Fleance nicht schon einen Sohn, der genau dafür in Frage kommt? Hatte er, Macbeth, sich letztlich die Hände für diesen Balg von Fleance blutig gemacht („Für Banquos Stamm hab ich mein Herz beschmutzt; / Für die den guten Duncan umgebracht... Dass ich sie König mach, die Brut von Banquo König!"[7])? Wäre es da nicht jetzt, wo Macbeth am Ziel seiner Ehrgeizpläne angelangt ist, hohe Zeit, sich sowohl Banquos als auch seines Sohnes zu entledigen – als eine Art Rückversicherung, dass die eigene Herrschaft unangetastet bleibt?

Bei all diesem Brüten kommt Macbeth zu dem Schluss, dass er nach Duncan und seinen beiden Kammerdienern nun auch Banquo und dessen Sohn um die Ecke schaffen lassen muss. Er verdingt zwei Mörder, die das blutige Geschäft für ihn abwickeln und Vater und Sohn niedermetzeln sollen. Doch der doppelte Auftragsmord gelingt nur zur Hälfte: Zwar wird

---

[7] Shakespeare: Macbeth (1606), München 2011, S. 85.

Banquo von den Mördern erschlagen, doch Fleance entkommt ihnen und überlebt den Mordanschlag.

Beim abendlichen Bankett – viele Gäste sind längst angekommen und erwarten ein feucht-fröhliches und ausgelassenes Fest – erfährt Macbeth, dass Banquo tot, sein Sohn aber am Leben ist. „Dann kommt mein Fieber neu", so ist die erste Reaktion des Königs auf diese Nachricht; und weiter: „Gepfercht, gepflockt, gesperrt, verwebt / In freche Furcht und Zweifel."[8] – so erlebt er sich nunmehr, wissend, dass es Fleance gibt, der ihm nicht nur nach der Herrschaft, sondern nach dem Leben trachten könnte.

In seiner Angst und Sorge wird Macbeth derart unsicher, dass er auf einem leeren Stuhl den Geist von Banquo sitzen wähnt. Der König beginnt Grimassen zu schneiden, um den Geist zu verjagen – was für die Gäste irritierend wirkt und von Lady Macbeth mit einem „Pfui! Du schäm dich!" kommentiert wird. Aber anstatt sich zu schämen, streitet sich Macbeth mit dem (für die anderen unsichtbaren) Geist von Banquo, den er zum Duell auffordert. Die Königin spürt deutlich, wie befremdlich dies Verhalten für die Anwesenden wirken muss, und verabschiedet sie deshalb – nachdem sie Macbeth als an einer früheren Krankheit leidend entschuldigt hat.

Macbeth ist von den Vorfällen dieses Abends derart angefasst, dass er beschließt, am nächsten Morgen neuerlich die drei Hexen aufzusuchen; die Schwarzen Frauen sollen ihm genau weißsagen, wie es um ihn steht, und welches Schicksal auf ihn wartet: „Hab Seltsames im Kopf, was drängt zur Hand, / Und muss getan sein, eh's recht Prüfung fand."[9]

Im nächsten, dem vierten Akt sehen wir Macbeth, wie er die drei Hexen nach seinem weiteren Wohl und Wehe befragt. Diese sind gerade damit beschäftigt, einen Zaubertrank herzustellen: „Brauche, brauche Müh zur Jauche, / Feuer, fauch, und Kessel, rauche."[10] Als Macbeth in sie dringt, ihm etwas über die Zukunft zu prophezeien, tauchen drei Erscheinungen auf, die ähnlich wie in der Antike das Orakel von Delphi auf unverständlich dunkle Art diverse Ratschläge und Zukunftsszenarien von sich geben.

Die erste Erscheinung warnt Macbeth: „Flieh den Macduff!"[11] – ohne dass ersichtlich wird, was an diesem schottischen Adeligen Gefährliches für den König zu erwarten steht. Ähnlich eigentümlich argumentiert dann die zweite Erscheinung, die an Macbeth gerichtet ausruft:

---

[8] Shakespeare: Macbeth (1606), München 2011, S. 101.
[9] Shakespeare: Macbeth (1606), München 2011, S. 111.
[10] Shakespeare: Macbeth (1606), München 2011, S. 123.
[11] Shakespeare: Macbeth (1606), München 2011, S. 127.

> Sei blutig, kühn und standfest: hohnlach der Gefahr / Der Menschenmacht; denn keiner, den ein Weib gebar, / Schadet Macbeth.[12]

Schließlich tritt noch eine weitere Erscheinung auf den Plan und beginnt, wie ihre beiden Vorgängerinnen mit ziemlich sibyllinisch wirkenden Worten die zukünftigen Gefahren im Dasein von König Macbeth zu skizzieren. So verweist die Stimme auf eine Situation, von der Macbeth fest überzeugt ist, dass sie niemals auftreten wird:

> Sei löwenmutig, stolz, und gib nicht acht, / Wer tobt, wer zürnt, und wo Verrat erwacht: / Macbeth wird nie besiegbar sein, bevor / Nicht Birnam Wald nach Dunsinane empor / Feindlich ihm naht.[13]

Wie schon bei seinen ersten Begegnungen mit den Hexen, nimmt Macbeth auch dieses Mal die Sätze der Erscheinungen für bare Münze; er versteht nicht deren Bilder- und Metaphern-Gehalt, und daher übersetzt er „Flieh den Macduff" für sich mit ebenso fataler Konsequenz, wie er den Satz über den Wald von Birnam (einem Ort in der schottischen Grafschaft Perthshire) ganz zu Unrecht bagatellisiert und als Wink des Schicksals missversteht, dass er unbesiegbar ist.

Um Macduff zu fliehen, kommt Macbeth erneut nur in den Sinn, ihn ermorden zu lassen – insbesondere, nachdem er hört, dass dieser plant, ein Rebellionsheer gegen ihn in England zu organisieren. Wiederum greift Macbeth auf Mörder zurück, die er ins Schloss des Adligen schickt. Weil sich Macduff in der Zwischenzeit nach England abgesetzt hat, treffen sie lediglich auf Lady Macduff und ihre Kinder, die sie jedoch mit derselben Unnachsichtigkeit hinmetzeln, wie sie es denn für das Familienoberhaupt vorgesehen hatten.

---

[12] Shakespeare: Macbeth (1606), München 2011, S. 127.
[13] Shakespeare: Macbeth (1606), München 2011, S. 129.

Macduff sucht in England den Kontakt mit Malcolm, einem der Söhne des toten Königs Duncan. Beide beweinen die grausame Herrschaft von Macbeth in Schottland, ohne vorerst die Courage und Entschlossenheit zu zeigen, daran etwas Wesentliches ändern zu wollen. Im Gegenteil: Als Macduff nach Alternativen zu Macbeth fragt, charakterisiert sich Malcolm im Vergleich zu ihm halb scherzhaft, halb ernst als fast noch blutgieriger und bösartiger als der Tyrann auf dem schottischen Thron.

Doch als ein weiterer schottischer Adliger in England eintrifft und den beiden vom Schicksal der Angehörigen von Macduff berichtet, steht für sie fest, dass sie zusammen mit den Truppen des Earl of Northumberland in einen Krieg gegen Macbeth ziehen. Malcolm jedenfalls vertreibt auch noch die letzte Ambivalenz, die in Macduffs Gemüt eine Rolle spielen könnte, indem er ihm nochmals die bestialische Auslöschung seiner Familie vor Augen führt:

> » Sei das der Schleifstein für dein Schwert; lass Leid / In Zorn sich kehrn; stumpf nicht dein Herz: mach's wild... / Macbeth ist reif / Zur Schüttelernte, und die Mächte droben / Rüsten ihr Arsenal. Sei deines Trostes Schmied; / Die Nacht ist lang, die keinen Tag mehr sieht.[14]

Der letzte Akt spielt im Schloss von Dunsinane, einem Hügelgebiet in der Grafschaft Perthshire. Ein Arzt und die Kammerfrau von Lady Macbeth unterhalten sich über die Königin und deren seltsame Symptome: Sie hat massive Schlafstörungen; sie klagt über Kakosmie und riecht immer und überall Blut; sie leidet unter einem Zwangssymptom und wäscht sich lange und wiederholt ihre Hände; und außerdem redet sie für ihre Umgebung wirres Zeug:

> » Der Than von Fife (Macduff), der hat ein Weibff: wo ist sie jetzt? – Was, wolln denn

---

[14] Shakespeare: Macbeth (1606), München 2011, S. 159.

> diese Hände nie mehr sauber sein? – Schluss jetzt davon, mein Herr Gemahl, Schluss jetzt davon: wenn du so Fratzen machst, verdirbst du alles.[15]

Der Arzt, der sich einige der eigentümlichsten Sätze von Lady Macbeth notiert, kommt zur treffenden diagnostischen Einschätzung: „Naturwidrige Tat / Gebiert naturwidriges Leid: das kranke Hirn / gibt tauben Kissen sein Geheimnis preis."[16] Vorsorglich bittet er die Kammerfrau, Gegenstände zu entfernen, mit denen sich Lady Macbeth etwas zuleide tun könnte.

Dem König selbst melden seine Diener, dass sich in der Zwischenzeit ein englisches Heer der Gegend um Dunsinane genähert hat. Macbeth ist fest entschlossen, um seine Macht und Herrschaft zu kämpfen – selbst dann noch, als man ihm den Suizid seiner Gattin mitteilt und er damit den letzten Menschen verliert, der ihm – wenn auch auf sehr seltsame Weise – nahestand:

> Sie hätte sonst wann sterben solln: / Zeit hätt's gegeben für ein solches Wort. – Und morgen und dann morgen und dann morgen, / So kriecht's im Schleicheschritt von Tag zu Tag / Zur letzten Silbe hin im Lebensbuch; / Und alles Gestern hat nur Narrn geleuchtet / Beim Gang zu Dreck und Tod. Aus, aus, klein Kerzlein![17]

Doch Macbeth hat keine Zeit, über den Tod seiner Lady lang zu sinnieren. Ein Bote berichtet ihm ungläubig, dass er in Richtung Birnam einen Wald gesehen habe, der den Eindruck erweckt, als ob er sich auf Dunsinane zubewege. Natürlich erinnert dies Macbeth an die Vorhersage der Hexen: „Fürcht nichts, bis Birnam Wald vorrückt nach Dunsinane." – wobei sich

---

[15] Shakespeare: Macbeth (1606), München 2011, S. 163.
[16] Shakespeare: Macbeth (1606), München 2011, S. 165.
[17] Shakespeare: Macbeth (1606), München 2011, S. 179.

dieses Vorrücken eines Waldes als Tarnmanöver des englischen Heeres erweist, bei dem sich die Söldner mit Zweigen und Buschwerk versehen haben, um nicht sofort als Truppe erkannt zu werden. Macbeth ahnt, dass seine Situation ausweglos zu werden beginnt: „Mich müdet langsam alles Sonnenlicht, / Möcht sehn, wie alle Welt in Trümmer bricht."[18]

Doch will er sich nicht ergeben und hält an der Weissagung fest, dass sein Leben niemandem erliegen wird, den eine Frau geboren hat. Da trifft er auf Macduff, der ebenso wie Malcolm im Heer der Engländer mitkämpft, und der seine sehr persönliche Rechnung mit Macbeth zu begleichen hat. Dieser macht ihn darauf aufmerksam, dass er im Grunde unbesiegbar ist: „Mein Leben ist gefeit; erliegen soll's / Niemandem, den ein Weib gebar."[19] Doch Macduff greift genüsslich gerade dieses Argument auf und klärt seinen Widersacher darüber auf, dass er dereinst kaiserlich (also per Kaiserschnitt) geboren wurde:

> » Verzag am Zauber; und / Lass dir vom Dämon, dem du immer dienst, / Erklärn, Macduff wurd aus dem Mutterleib / Geschnitten vor der Zeit.[20]

Beide Männer kämpfen nun auf Leben und Tod, und Macduff obsiegt und erschlägt Macbeth. So haben sich alle Weissagungen der Hexen – der Wald von Birnam, der sich auf Dunsinane zubewegt; die Besiegbarkeit nur durch einen Menschen, den keine Frau geboren hat; das Meiden von und Fliehen vor Macduff – für Macbeth schlussendlich als richtig und relevant erwiesen. Es bleibt noch nachzutragen, dass nach dem Tod von Macbeth einer der Söhne Duncans, Malcolm, zum neuen König von Schottland ausgerufen wird. An ihm ist es, die „Schergen des Blutschlächters und der Satanskönigin"[21] dingfest zu machen und Schottland wieder glücklicheren und schöneren Tagen zuzuführen.

„Bin ich Napoleon oder bin ich eine Laus?" Diese Frage stammt aus keinem Drama Shakespeares, sondern aus *Schuld und Sühne* (1866), dem

---

[18] Shakespeare: Macbeth (1606), München 2011, S. 181.
[19] Shakespeare: Macbeth (1606), München 2011, S. 187.
[20] Shakespeare: Macbeth (1606), München 2011, S. 187.
[21] Shakespeare: Macbeth (1606), München 2011, S. 193.

Roman von Fjodor Dostojewski (1821–1881), in dem die Hauptperson Raskolnikow der Mörder einer alten Wucherin wird. Die Gewissensskrupel vor seiner Tat versucht Raskolinkow zum Verstummen zu bringen, indem er die Alternative Napoleon oder Laus für sich eindeutig beantwortet: Er ist keine Laus, und als ein Napoleon ist er erhaben über das Leben eines anderen Menschen – also kann und darf er die Wucherin erschlagen.

Abgesehen davon, dass diese Alternativfrage schon ansatzweise falsch gestellt ist (wie sind weder Napoleon noch eine Laus), verdeutlicht sie doch, wie schwer es Raskolnikow und mit ihm den allermeisten Menschen fällt, zum Mörder eines anderen zu werden. Womit wir bei Macbeth wären, von dem seine Gattin eingangs mehrfach bekennt, dass er viel zu weich und gütig und viel zu wenig boshaft und aggressiv ist, um Königsmörder zu werden und so seine (und ihre) Ehrgeizpläne umzusetzen.

Es bedarf für Macbeth ähnlich wie für Raskolnikow intellektuell sehr schiefer Argumente und Anläufe, um ihn aus seiner ursprünglichen Rolle als loyaler Than des Königs zum Mörder desselben werden zu lassen. Im Drama ist es Lady Macbeth, die ihm analog falsche Alternativfragen stellt wie Raskolnikow: Bist du ein ganzer Mann (und wirst daher König Duncan meucheln), oder bist du eine Laus, ein Männchen, das vor seinen eigenen Phantasien und Impulsen erschrickt und zurückzuckt?

Auf die zögernd-ausweichende Antwort Macbeths – „Ich wage alles, was dem Menschen ziemt; / Wer mehr wagt, der ist keiner."[22,] – reagiert Lady Macbeth ganz im Sinne der napoleonischen Größenidee: „Als du's gewagt hast, warst du Mensch, und Mann; / Und, mehr zu sein, als was du warst, wolltst du / So mehr ein Mann sein."[23] Ein ganzer, wirklicher Mann ist demnach mehr als ein bloßer Mensch: ein Übermensch, ein Halbgott und Heroe, ein Wesen, für das ganz eigene Regeln und Gesetze gelten – oder besser: für das keine Regeln und Gesetze gelten.

Bei Dostojewski werden Skrupel, Fragen, Alternativen und Antworten in einer und derselben Person (Raskolnikow) abgehandelt; Shakespeare hingegen verteilte die Fragen und Antworten auf zwei Personen: Macbeth und Lady Macbeth. Im ersten Teil des Dramas kennt *er* die zögernde Attitüde, und *sie* übernimmt den treibend-skrupellosen Part. Im zweiten Teil dreht sich dieses Verhältnis, und Macbeth schreitet skrupellos, bestialisch-kalt von einem Mordauftrag zum nächsten, indes seine Gemahlin zunehmend von Gewissensbissen geplagt wird.

---

[22] Shakespeare: Macbeth (1606), München 2011, S. 45.
[23] Shakespeare: Macbeth (1606), München 2011, S. 45 f.

Genial, wie Shakespeare hier eine Paardynamik beschrieb, die in manchen Zweierbeziehungen zu beobachten ist, obschon normalerweise mit deutlich weniger destruktiven Konsequenzen. Macbeth und seine Lady verkörpern exemplarisch jenes Phänomen, das man *Folie à deux,* eine psychotische Störung zu zweit nennt. Reue und Ruchlosigkeit, Rationalität und Wahnsinn, Angst und Kontraphobisches wechseln dabei einander ab und sind jeweils auf die beiden Protagonisten zwar ungleich, aber derart elegant verteilt, dass sich zuletzt stets dieselbe (psychotische) Dynamik einstellt. Sigmund Freud hat in seiner Abhandlung *Einige Charaktertypen aus der psychoanalytischen Arbeit* (1915) darauf angespielt und meinte in Bezug auf die Beziehung von Lady Macbeth und ihrem Gatten:

> » So erfüllt sich an ihr, was er in seiner Gewissensangst gefürchtet; sie wird die Reue nach der Tat, er wird der Trotz; sie erschöpfen miteinander die Möglichkeiten der Reaktion auf das Verbrechen, wie zwei uneinige Anteile einer einzigen psychischen Individualität und vielleicht Nachbilder eines einzigen Vorbildes.[24]

Ergänzend dazu möchte ich erwähnen, dass nicht nur die Reaktion auf die Morde, sondern auch deren Vorbereitung sowie das gesamte Projekt der Machteroberung und des Königtums von beiden Eheleuten gemeinsam betrieben wird – wenngleich immer mit verteilten Rollen. Und ausgehend davon lässt sich *Macbeth* wie eine paardiagnostische Studie lesen, bei der die Dynamik von Lady und Lord Macbeth im Hinblick auf die verheerenden Konsequenzen als extrem außergewöhnlich, die rotierende Verteilung von Rollen- und Funktionssegmenten jedoch als absolut gewöhnlich und weit verbreitet gelten darf. Auch wenn es sich bei den meisten Paaren nicht um eine *Folie à deux* handelt, ergibt sich bei ihnen in der Regel zumindest eine *Dynamique à deux.*

---

[24] Freud, S.: Einige Charaktertypen aus der psychoanalytischen Arbeit (1915), in: GW X, Frankfurt am Main 1999, S. 380.

Doch zurück zu *Macbeth* und den darin ventilierten anthropologischen und psychologischen Themen. Weit über eine allgemeine Paardynamik hinaus handelt es sich bei den Ereignisketten dieses Dramas um politisch motivierte Problembereiche, die mit gesellschaftlichen Fragenkomplexen wie Macht-Eroberung und -Erhalt oder auch mit Herrschaft und Gewalt bis hin zur Tyrannis verbunden sind.

Was bedeuten in diesen Zusammenhängen die Begriffe Macht und Herrschaft und Gewalt? Beginnen wir mit dem Terminus der Macht – ein Begriff, der im persönlichen Leben eine ebenso wichtige Rolle spielt wie im gesellschaftlichen Maßstab. So war etwa Friedrich Nietzsche überzeugt von der anthropologischen Konstante des *Willens zur Macht,* der bei allen Menschen nachweisbar sei und unter anderem als Willen zur Entwicklung und zur Selbstermächtigung interpretiert werden dürfe.

Alfred Adler modifizierte die Gedanken Nietzsches und sprach vom Machtstreben, das Menschen bezüglich ihrer kollektiven wie individuellen Geschichte auszeichne, und das er als Kompensationsbewegung angesichts der vielen menschlichen Ohnmachtserfahrungen interpretierte. Streben nach Macht ereigne sich auf der Nützlichkeits- oder aber Unnützlichkeits-Seite des Lebens – wobei die letztere Spielart zu individuellen oder kollektiven Pathologie- und Zerrformen des Machtstrebens Anlass gibt.

Im 20. Jahrhundert gab es Dutzende von Macht-Theorien, die dem Begriff der Macht positive wie auch negative Attribuierungen attestierten. Begonnen bei Max Weber über Elias Canetti und Hannah Arendt bis hin zu Bertrand Russell und weit darüber hinaus reicht das Spektrum jener Denker, die sich mit Macht als persönlichem wie auch gesellschaftlichem Phänomen auseinandersetzten.

Shakespeare war insofern ein überaus moderner Autor, als er die Macht- und Einfluss-Sphären eines König Duncan oder des Than Macbeth sowohl unter den historischen Aspekten der Sozietät (z. B. Monarchie mit den Möglichkeiten der Gestaltung des Staatswesens oder der Weitergabe von Macht) als auch im Hinblick auf die Persönlichkeiten der handelnden Figuren darstellte. So war für Macbeth die königliche Macht nur unter sehr speziellen sozialen Bedingungen überhaupt denkbar, und ebenso musste er (da es für ihn keinen natürlichen Nachfolger als König gab) die einmal eroberte Macht- und Herrschaftsposition mit bedeutend mehr Angst und Sorge verteidigen, als dies etwa für Duncan der Fall war.

Macbeth lebt in einer individuellen wie gesellschaftlichen Situation, in der königliche Macht, Einfluss-Sphäre und Herrschaft für ihn im Grunde undenkbar sind. Dass derlei für ihn überhaupt zum Thema wird, verdankt er den Einflüsterungen dreier dubioser Hexen sowie den aufstachelnden

Invektiven seiner Gattin – und natürlich seiner eigenen Eitelkeit und dem eigenen Ehrgeiz, die ihn für solche Kommentare von außen erst empfänglich werden lassen.

Den entscheidenden Fehler begeht Macbeth, indem er nicht mehr realitätsgerecht zwischen den für ihn möglichen und den unmöglichen Varianten des Machtstrebens zu unterscheiden vermag. Die Königswürde gehört zu den Unmöglichkeiten seines Daseins – und weil er sich für diese Unmöglichkeit entscheidet, sucht er zu unmöglichen Strategien Zuflucht, um das Unmögliche doch noch möglich zu machen.

Allein sich wiederholt auf die ausgesprochen windigen Aussagen von Hexen und Erscheinungen zu verlassen, spricht aller Rationalität und vernünftigen Lebensplanung Hohn. Spät erst, viel zu spät, erkennt er die Bodenlosigkeit des Hexeneinmaleins: „Und glaub kein Mensch mehr diesem Gaukelpack, / Das mit uns spielt in Doppeldeutelei; / Das unserm Ohr das Glücksversprechen hält, / Und bricht es unsrer Hoffnung."[25] Wer sich aufs Übersinnlich-Windige oder Heimelig-Unheimliche stützt, steht im Verdacht, den eigenen unmöglichen Größenideen doch zum Durchbruch verhelfen zu wollen, wo realiter kein Durchbruch zu erwarten steht.

Noch bedeutend tragischer mutet es an, wenn Macbeth – um die für ihn unmögliche Königswürde dennoch zu erringen – zu Gewalt in jeder Form greift (Mord, Verrat, Heimtücke, Manipulation, Bestialität etc.). Seine relative Machtlosigkeit kompensiert der Möchtegern-Herrscher mit Terror und stellt sich damit in eine Jahrtausende umfassende, weltweite Tradition von Herrschenden, die ihre vielfältigen Hilf- und Machtlosigkeiten immer schon bevorzugt mit Gewalttätigkeiten beantwortet haben.

Auch für den Terminus Gewalt gibt es – ähnlich wie für die Macht – Dutzende von Theorien und Definitionen; so spricht man heutzutage nicht nur von körperlicher, sondern auch von psychosozialer oder struktureller Gewalt. Entscheidend – so lautet ein Teil des Definitionsversuches der Weltgesundheitsorganisation WHO – sind jeweils die Folgen gewaltsamer Interaktionen und Machtdemonstrationen: Verletzung, Tod, psychosoziale Schäden, Deprivation etc.

Für das Interaktionsmuster von Macbeth gibt es jedenfalls keinerlei definitorische Unklarheit: Er hinterlässt eine Blutspur sondergleichen, ein Meer an Blut, von dem er sagt, er habe sich so sehr daran gewöhnt, dass er darin weiterwaten müsse: „Ich hab mich sattgespeist / An Gräueln: Grauen,

---

[25] Shakespeare: Macbeth (1606), München 2011, S. 187.

meinem Schlächterhirn / Vertraut, schreckt mich nicht mehr."[26] Jan Kott in seinem *Shakespeare heute* brachte diese Spur der Gewalt in *Macbeth* auf den Punkt:

> In *Macbeth* gibt es nur ein einziges Thema, ein Monothema. Dieses Thema ist der Mord. Die Geschichte wird hier auf ihre einfachste Form reduziert, auf ein einziges Bild, auf eine einzige Einteilung: in die, die töten, und die, die getötet werden... Die Ermordung des Königs ist eine große Mordtat, ein wahrer Mord, ein Mord, mit dem die Geschichte beginnt. Die weiteren Morde ergeben sich zwangsläufig und geschehen so lange, bis derjenige, der getötet hat, selbst getötet wird.[27]

Wie aber wird aus Macbeth ein Mörder, der weitere Morde befiehlt? Wie wird aus *Homo sapiens* ein *Homo bestialicus,* und warum waren in der bisherigen Geschichte nicht selten Herrschende, Diktatoren, Tyrannen diejenigen, die diesbezüglich am unrühmlichsten von sich reden machten?

Vor hundert Jahren publizierte Eduard Spranger (1882–1963) das Buch *Lebensformen* (1921). Darin beschrieb er sechs Idealtypen der Individualität, nicht ohne zu betonen, dass diese in Reinform kaum je anzutreffen sind: der religiöse, ästhetische, soziale, theoretische und ökonomische sowie der politische Mensch. Jeder dieser Typen strebe einen speziellen Wert als seinen höchsten an, wobei für den politischen Menschen der Wert der Macht zentral sei.

Macht an sich ist weder gut noch böse – entscheidend ist vielmehr, mit welchen anderen Werten die Macht assoziiert ist. Handelt es sich um einen Menschen, der neben dem Wert des Macht-Gewinns und -Erhalts lediglich den eigenen Narzissmus gelten lässt, entsteht daraus eventuell jener Machttyp aus Politik, Wirtschaft oder Militär, dessen Machtausübung im harm-

---

[26] Shakespeare: Macbeth (1606), München 2011, S. 177.
[27] Kott, J.: Shakespeare heute (1965), Berlin 1989, S. 94.

losen Falle recht steril und unproduktiv wirkt, im ungünstigen Falle aber zu Gewaltanwendung oder Gewaltexzessen führen kann.

Pathologischer Narzissmus bedeutet einen massiven Mangel an Empathie. Wer mit einem überhohen Maß an pathologischem Narzissmus versehen ist, hat enorm große Mühe, die anderen als Mitmenschen zu registrieren und zu behandeln; diese stellen sich ihm vielmehr als bloße Sachverhalte und Gegenstände dar, die man funktionalisieren und wenn nötig eliminieren kann und darf.

Macbeth repräsentiert einen solchen enorm sterilen, zu Gewaltausbrüchen neigenden, neben der Macht bevorzugt sich und neben sich nur die Macht anbetenden Menschen – einen Menschentypus, der im Geschichtsverlauf meist als Diktator oder Tyrann bezeichnet wurde, wenn er sich denn als Herrscher etablieren konnte.

Die Welt eines Tyrannen, die Welt von Macbeth ist eine öde und triste, eine unlebendige, beinahe tote, eine thanatische Welt. Narzissmus *per se* ist gleichbedeutend mit grundsätzlicher Distanz zu den Mitmenschen; und wenn sich diese aufgrund der eigenen Aggressivität und Destruktivität noch steigert, wird die Schwelle zu misstrauisch-paranoiden Ängsten häufig und leicht überschritten.

Weil Macbeth nicht nur einmal, sondern mehrmals gemordet oder zum Mord angestiftet hat, befürchtet er, von seinen Zeitgenossen ähnlich behandelt zu werden. Je mehr diese Befürchtung um sich greift, umso mehr neigt er dazu, auch in den ehemaligen Freunden (z. B. Banquo) die Feinde von morgen zu sehen – und auch sie zu beseitigen. So wird es um Macbeth immer einsamer und weltärmer – eine Entwicklung, der er nur mit noch größerer Aggressivität und Gewaltbereitschaft sowie mit paranoiden Schutzvorkehrungen zu begegnen weiß.

*Macbeth* ist daher ein Drama, in dem man vergebens nach Eros in allen seinen Schattierungen Ausschau hält; ein kaltes Theaterstück, das frei ist von Liebesbeziehungen – und sei es auch nur in Andeutungen. Die Beziehung zwischen Lady Macbeth und ihrem Gemahl ist eine strategisch und machtpolitisch dominierte – ein Herrschaftsprojekt, für das sich beide eine Weile gegenseitig brauchen, ohne dass im Text auch nur der Hauch von emotionaler Wärme zwischen ihnen eine Rolle spielen würde. Als Macbeth etwa vom Tod seiner Gattin erfährt, reagiert er entsprechend ihrer Beziehungsgeschichte nüchtern und kühl bis ins Herz hinan: „Sie hätte sonst wann sterben solln."[28]

---

[28] Shakespeare: Macbeth (1606), München 2011, S. 179.

Zur Abwesenheit von Eros und Liebesbeziehungen passt auch die eigentliche Abwesenheit von Frauen in diesem Drama. Lady Macbeth ist zwar von ihrer Biologie her ein weibliches Wesen, hat sich aber rabiat alle Weiblichkeit abtrainiert und bittet die Überirdischen und Götter, auch noch ihre allerletzten emotionalen Regungen zu unterbinden:

» **Macht dick mein Blut, / Stopft Weg und Zugang dicht, wo Mitleid schleicht, / Dass keine Reueheimsuchung der Menschnatur / Mein wüstes Wollen erschüttert, sich gar stellt / Noch zwischen Plan und Tat!**[29]

Neben Lady Macbeth gibt es nur noch die drei Hexen, bei denen man jedoch nur schwerlich von weiblichen Wesen ausgehen darf, sowie Lady Macduff, die aber nach wenigen Strophen bereits ermordet wird. Ein Stück ganz ohne Frauen, ohne Eros und ohne einen Anflug von Liebesgefühl, ein Drama der welken und toten Seelen, das frösteln macht. Selbst in der Musik von Verdis Oper *Macbeth* (1847) macht sich diese Kälte breit – ein Phänomen, das sich sonst in Verdis Musik kaum finden lässt.

So wie man Shakespeares Dramen jeweils mit Temperaturangaben versehen könnte – den *Sommernachtstraum* kurz vor dem Siedepunkt; *Macbeth* nahe am Gefrierpunkt –, so ließen sich seine Stücke auch im Hinblick auf deren Sinn-, Wert- und Bedeutungsgehalt skalieren. Damit wird nichts über deren künstlerischen Wert ausgesagt, wohl aber über die Tendenz der Hauptpersonen in den jeweiligen Dramen, Sinn, Wert und Bedeutung um sich her entweder zu generieren oder aber zu minimieren.

Macbeth und seine Lady gehören nun in jene Gruppe der *Dramatis personae*, die offenkundig und vorrangig Wert-minimierend aktiv sind. Ein außerordentlich hoher Wert, den sie zur Disposition stellen, und dessen Vernichtung sie mehrfach initiieren, ist das Leben einiger Mitmenschen. Mord wird in den meisten Kulturen und Gesellschaften auch deshalb so sehr geächtet und als Kapitalverbrechen bestraft, weil damit ein, wenn nicht *der* höchste Wert einer Sozietät in Frage gestellt und vernichtet wird.

---

[29] Shakespeare: Macbeth (1606), München 2011, S. 37.

Man kann deshalb in etwa imaginieren, was es zu bedeuten hat, wenn nicht irgendein Mörder, sondern das Oberhaupt eines Staates (wie Macbeth zum Beispiel als ein König) ein solches Kapitalverbrechen begeht oder dazu animiert. Herrscher, Monarchen, Staatsoberhäupter sollten *per definitionem* Garanten, Repräsentanten einer wie auch immer gearteten Werte-Pyramide sein, an deren Spitze hohe und höchste Werte (etwa die Unantastbarkeit der Menschenwürde) stehen.

Diktatoren, Autokraten und Tyrannen zeichnen sich dadurch aus, dass sie allenfalls verbal die Gültigkeit solcher Werte-Pyramiden betonen, in ihren Handlungen und Haltungen jedoch völlig entgegengesetzte Wert-Vorstellungen realisieren (beispielsweise die Kombination aus Macht und Narzissmus). Unter den axiologischen (Wert-theoretischen) Gesichtspunkten wirken sie lytisch (zersetzend) oder toxisch (vergiftend) hinsichtlich der Aufrechterhaltung oder Genese des Sinn- und Wertvollen; vor allem Werte wie Lebendigkeit, Authentizität, Individualität, Persönlichkeit, Liberalität, Gerechtigkeit, Freiheit, Humanität, Solidarität werden von den meisten von ihnen mit Füßen getreten. Stattdessen dominieren niedrigere Werte wie Kontrolle, Egalität, Uniformität, Gehorsam, Rationalität, Besitz oder auch Ordnung, Durchsetzungsfähigkeit bis hin zur offenen Gewalt. Der Anglist Stephen Greenblatt charakterisierte diese Art und Weise des Regierens durch Diktatoren und Autokraten treffend in *Der Tyrann – Shakespeares Machtkunde für das 21. Jahrhundert:*

> » Es ist der kranke Traum der Tyrannei, nicht nur die Gegenwart zu vergiften, sondern auch künftige Generationen, um sich auf ewig auszubreiten. Nicht allein die Erfordernisse der Handlung machen Macbeth ... zum Kindermörder. Tyrannen sind Feinde der Zukunft.[30]

Macbeth darf man getrost zu jenen Tyrannen zählen, die – ohne es von allem Anfang an bewusst darauf anzulegen – die Gunst der Stunde nutzen und die Macht und Herrschaft an sich reißen, ganz gleichgültig, ob derlei

---

[30] Greenblatt, St.: Der Tyrann – Shakespeares Machtkunde für das 21. Jahrhundert (2018), München 2019, S. 121.

mit oder ohne Gewaltanwendung gelingt. Haben sie Herrschaftspositionen erobert, sichern sie diese mit allen zur Verfügung stehenden Strategien ab und schrecken dabei vor Exilierung oder Eliminierung von tatsächlichen oder vermeintlichen Feinden (derer haben sie viele, und es werden fast stündlich mehr) nicht zurück.

Ohne in Mitleid oder Mitgefühl für tyrannische Herrscher verfallen zu wollen, darf man sich deren dominierende Welt- und Lebensempfindungen als ähnlich öde, trist und sinnentleert vorstellen wie ihre Handlungen. Wer tagein, tagaus überwiegend Sinnwidrigkeiten produziert respektive Sinn- und Wertvolles (Menschenleben) beseitigt und vernichtet, kann seines Lebens nie und nimmer frohwerden.

Shakespeare hat diese psychosozial-axiologische Gesetzmäßigkeit seinen beiden Hauptfiguren in *Macbeth* vollumfänglich ins Gemüt gelegt. Neben psychopathologischen Symptomen – anfänglich erlebt Macbeth massive Angst sowie auch Halluzinationen; Lady Macbeth hat mit Reue, Gewissensbissen, Schlafstörungen und Zwangssymptomen zu kämpfen – sind der König und seine Gemahlin vor allem mit Sinnlosigkeitsgefühlen bei sich konfrontiert. Nach ihrer unseligen Tat des Königsmords gibt es für sie bis zuletzt keine Momente der Entspannung, Zufriedenheit und Freude oder gar des Glücks mehr. Im Gegenteil: Ihre Untat, ihre nachfolgenden Entscheidungen sowie die daraus erwachsenden neuerlichen Untaten schlagen in deren enormer Sinnwidrigkeit komplett auf Lady Macbeth und ihren Gatten zurück; sie selbst verübt Suizid, und er konstatiert, bevor er im Kampf Macduff unterliegt und stirbt, völlig resignierend:

» Leben ist nur ein Wanderschattenspiel; / Ein armer Komödiant, der seine Zeit / Abstolzt und abschnauft auf der Bühne und / Nie mehr gehört wird dann: ist eine Mär / Aus einem Tölpelmund, voll von Getön / Und Toben, und bedeutet nichts.[31]

Ein vernichtendes Urteil, das Macbeth da in einem Moment der ehrlichen Selbstreflektion über sich und seine Existenz abzugeben gezwungen

---

[31] Shakespeare: Macbeth (1606), München 2011, S. 179.

ist – wobei es aus seinem Munde noch ehrlicher geklungen hätte, wenn er nicht das Leben allgemein, sondern speziell das seinige damit gemeint hätte. Wer zum Ende seines Daseins hin ein derartiges Resümee meint ziehen zu müssen, ist auf doppelte Weise bedauernswert. Einerseits hat er die Möglichkeiten des Lebens, Sinn, Wert und Bedeutung zu erkennen, zu erhalten und eventuell zu vermehren, für sich selbst nicht genutzt; und er wurde in dieser Funktion andererseits auch nicht für seine Mitmenschen aktiv. Zu Recht wird dann von ihm nie mehr gehört – eine kluge Art des Umgangs mit Tyrannen und anderen Sinnleugnern und Wert-Vernichtern.

Diktatoren, Tyrannen, gewaltbereite Herrscher lösen in der Regel bei den von ihnen Abhängigen verständlicherweise Furcht und Schrecken aus und rechnen auch mit solchen Effekten. Weil sie wissen und spüren, dass sie von ihren Mitmenschen weder geachtet noch gemocht werden, bauen sie ihre Herrschaft auf dem Fundament von unberechenbarer Gewalt und dementsprechender Angstinduktion auf. Nur selten gelingt es einem Volk oder einer Gruppierung, derartige Gewaltherrscher rasch abzuschütteln und sich von ihnen nachhaltig zu emanzipieren.

In *Macbeth* hat Shakespeare eine zumindest gedankliche Form der Emanzipation angedeutet, die unter günstigen Umständen zum faktischen Ende einer Diktatur oder Tyrannei beitragen kann. Normalerweise erleben Menschen ihre Herrschenden als mächtig oder übermächtig, als souverän und potent und heroisch, und allein diese Attribute tragen dazu bei, deren Herrschaft weiter zu perpetuieren. Wie aber wäre es, wenn sie in der Lage wären, bei ihnen auch deren Defizite und Inferiorität wahrzunehmen und den Kaiser nicht nur als nackt, sondern auch als impotent zu erkennen? In *Macbeth* unterhalten sich zwei schottische Adlige über ihren König und bemerken, dass es sich bei ihm um einen affektgeladenen Aufschneider handelt, dem die Aufgaben eines Königs über den Kopf gewachsen sind:

> » Er kann das Gären seiner Lage mit / Dem Gürtel Ordnung nicht mehr schnalln... / Jetzt fühlt er den Rang / Am Leib ihm schlottern, wie des Riesen Rock / Am Zwerg hängt, der ihn stahl.[32]

---

[32] Shakespeare: Macbeth (1606), München 2011, S. 167.

Einen ähnlichen Impuls der gedanklichen Emanzipation verfolgt Macduff. Kurz bevor er Macbeth im Kampf besiegt, schlägt er ihm vor, sich doch zu ergeben; und weiter provoziert er: „Dich malen wir als Monster-Missgeburt / Auf Jahrmarktstafeln, und die Schrift dazu: / ‚Hier zeigt man den Tyrannen'."[33] Man möchte allen von Diktatoren und Gewaltherrschern Unterdrückten und Erniedrigten wünschen, sich in einem ersten Schritt der Erkenntnis die Sicht der beiden schottischen Adligen oder von Macduff zu eigen zu machen, um in einem zweiten Schritt konkrete Möglichkeiten zur Beendigung einer Tyrannei beim Schopfe zu packen.

Betrachtet man die Eingangs- und die Ausgangsszene des Dramas, werden die Pole deutlich, zwischen denen Shakespeare die Handlung wie auch die Charaktere und Figuren in *Macbeth* ausgespannt hat. Den Auftakt machen die Hexen als Repräsentanten einer irrational-unheimlichen Welt und eines thanatisch-destruktiven Prinzips. Das Böse als das Absurde und Sinnwidrig-Wertvernichtende ist bei ihnen beheimatet; entsprechend lautet das Motto ihres Hexengesangs: „Recht ist schlecht, und schlecht ist recht."[34]

Das letzte Wort im Stück hat allerdings Malcolm als der neue König und damit als der Repräsentant von Ordnung, Rationalität und Humanität. Wie sehr er den Erwartungen gerecht werden wird, ist keine ausgemachte Sache; immerhin aber stellt er sich und seine zukünftige Herrschaft unter das „Gnadenwort des Gnadengotts"[35] und damit unter das Prinzip von Sinn und Wert, von Güte und Gutsein.

Es mag Zufall gewesen sein, dass Macbeth an die drei Hexen mit ihren verflucht-verführerischen Prophezeiungen geraten ist – kein Zufall war es, was er nach und nach daraus erwachsen ließ. Shakespeare stellte ihn ebenso wie seine Gattin bei ihren Entscheidungen und Taten zwischen die beiden Pole und Prinzipien von Gut und Böse, die im Wechsel von Lady Macbeth und dann wieder von ihrem Gatten als für sie mehr oder minder relevant ins Feld geführt werden.

Zuletzt verschreiben sich die Macbeths immer mehr dem Absurden und Thanatischen, wobei sie als Relikte des Humanen manche Momente des räsonierenden Innehaltens kennen, in denen sie menschlich wirken, und in denen man sich als Leser und Zuschauer mit ihnen (wenn auch unterkühlt) identifizieren mag. Es sind dies Momente, in denen Macbeth nicht nur als jene Missgeburt erscheint, als die ihn Macduff auf den Jahrmärkten der Welt

---

[33] Shakespeare: Macbeth (1606), München 2011, S. 189.
[34] Shakespeare: Macbeth (1606), München 2011, S. 9.
[35] Shakespeare: Macbeth (1606), München 2011, S. 193.

auszustellen gedenkt, und in denen Lady Macbeth das Gehirn ihres Kindes schonen und nicht schänden würde.

Es macht die Größe Shakespeares als Dichter, als Menschenkenner und Psychologe aus, dass er selbst einem Macbeth und dessen Gemahlin jenes Minimum an Vernunft und Humanität zugesteht, das die beiden als zur Gattung Homo gehörig erscheinen und sie nicht als bloße Monster in den Gruselkabinetten von Schaustellern zur Abschreckung dienen lässt. Lady Macbeth und ihr Gatte: Auch sie sind und bleiben bei aller Abscheulichkeit immer noch Menschen.

## Literatur

Freud, S.: Einige Charaktertypen aus der psychoanalytischen Arbeit (1915). In: GW X. Frankfurt a. M. (1999)
Greenblatt, St.: Der Tyrann – Shakespeares Machtkunde für das 21. Jahrhundert (2018). München (2019)
Kott, J.: Shakespeare heute (1965). Berlin (1989)
Shakespeare: Macbeth (1606). München (2011)
Spranger, E.: Lebensformen (1921). Berlin (1966)

# 6

# King Lear – Ein alter Mann ist stets ein König Lear

Die Überschrift ist (nicht wenige werden es erkannt haben) ein Zitat aus den *Zahmen Xenien* Goethes. In einem kleinen Gedicht über das Altern und das Alter hat der Dichter sich bei Shakespeare bedient und dessen Dramenfigur King Lear herangezogen, um das Schicksal alter Menschen in ein ausdrucksstarkes Bild zu packen.

Auf den folgenden Seiten stehen anthropologische sowie-psychologische Themen, Fragen und Probleme von Shakespeares *King Lear* im Zentrum der Betrachtung; und dabei wird es vorrangig um die Phänomene des Alterns und der damit assoziierten Veränderungen des Daseinsvollzugs gehen. Die Generalthese hierbei lautet wie bei Goethe, dass Menschen im Alter fast regelhaft einige Aspekte eines King Lear-Schicksals zu erleiden haben, ohne dass es bei ihnen (wie im Drama) deshalb gleich zu Mord und Totschlag kommen muss.

Bevor wir jedoch einzelne dieser Gesichtspunkte ins Visier nehmen, soll kurz die Handlung von *King Lear* rekapituliert werden. In gewisser Weise, soviel vorneweg, könnte das Drama ebenso nach dem Grafen Gloucester benannt worden sein; obwohl der alte König Lear als eine Hauptfigur im Mittelpunkt der Tragödie steht, erlebt der ähnlich alte Graf von Gloucester ein analoges, ebenfalls überaus tragisch anmutendes Schicksal.

Aufgrund seines hohen Alters will König Lear abdanken und sein Reich (Britannien) unter seinen drei Töchtern aufteilen. Er tendiert dazu, seine Lieblingstochter Cordelia zu bevorzugen; zuvor jedoch möchte er mittels einer Liebesprobe herausfinden, wer von den dreien ihn am allermeisten schätzt und ihn auch später noch dementsprechend schützen wird. Goneril und Regan (seine beiden ältesten Töchter) überschlagen sich nun mehr mit Liebesbezeugungen, indes die jüngste, Cordelia, merklich zurückhaltender auf das Ansinnen ihres Vaters reagiert. Zwar liebt sie durchaus den König, weigert sich aber, dafür wie ihre Schwestern in himmelhochjauchzenden Jubelgesang auszubrechen:

> » wenn es drum / Ist, dass die ölig glatte Kunst mir fehlt, / Zu reden statt zu meinen, denn das, was mir ernst / Ist, tu ich, eh ich es rede...[1]

An dieser Stelle unterliegt König Lear einer fatalen und entscheidenden Fehleinschätzung: Er glaubt den Flötentönen von Goneril und Regan und missachtet die authentische Stellungnahme von Cordelia. Ja, mehr noch: Weil seine Jüngste ihm nicht nach dem Munde redet, enterbt und verstößt er sie – worauf der König von Frankreich (ganz anders als der Herzog von Burgund) Cordelia aus Liebe und ohne Mitgift zu seiner Gattin macht. Der Graf von Kent, der sich bei Lear für Cordelia einsetzt und den König von seiner Irrtums-Entscheidung abbringen will, wird von diesem dafür in die Verbannung geschickt.

Welche Ursachen und Motive haben bei Lear zu dieser (wie sich bald herausstellen wird) tragischen Weichenstellung beigetragen? Zum einen ist es sein aufgrund des hohen Alters und der Abdankung verständlicher großer Narzissmus, der ihn wertblind werden und Entscheidungen fällen lässt, die sich als sehr destruktiv gegen ihn selbst gerichtet erweisen sollten. Er befindet sich in einer Situation, in der er sich seines Selbstwerts überhaupt nicht mehr gewiss ist, und in der er deshalb doppelt nach narzisstischer Bestätigung von außen schielt: „Besser du wärst nicht geboren als mir nicht besser zu gefallen"[2] – legt Shakespeare daher dem König Lear als vernichtendes Argument seiner Tochter gegenüber in den Mund und spielt mit psychologisch kohärenter Manier auf dessen enormes Bedürfnis nach Selbstwert-Stabilisierung durch seine Töchter an.

Zum anderen erwächst aus der großen narzisstischen Bedürftigkeit bei König Lear eine Haltung, die man neuhochdeutsch als Beratungsresistenz

---

[1] Shakespeare: King Lear (1606), München 1997, S. 25.
[2] Shakespeare: King Lear (1606), München 1997, S. 25.

bezeichnet. Vor über einhundert Jahren hat auf derlei bereits Marie von Ebner-Eschenbach angespielt, als sie in einem ihrer Aphorismen schrieb: „Man bleibt jung, solange man lernen, neue Gewohnheiten annehmen und einen Widerspruch ertragen kann."[3] König Lear war alles andere als jung und konnte Widersprüche (wenn sie denn nicht aus dem Munde seines Hofnarren stammten) schon längst nicht mehr ertragen. Diese Ebner-Eschenbachsche Definition des Alters, die auf Lear vollumfänglich zutrifft, lässt sich übrigens auch auf junge Menschen anwenden, bei denen unter dieser Definition einige allerdings als ziemlich alt einzuordnen wären.

Einer vergleichbaren Fehleinschätzung wie King Lear sitzt der Graf von Gloucester auf. Er hat zwei Söhne – Edmund, sein unehelicher Sohn, und Edgar, der legitime Sohn des Earls. Edmund gelingt es, seinen alten Vater mit perfiden Verdächtigungen zu überzeugen, dass Edgar ihn (den Vater) zu ermorden beabsichtige. Der Earl of Gloucester reagiert entsprechend und ächtet seinen legitimen Sohn, der daraufhin fliehen muss und fortan als Tom der Bettler durch die Lande zieht.

Auch hier erweist sich die väterliche Entscheidung schon kurze Zeit später als fatal. Nicht Edmund, sondern Edgar wird sich als verlässlich und loyal seinem Vater gegenüber erweisen, indes der Intrigant Edmund entscheidend zum existentiellen Unglück von Graf Gloucester beiträgt. In gewisser Weise hat Shakespeare mit diesen beiden Sohn-Figuren bereits lange vor der Psychoanalyse die von Sigmund Freud minutiös erläuterte ödipale Konfliktsituation und deren mögliche Lösungen beschrieben.

Zur ödipalen Situation gehört nach Freud nicht nur der Impuls des Kindes, den jeweils gegengeschlechtlichen Elternpart sexuell zu begehren und besitzen zu wollen – ein Impuls, der in den allermeisten Fällen in eine Verzichtsleistung einmündet. In dieser Entwicklungsphase soll daneben vor allem eine Identifikation mit dem gleichgeschlechtlichen Elternpart und mit den Regeln und Gesetzmäßigkeiten der Erwachsenenwelt erfolgen. In Edgar hat Shakespeare nun eine Figur entworfen, der die Identifikation mit der väterlichen Welt gelingt, indes Edmund trotz gegenteiliger Aussagen und Behauptungen im Kampf gegen den Vater verbleibt, ihn verrät und indirekt den Beinahe-Vater(selbst)-mord herbeiführt. Sein zutiefst ödipales Lebensmotto lautet: „Es steigt der Jüngre, wenn der Alte fällt."[4]

---

[3] Ebner-Eschenbach, M.: Aphorismen, in: Das Gemeindekind/Novellen/Aphorismen, München 1978, S. 866 (???).
[4] Shakespeare: King Lear (1606), München 1997, S. 137.

Nachdem der abgedankte König Lear sein Reich an Goneril und Regan abgegeben hat, wohnt er zunächst mit einer Hundertschaft von Rittern und seinem Dienstpersonal sowie seinem Narren bei der Tochter Goneril und deren Gatten, dem Herzog von Albanien. Auch der verbannte Graf von Kent ist mit von der Partie – er hat sich verkleidet und dient dem alten König nun als einfacher Mann. Bald erweist sich Goneril als keineswegs so liebenswürdig-fürsorgende Tochter, als die sie sich angepriesen hat. Sie besteht auf Halbierung der Ritterzahl, was ihren Vater enerviert und entrüstet. Sie beide geraten mächtig in Streit; Goneril attestiert dem König Spinnkram und Alterskalk, wohingegen er sie wortreich verflucht:

> » Pest auf Dich, Gift und Galle! Wunden unheilbar eines Vaterfluchs zereitern dir die Sinne! Kindisch alte Augen, beweint all das nochmal, los, und ich reiß euch aus und werf euch mit dem Wasser, das ihr speit, zum Lehmanrühren. Ach ja, kam's soweit? Ha! Soll's halt sein: noch eine Tochter hab ich, die, weiß ich sicher, freundlich ist und trostreich: Wenn die das von dir hört, mit ihren Nägeln zerfleischt sie dir dein Wolfsgesicht.[5]

Doch Regan stellt sich als um keinen Deut charmanter als ihre Schwester heraus. Sie lässt den Earl of Kent (also den Diener Lears) in den Block sperren, und ihren Vater selbst behandelt sie mindestens so abwertend und despektierlich wie Goneril: „Sie sind alt; in Ihnen steht Natur dicht an der Neige der Daseinszeit."[6] – mit solchen und ähnlich „zuvorkommenden" Sätzen traktiert sie den ehemaligen König.

Auf ihren Vorschlag, doch wieder zu Goneril zurückzukehren, geht er nicht ein, und ihre Idee, seine Ritterschaft auf 25 Mann zu reduzieren, findet er schlicht degoutant. Als dann noch Goneril mit ihrem Gatten zu Regan hinzustößt, wird es für King Lear offenkundig, dass sich seine beiden Töchter längst abgesprochen und gegen ihn verbündet haben. Sie rechnen,

---

[5] Shakespeare: King Lear (1606), München 1997, S. 65.
[6] Shakespeare: King Lear (1606), München 1997, S. 111.

sich gegenseitig aufstachelnd, die Zahl seiner Ritter auf ganze Null herunter und sind schließlich sehr damit einverstanden, dass ihr Vater sie wütend, enttäuscht und verzweifelt alleine bei Nacht, Sturm, Blitz und Donner verlässt. Sein letzter Satz, mit dem er sich von ihnen endgültig in eine dunkle Heimatlosigkeit hinein abwendet, lautet viel mehr an sich selbst und seinen Narren als an die beiden Töchter adressiert: „Oh Narr! Ich werde wahnsinnig."[7]

Wiederum hat Shakespeare hier seiner Figur etwas psychologisch und psychiatrisch überaus Kohärentes und Wahres ins Gemüt gelegt. Wer mit massiven Affekten versehen bei sich gewärtigen muss, dass wesentliche zwischenmenschliche Beziehungen zerbrechen, der bisherige Beruf (hier das Herrschertum) als Quelle des Selbstwertgefühls abhandengekommen ist und der Betreffende sich als heimat- und orientierungslos erlebt, ist hochgefährdet, eine Wahnkrankheit (also eine psychotische Erkrankung) auszubilden und zu erleiden.

Bei King Lear treffen alle diese Voraussetzungen zu, und so nimmt es nicht Wunder, dass aus seinem prognostischen Empfinden (ich werde wahnsinnig) wenig später bittere Realität wird. Es sind ergreifende Szenen und Monologe, die sich auf der Bühne abspielen, wenn der alte König und sein Narr vereinsamt in stürmischer Nacht und in Umnachtung herumirren und Lear sich unter Ermangelung von personalen Gesprächspartnern an die Wetterphänomene wendet:

> » Blas, Wind, dass platzt die Backe! Tobe! Blas! / Ihr Katarakte, Hurrikane, spuckt, / Bis ihr den Kirchturmspitz ersäuft, den Hahn ertränkt! / Ihr schwefligen, hirnschnellen Feuerblitze, / Vortrupp des Donnerkeils, der Eichen bricht, / Sengt mir mein Weißhaar! Und du, All-Schmetterer, Donner, / Schlag flach den fetten Rundbauch dieser Welt! / Spreng jede Gussform der Natur, alln Lebenskeim / Stäub jetzt davon, der Undank-Menschen macht![8]

---

[7] Shakespeare: King Lear (1606), München 1997, S. 121.
[8] Shakespeare: King Lear (1606), München 1997, S. 129.

In seinem Wahn beruft Lear sogar eine Art Gerichtsverhandlung ein, in der seine Töchter angeklagt und verurteilt werden. Als Zeugen, Richter und Geschworene dienen ihm dabei sein Narr, sein Diener (Earl of Kent) sowie Tom der Bettler (Edgar, der verstoßene Sohn Gloucesters). King Lear bekennt sich hierbei zu seinen sadistisch-aggressiven Rache-Impulsen den Töchtern gegenüber: „Dann solln sie Regan sezieren, sehn, was da um ihr Herz herum wächst. Gibt's in der Natur irgendeine Ursache, die diese harten Herzen macht?"[9]

Die Aggressivität bei Wahnkranken allgemein und bei King Lear im Speziellen speist sich in der Regel aus den immensen Ohnmachts- und Angst-Affekten, die bei den Betreffenden aufgrund ihrer Einsamkeit sowie ihres reduzierten Selbstwertempfindens ausgelöst und kompensatorisch mit aggressiven Phantasien beantwortet werden. Manchmal spiegeln sie allerdings auch all jene aggressiven Neigungen wider, die ihnen von ihrer „lieben Mitwelt" entgegenschlägt – ein Faktor, der bei Lear keine geringe Rolle spielt.

Inzwischen ist in Dover unter der Führung des Marschalls La Far und auf Betreiben von Cordelia und ihres Gatten, des Königs von Frankreich, ein Heer angelandet, um Goneril und Regan mitsamt ihren Ehemännern in die Schranken zu weisen und Lear zu rehabilitieren. Gloucester hat von diesem Unterfangen Kenntnis und teilt dies – immer noch von der Loyalität Edmunds überzeugt – seinem Sohn mit. Und dieser hat daraufhin nichts Besseres zu tun, als die Absichten Cordelias und damit auch seinen Vater an Cornwall, den Gatten Regans, zu verraten.

Edmund, Cornwall, Regan und Goneril suchen nun den alten Earl of Gloucester auf und sitzen über ihn Gericht. Da sie ihn nicht töten wollen und können, greift Cornwall zu einer ekelhaft-brutalen Selbstjustiz: Er sticht Gloucesters Augen aus und blendet ihn. Und um dessen Unglück noch zu steigern, teilt ihm Regan mit, dass sein ach so geliebter Edmund es war, der ihn verraten hat: „Oh meine Narrheit!" – ruft völlig verzweifelt Gloucester aus. – „Dann tat ich Edgar Unrecht. Götter, vergebt mir und macht's an ihm gut!"[10]

Das Motiv des geblendeten Menschen ist ein uraltes. Griechische Mythen etwa kennen Teiresias, den blinden Propheten, der seine seherischen Qualitäten eben jener Blindheit verdankte, die ihm die Götter als Strafe für das Erspähen und das Ausplaudern von Geheimnissen zugedachten. Der Seher

---

[9] Shakespeare: King Lear (1606), München 1997, S. 159.
[10] Shakespeare: King Lear (1606), München 1997, S. 171.

hatte entweder Athene nackt im Bade erblickt; oder er hatte (da er eine Weile auch als Frau gelebt hatte) verraten, dass die weibliche Lust im Sexualakt die männliche angeblich um das Zehnfache übersteigt. Ähnlich bekannt wie Teiresias ist die Geschichte von Ödipus, der sich blendete, nachdem er erkennen musste, dass er unwissentlich den eigenen Vater (Laios) getötet und mit der eigenen Mutter (Iokaste) Kinder gezeugt hatte.

In beiden Fällen handelt es sich um unbewusst und unbeabsichtigt herbeigeführte Situationen der Schuld, die durch Blendung bestraft, aber nicht wiedergutgemacht werden. Und in beiden Fällen sind damit wichtige Erkenntnisprozesse assoziiert, die dazu beitragen, dass die Betreffenden nun als Sehend-Erkennende, jedoch nicht mehr als Sinnlich-Sehende ihr Dasein fristen. Auch Shakespeare folgt diesem Muster, wenn er die Figur des alten Gloucester die wahren familiären Verhältnisse (die Charaktere von Edmund und Edgar) erst durchschauen lässt, nachdem er geblendet wurde; dementsprechend sinniert der alte Earl:

> » Ich habe keinen Weg und brauch drum keine Augen; / Gestolpert bin ich, als ich sah. Oft sieht man's, / Besitz macht uns zu sicher, und grad der Mangel / Gerät zu userm Vorteil... / Was Fliegen bösen Buben sind, sind wir / Den Göttern. Sie töten uns zum Spaß.[11]

Es verwundert nicht, dass der Graf von Gloucester angesichts seiner Fehleinschätzung und der daraus erwachsenen Schuld sich nicht nur als zu Recht Geblendeten empfindet, sondern darüber hinaus auch an Suizid denkt und diesen vollziehen will. Er trifft auf Tom, den Bettler (also auf den von ihm nicht erkannten Sohn Edgar), und bittet ihn, ihn zu den Klippen von Dover zu geleiten: „Bring mich nur dorthin ganz zum letzten Rand, ... von diesem Platz an brauch ich keinen Führer mehr."[12]

Tom (respektive Edgar) tut anscheinend, wie ihm geheißen. Aber da der Earl nichts sieht, greift Edgar zu einem Trick und gaukelt dem Vater nur vor, er stünde an der Kante der Klippen und könne sich nach unten stürzen.

---

[11] Shakespeare: King Lear (1606), München 1997, S. 173 f.
[12] Shakespeare: King Lear (1606), München 1997, S. 179.

In Wirklichkeit stürzt der alte Gloucester auf ebener Erde, zieht sich einige Schürfwunden zu und scheint seinen großen, suizidalen Fall wider Erwarten überlebt zu haben.

So zumindest macht es ihm Tom respektive Edgar danach Glauben und bestärkt ihn darin, aufgrund dieses offenkundigen Wunders nunmehr an seinem Leben festzuhalten. Auch Gloucester ist durch seinen – wie er überzeugt ist – misslungenen Suizidversuch geläutert und verspricht sich und seinem Begleiter: „Fortan will ich's Elend tragen, bis es selbst schreit sein ‚Genug, genug' und stirbt."[13]

Elend aber gibt es für Gloucester ebenso wie für den Zuschauer dieses Dramas noch genug zu erleben. In Dover ist in der Zwischenzeit nicht nur der alte Earl und sein Begleiter angekommen; auch das französische Heer und Cordelia sowie King Lear befinden sich auf der britischen Seite des Ärmelkanals, des Weiteren Kent sowie ein Arzt, mit dem Cordelia besorgt über das Befinden ihres Vaters spricht. Der Arzt versichert ihr, es gäbe Möglichkeiten der Behandlung: „Die Pflegeamme der Natur heißt Ruhe."[14]

Als aber Lear, der immer noch wirr und orientierungslos durch die freie Natur irrte, endlich aufgelesen und zu den anderen gebracht wird, ist er von Ruhe noch weit entfernt. Zwar erkennt er seinen alten Freund, den Grafen Gloucester, und bemerkt, dass dessen Augen fehlen; und auch sein Ratschlag an ihn – „Kauf dir Glasaugen; und, wie ein trüber Intrigant, tu, als würdst Dinge sehn, die du nicht siehst."[15] – hat etwas eigentümlich Kluges und Wissendes an sich. Doch die meisten anderen Äußerungen des Königs erscheinen aufs erste Hören hin unzusammenhängend und reichlich verschroben – Äußerungsqualitäten, die Gloucester ganz richtig als Zeichen einer Wahnerkrankung einordnet, und von denen er zugleich spürt, dass sie für den Kranken eine Art Schutz bedeuten, den er selber angesichts seiner leidvollen Biographie ebenfalls bitter nötig hätte:

> » Der König fiel in Wahn: wie starr mein plumper Geist, / Dass ich so steh und hab bewusstes Fühlen / Von meinem großen Leid! Besser ich wär' irr: / Mein Denken wär' getrennt von meinem Schmerz, / Und Leid

---

[13] Shakespeare: King Lear (1606), München 1997, S. 205.
[14] Shakespeare: King Lear (1606), München 1997, S. 193.
[15] Shakespeare: King Lear (1606), München 1997, S. 211.

verlör durch falsche Phantasien / Das Wissen um sich selbst.[16]

Wieder ziehen wir vor der außerordentlichen Einfühlungskraft und dem intuitiven Wissen Shakespeares den Hut: Anfang des 17. Jahrhunderts die eventuelle psychosoziale Funktion von Wahngedanken und psychotischer Erkrankung derart gekonnt und treffend in wenige Worte zu fassen, nötigt allerhöchsten Respekt ab.

Doch zurück zu König Lear. Nachdem er einige Zeit der Pflegeamme der Natur übergeben war, ist er tatsächlich beginnend in der Lage, sich mit Cordelia einigermaßen geordnet zu unterhalten. Überaus anrührend hat Shakespeare diese Szene gestaltet, in der Lear vor Cordelia kniet und sie bittet: „Musst Nachsicht mit mir haben. Bitt euch, vergesst und vergebt: ich bin alt und närrisch."[17] Und als dann noch auf des Königs Frage: „Bin ich in Frankreich?" sein treuer Gefolgsmann Earl of Kent antwortet: „In Ihrem eignen Reich, Sir."[18], ist man gewillt, an ein gutes Ende dieser Story zu glauben.

In der langen Geschichte der Inszenierungspraxis von *King Lear* gab es tatsächlich Zeiten, in denen Derartiges auf die Bühne gezaubert wurde und der alte König wie auch seine Tochter Cordelia gesund und am Leben blieben. Die Originalfassung Shakespeares allerdings kennt einen fünften Akt mit einem gänzlich anderen und zutiefst tragischen Ausgang, den der Chronist nicht zu verschweigen unternimmt.

Im letzten Akt schildert der Autor das Vorrücken des englischen Heeres, angeführt von Edmund, gegen die Franzosen; des Weiteren die Gefangennahme von Lear und Cordelia; die anscheinend stattgehabten Affären Edmunds sowohl mit Goneril als auch mit Regan; den Entschluss Edmunds, Lear und Cordelia töten zu lassen; die französische Niederlage; die Eifersucht der beiden Schwestern in Bezug auf Edmund.

In einem atemlosen Finale überstürzen sich zuletzt die Ereignisse: Aus rasender Eifersucht vergiftet Goneril ihre Schwester und ersticht sich daraufhin selbst. Edgar tritt auf den Plan und berichtet von den infamen Machenschaften seines Bruders Edmund; dieser fordert Edgar zum Duell und unterliegt. Noch im Sterben gesteht Edmund seine perfiden Taten und

---

[16] Shakespeare: King Lear (1606), München 1997, S. 221.
[17] Shakespeare: King Lear (1606), München 1997, S. 229.
[18] Shakespeare: King Lear (1606), München 1997, S. 229.

erkennt, dass er mit allen Intrigen und Winkelzügen seine ursprüngliche Inferiorität (als unehelicher Sohn) nicht kompensieren konnte: „Das Rad ging einmal rund; hier wär' ich wieder."[19]

Kurz bevor er stirbt, gibt Edmund noch kund, dass er den Befehl an einen Hauptmann gegeben hatte, Lear und Cordelia zu töten. Als man den Versuch unternimmt, die beiden aus ihrem Kerker zu befreien, kommt die Hilfe für Cordelia zu spät: Sie wurde gehenkt. Der König hingegen ist noch am Leben und beweint seine Tochter: „Was darf ein Hund, ein Pferd, ein Ratz ein Leben haben / Und du nicht mal ein Atmen? Du kommst nie wieder, / Niemals, niemals, niemals, niemals, niemals!"[20] Dann stirbt auch König Lear.

Zum Ende hin obsiegt die Ordnung, von der man sich eine bessere Zukunft ausmalen mag: Die Herrschaft und Regierungsgewalt in England wird in die Hände von Edgar und dem Earl of Kent gelegt, die beide nur zu schwer das Gewicht und die Last dieser Aufgabe spüren: „Den Druck der trüben Zeit muss man nun tragen; / Was man fühlt, sprechen, nicht, was man sollte, sagen."[21]

Die Reihe der Interpretationen und Inszenierungen von *King Lear* ist immens lang; sie reicht von Versuchen, aus Edgar und Cordelia zuletzt ein Liebespaar werden zu lassen, bis hin zur Deutung Jan Kotts, dass dieses Drama eine Art absurdes Endspiel vom Fall der Welt bedeutet, in dem als die drei signifikanten Hauptpersonen der wahnsinnige Lear, sein Narr und der Bettler Tom hervorstechen.[22] Mich interessieren jedoch vor allem jene Aspekte von *King Lear*, bei denen es um Anthropologie und Psychologie des Alterns und des Alters geht – um Gesichtspunkte also, die jeden von uns mehr oder minder stark betreffen können.

Eine erste Beobachtung, die besonders beim König Lear auffällt, ist dessen starke Ambivalenz, seine Macht und Stellung und seinen Einfluss als Herrscher tatsächlich auf- und abzugeben. Zwar bekundet er schon im ersten Akt seinen Plan, sein Reich an die drei Töchter aufzuteilen und als König zurückzutreten. Zugleich aber hat er sich eine beachtliche Gruppe von Rittern und Dienern ausbedungen, mit denen er weiterhin eine Art Hofhaltung verwirklichen will. Auch sein sehr hohes Alter – 80 Jahre, die zu Beginn des 17. Jahrhunderts ein biblisches Greisenalter bedeuteten – spricht

---

[19] Shakespeare: King Lear (1606), München 1997, S. 253.
[20] Shakespeare: King Lear (1606), München 1997, S. 265.
[21] Shakespeare: King Lear (1606), München 1997, S. 267.
[22] Siehe hierzu Kott, J.: König Lear oder das Endspiel, in: Shakespeare heute (1965), Berlin 1989.

dafür, dass er sich lange Zeit schwertat und womöglich weiterhin schwertut, sein Zepter endgültig zu übergeben.

Wie viel ihm die Insignien von Macht und Einfluss bedeuten und wie ungern er darauf verzichten möchte, wird in jenen Szenen offenkundig, in denen Goneril und Regan ihn im Hinblick darauf beschneiden: Auf ihren Vorschlag etwa, nur noch die Hälfte oder ein Viertel seiner Hundertschaft an Rittern bei sich haben zu dürfen, reagiert Lear ausgesprochen gereizt, gekränkt und aggressiv. Ihm ist sehr viel daran gelegen, weiterhin zwar als Herrscher a. D., aber immerhin als König zu gelten und zu existieren; ein Leben ohne Titel und offiziöse Funktion scheint für ihn, seinen Narzissmus und seinen Selbstwert nicht vorstellbar.

Als Lear dann in Wahn verfallen ist und vereinsamt und heimatlos durch die Welt irrt, äußert er seine Phantasien, weiterhin mächtiger König zu sein, ganz unumwunden. Nicht ein ohnmächtiger Alter, ein König ohne Land und Leute, sondern ein Herrscher, der über andere Gericht sitzen und sie entsprechend be- und verurteilen kann und darf – so sieht und wünscht Lear sich in den wahnhaften Phasen seines Alters. Hier begegnet uns kein abgehalfteter Greis, sondern ein von Größen- und Bedeutungs-Ideen vollständig überzeugter Herr mit lediglich angegrauten Schläfen.

Weiter oben habe ich die ödipale Situation und den dazu gehörigen Komplex erwähnt, der insbesondere bei Edmund, aber auch bei Goneril und Regan in ihren Beziehungen zu den Vätern keine geringe Rolle spielt. Alle drei kämpfen massiv gegen die väterliche Welt und attackieren die sie repräsentierenden Personen (Lear und Gloucester); und alle drei leben dem ödipalen Motto Edmunds gemäß: „Es steigt der Jüngre, wenn der Alte fällt." Von Identifikation mit den Vätern, von geschmeidiger Modifikation und Evolution von deren Ansichten und Standpunkten spürt man dabei wenig – viel aber von den Impulsen, die Alten (wenn es denn sein muss) mit Verve und Gewalt aus ihren einflussreichen Positionen zu entfernen und sich dann an ihre Stellen zu setzen – im übertragenen Sinne also Vatermord zu verüben.

So sehr man derlei Impulse bei den Söhnen und Töchtern verorten mag und muss, so sehr darf man einen Teil der Verantwortung für solche Dynamiken zwischen Vätern und Kindern auch bei den Ersteren suchen. Lear und in Abschattung auch Gloucester haben einiges dazu beigetragen, ihre Töchter und Söhne (insbesondere Edmund) nicht groß, bedeutsam, gewichtig werden zu lassen. Wer als Vater den eigenen Nachwuchs willentlich oder unwillentlich klein, abhängig und bedeutungslos hält, feuert die ödipale Dynamik merklich an. Und wer sich als Chef, Herrscher und Direktor lange oder zu lange weigert, Macht und Einfluss zu teilen und abzugeben, darf sich über ungeduldig-aggressive Machenschaften seiner Untergebenen, Mitarbeiter oder (wie bei König Lear) der eigenen Kinder nicht verwundern. Goneril hat nicht Unrecht, wenn sie über ihren Vater räsoniert: „Närrischer alter Mann, der immer noch die Macht ausüben will, die er vergeben hat!"[23]

In ausgeprägten Fällen darf man (wie bei Lear) in Anlehnung an den Ödipuskomplex der Söhne (respektive auch der Töchter) von einem Laios-Komplex sprechen. Laios war in der griechischen Mythologie der Vater von Ödipus, dem geweissagt worden war, dass er vom eigenen Sohn ermordet werden würde. Um diesem Schicksal zu entgehen, ließ Laios seinen Sohn Ödipus schon als kleines Kind in den Bergen aussetzen, wo er überzeugt war, dass sein Sohn sehr bald sterben werde. Mit großem Glück überlebte Ödipus jedoch und erschlug später, ohne es zu wissen, Laios, an dem sich so das Schicksal und die Vorhersage vollumfänglich bestätigte.

Die Aggression der Väter induziert und verstärkt mit die Aggression der Kinder, und so geben sich Laios- und Ödipus-Komplex mitunter die Hand und bedingen sich dann gegenseitig. Nicht wenige älter werdende oder alte Männer (und Frauen) kennen, wenn sie denn ehrlich mit sich sind, diesen Laios-Komplex, der sich in unterschiedlichen Gewändern zeigt, als Inhalt jedoch stets das Kleinhalten oder Eliminieren des Nachwuchses aufweist.

Eng assoziiert mit dem Sichern der eigenen Einfluss-Sphären und Macht-Optionen ist bei älteren Menschen deren weltanschauliche Orientierung am Bewährten, Althergebrachten und Konservativen. Selten einmal trifft man auf altgewordene Personen, denen das Progressive und Innovative eine Herzensangelegenheit ist, und die sich auch noch im Greisenalter für Revolte und Rebellion in einem grundsätzlicheren Sinne begeistern. Bei Lear und Gloucester bemerkt man diese ideologische Ausrichtung vor allem hinsichtlich ihrer Haltung zu Fragen von Abstammung, Geschwister-Konstellation, Erbfolge und Erbrecht, Besitz, Regeln und Ritualen.

Generell lässt sich die Weltanschauung von Individuen als eine Art Widerspiegelung ihrer existentiellen Situation interpretieren. So bedeutet Altern für die Menschen auf körperlicher Ebene in der Regel Rückbildung, Schwächung und vermehrte Krankheitsanfälligkeit. Die Medizin spricht von Involution und betont, dass diese bei vielen alten Menschen sowohl auf der somatischen als auch auf der psychosozialen und geistigen Ebene stattfindet. Daneben ist Altern eine beinahe metaphysische Erfahrung; in ihm wird die Seins-Verfassung der menschlichen Existenz transparenter. Wer den Alters-

---

[23] Shakespeare: King Lear (1606), München 1997, S. 45.

prozess nicht dumpf über sich ergehen lässt, erkennt, dass es im Menschenleben Endlichkeit, Einsamkeit, Endgültigkeit gibt. Das Alter konfrontiert den Einzelnen mit dem Sterben-Müssen – das macht seine Härte und Tragik aus.

Angesichts dieser Entwicklungen berichten alte Menschen oft mals über gedrückte Stimmungen, Angst und wachsendes Minderwertigkeitsgefühl. Diese Faktoren erschweren das soziale Miteinander und verstärken die allenfalls vorhandene Ichhaftigkeit. Nicht selten werden alte Menschen skurril und eigentümlich, da sie das Gefühl ihrer Bedeutungslosigkeit mit Akzentuierung ihrer Persönlichkeit kompensieren. Sie fühlen sich in ihrer Umgebung nicht eingebettet und haben damit Grund genug, die Welt als feindselig zu empfinden – eine Eintrittspforte für Misstrauen, das sich wie bei Lear manchmal bis zur Wahnerkrankung steigern kann.

Seit jeher hat man an den alten Menschen die Charakterzüge von Geiz, Herrschsucht, kleinlicher Gesinnung und Nörgelei und des Egozentrismus beobachtet. King Lear stellt insofern keine Ausnahme dar, als man bei ihm alle diese Eigentümlichkeiten ebenfalls registrieren und zugleich als seine Antworten auf all die Frustrationen einordnen kann, die seine Töchter und sein Alter ihm zumuten.

Eine, wenn nicht die Hauptfrustration des Alters ist das Erleben von zeitlicher Limitierung, also die Reduktion der individuellen Daseinsspanne, die für viele auch bei noch so intensiver Verdrängungsarbeit spürbar wird. Die Summe des gelebten Lebens wird stetig mehr, indes die Potentialität der noch zur Verfügung und Gestaltung stehenden Zeit sich kontinuierlich (und für die meisten subjektiv immer rascher) einem Ende zuneigt. Es ist daher nachvollziehbar, wenn Hugo von Hofmannsthal der Feldmarschallin Fürstin Werdenberg, der weiblichen Hauptperson im Opern-Libretto von *Der Rosenkavalier* (1911), nachdenkliche Worte über die Zeit und das Zeiterleben im Alter in den Mund legt. Die Marschallin hat die Mitte ihres Lebens merklich überschritten, und im Kontakt mit ihrem jugendlichen Geliebten Octavian sinniert sie über ihre Situation des Älterwerdens und die verrinnende Zeit:

> » Die Zeit, die ist ein sonderbares Ding. Wenn man so hinlebt, ist sie rein gar nichts. Aber dann auf einmal, da spürt man nichts als sie; sie ist um uns herum, sie ist auch in uns drinnen. In den Gesichtern rieselt sie, im

> Spiegel da rieselt sie, in meinen Schläfen fließt sie... Manchmal hör ich sie fließen unaufhaltsam. Manchmal steh ich auf, mitten in der Nacht, und lass die Uhren alle stehen.[24]

Die Uhren stehen lassen, die verrinnende Zeit anhalten, das unweigerlich fortschreitende Altern stoppen und damit den Zeitstrahl wenn schon nicht umkehren, so doch in seiner unbarmherzigen Dynamik abschwächen – das sind oder wären Wunschvorstellungen, die sowohl bei Lear als auch bei Gloucester eine zentrale Rolle spielen. Die Kränkung für beide besteht darin, so wie alle anderen Menschen und wie alles Lebendige allgemein sterblich zu sein und den Gesetzen der Biologie zu unterliegen. Edgar, der Sohn Gloucesters, verweist jedoch darauf, als sein alter Vater (der schon einen vergeblichen Selbstmordversuch hinter sich hat) über sein „Verfaulen" grübelt: „Aushalten muss der Mensch sein Abgehn aus der Welt wie seine Ankunft: Reif sein ist alles."[25]

Was aber heißt reif sein? Bedenkt man das eben nur kurz touchierte Lebensgesetz der Zeitlichkeit, erscheint es überaus dringlich, die Spanne des Daseins möglichst intensiv zu nutzen und die gestundete Zeit der Existenz als Imperativ der persönlichen Entwicklung sowie der adäquaten Verantwortungsübernahme für Mitwelt und Kultur zu begreifen: „Mein Erbteil, wie herrlich, weit und breit. / Die Zeit ist mein Besitz, mein Acker ist die Zeit!"[26] – so hat Goethe diesen Imperativ einst in Versen ausgedrückt. Solange wir offen für die Zeit und ihre Chancen sind, können wir dem Vergangenen jeweils einen adäquaten Sinn zuschreiben; und aus der gestaltbaren Zukunft erwachsen uns Sinnmöglichkeiten des Daseins für morgen, die Dimensionen von Sinn überhaupt. Vergegenwärtigt man sich diese zeitlichen Gegebenheiten des Lebens, bedeutet menschliche Reife, so wenig Zeit wie möglich zu vertändeln oder zu vertreiben und sich stattdessen dem jeweils individuellen Aufgabenprofil der eigenen Existenz aktiv zuzuwenden.

Zu den wesentlichen, Sinn-stiftenden Aufgaben unseres Daseins zählen soziale und kulturelle Beitragsleistungen, ohne dass dadurch das Niveau und der Vollkommenheitsgrad solcher Leistungen taxiert werden soll. Im Gegen-

---

[24] Hofmannsthal, H. von: Der Rosenkavalier (1911), in: Gesammelte Werke – Dramen V – Operndichtungen, Frankfurt am Main 1979, S. 42.
[25] Shakespeare: King Lear (1606), München 1997, S. 239.
[26] Goethe, J.W. von: West-Östlicher Divan (1819/27), in: HA Band 2, München 1988, S. 52.

teil: Entscheidend ist das Ausgerichtet-Sein des Einzelnen auf jene Sinn-, Wert- und Bedeutungsgehalte, die von den Mitmenschen und ihrer Kultur ausgehen, ganz gleichgültig, ob es sich um schlichte oder grandiose Beiträge dazu handelt. Simone de Beauvoir hat in *Das Alter* (1970) auf viele dieser Gesichtspunkte eines reifen Alterungsprozesses abgehoben:

> » Wollen wir vermeiden, dass das Alter zu einer spöttischen Parodie unserer früheren Existenz wird, gibt es nur eine einzige Lösung, nämlich weiterhin Ziele zu verfolgen, die unserem Leben einen Sinn verleihen: das hingebungsvolle Tätig-Sein für Einzelne, Gruppen oder für eine Sache, Sozialarbeit, politische, geistige oder schöpferische Arbeit. Das Leben behält Wert, solange man durch Liebe, Freundschaft, Empörung oder Mitgefühl am Leben der anderen teilnimmt.[27]

Bezieht man den letzteren Satz auf König Lear oder auch Gloucester, stellt man bei beiden einen eklatanten Mangel fest: Shakespeare hat sie im Drama ohne Gattinnen, quasi als Witwer konzipiert. Über ihre früheren Ehen oder Liebesbeziehungen gibt es kaum Aufschlussreiches zu lesen, und die Beziehungen zu ihren Kindern sind am ehesten mit dem Begriff Empörung zu charakterisieren; Liebe, Freundschaft, Mitgefühl fehlen fast vollständig.

Vor allem an König Lear lässt sich zeigen, welche Konsequenzen daraus erwachsen können. Wer sich den Luxus leistet oder wen das Schicksal dazu verdammt, ohne verlässliche und anerkennende zwischenmenschliche Beziehungen leben zu wollen oder zu müssen, begibt sich in Situationen, in denen der oftmals bewusst kaum wahrnehmbare, korrigierende Einfluss der Mitmenschen fehlt. Der Korrekturfaktor Mitmensch aber ist für jeden von uns die beste Gewähr dafür, sowohl den eigenen Selbstwert stabil zu halten als auch unsere Meinungen und Urteile über die Welt mit jeweiligen Wirklichkeiten abzugleichen.

---

[27] Beauvoir, S. de: Das Alter (1970), Reinbek bei Hamburg 1993, S. 464.

Lear leistet beides nicht mehr. Sein Selbstwert ist nicht nur wegen der von ihm *ad acta* gelegten Funktion als Herrscher prekär geworden – mindestens ebenso sehr macht sich nun das Fehlen von tragfähigen, ihn emotional stabilisierenden Beziehungen bemerkbar. Seine narzisstische Bedürftigkeit darf in ihrer Maßlosigkeit als indirekt proportional zu seinem Mangel an zwischenmenschlicher Anerkennung interpretiert werden.

Darüber hinaus macht ihm dieser Mangel zunehmend im Hinblick auf die Wahrnehmung und Beurteilung seiner Umwelt zu schaffen. Seine Tochter Cordelia, den Earl of Kent, den Grafen von Gloucester – sie alle hat er verjagt, verstoßen oder verloren, und mit ihnen gingen ihm seine wichtigsten ihn korrigierenden Mitmenschen verlustig, die ihm nicht nach dem Munde redeten und ihn mit ihren eigenen Ansichten konfrontierten. In seine Wahnstimmung und Wahn-Krankheit verfällt King Lear auch, weil er (wie wir es heutzutage ausdrücken) in einer sozial-emotional-kognitiven Blase lebt, aus der er nicht mehr zur Realität durchzustoßen vermag.

Das Leben behält einen Wert, solange man durch Liebe, Freundschaft, Empörung oder Mitgefühl am Leben der anderen teilnimmt – heißt es bei Simone de Beauvoir. Dieser Gedanke touchiert das Thema und Problem des Wert-Erkennens und Wert-Verwirklichens und damit eine Thematik, die sich im Alter häufig als nur schwer realisierbare Aufgabe erweist.

Ohne hier im Detail zu klären, was Werte sind, wie man sie erkennt und wie man sie verwirklicht, lässt sich sehr allgemein feststellen, dass die Wertwahrnehmung und Wertrealisierung essentiell über Wohl und Wehe unserer Existenz entscheidet. Wer sein Dasein als sinnvoll erleben will, muss diesem (so war Goethe überzeugt) Sinn, Wert, Bedeutung verleihen und nicht darauf warten, dass ihm dergleichen von allein entgegenwächst. Dieses Verleihen ist seinerseits nur von Aussicht auf Erfolg gekrönt, wenn aktive Wertwahrnehmung und Wertrealisierung vom Einzelnen geleistet werden.

Demnach ist es grundwesentlich, über ein halbwegs differenziertes Wert-Sensorium als Voraussetzung eines als sinn- und wertvoll erlebten Daseins zu verfügen – ein solches Sensorium ermöglicht es, Wert- und Bedeutungsvolles zu empfinden und so die eigene Existenz als sinnhaft (und nicht bloß als sinnwidrig oder absurd) zu erleben. Die Rezeptoren für ein derartiges Sensorium sind einer alten Formel von Max Scheler gemäß (Fühlen heißt Wert-Erkennen) die Gefühle, nicht aber die Affekte. Wer sich über längere Zeit hinweg im Zirkel von Fühlen und Wert-Erkennen bewegt, verspürt am ehesten Sinn- und Bedeutungs-Partikel seines eigenen wie auch des Daseins der anderen.

Bei Lear und in Abstufungen bei Gloucester dominieren nun statt reichhaltig-differenzierter Gefühle eine Handvoll von Affekten, die allesamt verhindern, dass die beiden ihr Alter als eine sinn- und wertvolle Phase ihres Lebens empfinden. Angst, Ohnmacht und Unterlegenheit, Ressentiment, Ärger, Wut, Rache-Impulse, Misstrauen, Enttäuschungen sind die Haupt-Emotionen, mit denen sie sich herumschlagen, und die keineswegs dazu beitragen, dass sie der Welt einen Wert verleihen.

Es sind dies übrigens auch jene Emotionen, die bei alten Menschen gehäuft zu diagnostizieren und mit dafür verantwortlich sind, dass sie das Leben als sinnwidrige Last empfinden. Zum Ende des Daseins hin Sinn und Wert zu verspüren gelingt nur, wenn der Zirkel aus Fühlen und Wert-Erkennen noch einigermaßen intakt ist.

Einen Affekt will ich noch gesondert erwähnen, der bei Lear wie auch bei Gloucester eine wesentliche Rolle spielte: die Verzweiflung – wobei man ehrlicherweise ergänzen darf, dass die Verzweiflung auch das übrige Personal dieses Dramas mal mehr, mal weniger stark befallen hat: „Alles ist freudlos, trüb und tödlich: Die ältern Töchter brachten sich ums Leben und starben in Verzweiflung."[28] – berichtet zum Schluss des Stückes hin der Earl of Kent. Und Edmund sagt über den Hauptmann, der Lear und Cordelia im Gefängnis töten sollte:

---

» Er hat Befehl von ... mir, / Cordelia im Gefängnis zu erhängen, und / Dann der Verzweiflung alle Schuld zu geben, / Dass sie vom Leben schied.[29]

---

Was hat Verzweiflung zu bedeuten, und weshalb geraten immer wieder ältere oder alte Menschen mit diesem Affekt in Kontakt? Als Verzweiflung wird in der Regel ein Zustand großer Hoffnungslosigkeit bezeichnet, in dem der Betreffende das Schlimmste für sich oder seine Angehörigen zu befürchten hat. Niedergeschlagenheit, Resignation und der völlige Mangel an Zuversicht charakterisieren die (existentielle) Verzweiflung, die derart überhandnehmende Ausmaße annehmen kann, dass der Verzweifelte zu äußerst destruktiven Handlungen greift: Suizid oder erweiterter Suizid.

Sören Kierkegaard hat in *Die Krankheit zum Tode* (1849) eine Form der Verzweiflung beschrieben, die zwar nicht zum Suizid, wohl aber zum Ver-

---

[28] Shakespeare: King Lear (1606), München 1997, S. 263 f.
[29] Shakespeare: King Lear (1606), München 1997, S. 261.

fehlen der eigenen Persönlichkeit und Person-Werdung führt: es ist die verzweifelte Weigerung oder die verzweifelte Suche nach dem ureigenen Selbst – verzweifelt ich selbst sein wollen oder aber verzweifelt nicht ich selbst sein wollen. Beide Spielarten zeichnen sich durch Vergeblichkeit aus, die ihrerseits zu nochmals gesteigerter Verzweiflung Anlass gibt.

Im 20. Jahrhundert hat Erik Homburger Erikson, Psychoanalytiker und Entwicklungspsychologe, einen nochmals anderen Aspekt der Verzweiflung untersucht. In dem auf insgesamt acht Stadien angelegten Stufenmodell der menschlichen Entwicklung verwendete er jeweils polare Begriffspaare, um den psychosozialen wie auch existentiellen Gehalt der jeweiligen Entwicklungsstufe zu charakterisieren.

Die achte und letzte Entwicklungsphase, die sich auf das hohe und reife Erwachsenenalter bezieht und eine Definition von Reife bedeutet, ist nach Erikson von dem polaren Begriffspaar der „Integration" und „Verzweiflung" gekennzeichnet. Integration bedeutet dem Psychologen entsprechend die Haltung der Akzeptanz des eigenen Geworden-Seins; das Einverständnis mit der eigenen Biographie, so sehr sie auch von Fehlern und Irrtümern durchzogen gewesen sein mag; sowie die tapfere und nicht rebellierende Erkenntnis des eigenen kommenden Todes.

Legen ältere oder alte Menschen Derartiges an den Tag, nennen wir sie weise. Verfehlen sie hingegen diese integrierenden Qualitäten ihres Daseins und stellt sich bei ihnen übergroße Furcht vor dem Tod und der heftige Impuls ein, nochmals leben zu müssen, um endlich wirklich leben zu können, sind dies oft untrügliche Anzeichen für eine tiefgreifende, die gesamte Existenz der Betreffenden durchdringende Verzweiflung. Diese ist auch deshalb so erschütternd, weil die Möglichkeiten des Einzelnen am Ende des Lebens, nochmals entscheidende Veränderungen der eigenen Person oder der Beziehungen zu Mitmenschen und Welt herbeizuführen, naturgemäß begrenzt sind.

Für Lear und Gloucester waren sämtliche erwähnten Aspekte der Verzweiflung relevant. Für den Ersteren kommt noch hinzu, dass er allem Anschein nach auch die siebte Entwicklungsphase „Generativität versus Stagnation" weder für sich noch für seine Mitmenschen befriedigend und konstruktiv zu absolvieren verstand – ein Befund, der verständlich macht, warum er auch die darauffolgende Stufe nicht souverän gestalten konnte.

Unter Generativität verstand Erikson die Tugend, Wissen, Können, Erfahrungen, Besitz an die nachfolgende Generation mit der Haltung der vorausschauenden Fürsorge weiterzugeben. Kinder nicht nur zu zeugen, sondern sie sorgsam zu erziehen, so dass soziokulturelle Prozesse an sie tradiert und von ihnen weiterentwickelt werden können, ist der zentrale inhaltliche Topos der Generativität, die sich in materieller, emotionaler und kognitiver Generosität zu erkennen gibt.

Altersstarrsinn, Altersgeiz, Altersrechthaberei und Altersmisstrauen sind kontradiktorisch zur Generosität positioniert – Akzentuierungen einer Persönlichkeit, mit denen König Lear reichlich gesegnet war. Weil seine Identität im Hinblick auf die Generativität (ich bin, was ich zu geben bereit bin) bereits porös wirkte, stand nicht zu erwarten, dass diese Lücken in der achten Phase (ich bin, was ich mir angeeignet habe) kompensiert und überwachsen werden konnten. Seine Verzweiflung war verständlich und echt, ohne dass er sie effektiv hätte überwinden können. Und weil ihm die Integration und damit die Überwindung von Verzweiflung nicht gelingen wollte, stachelte die Letztere wiederholt seine Lebensgier an und rief die (wahnhafte) Idee wach, im An-sich-Halten von Macht, Einfluss, Besitz dem drohenden und nahenden Ende seines Daseins ausweichen und quasi ein Schnippchen schlagen zu können.

Lears narzisstische Stagnation und Verzweiflung kann als Versuch gelesen werden, ähnlich wie die Feldmarschallin Fürstin Werdenberg aus *Der Rosenkavalier* (1911) die Uhren der Existenz anhalten zu wollen. Die Stagnation ebenso wie die Verzweiflung sind Symptome einer wenn auch schlechten, so doch immerhin einer Art verlängertem Leben, das sich Lear mit viel Affekt, Magie und Zauberei in seiner Phantasie und in seinem Wahn herbeigemogelt hatte.

Ein alter Mann ist stets ein König Lear! – meinte Goethe und hat damit Shakespeares Drama als letztlich für alle Menschen relevantes Lehrstück aufgefasst. Wir alle sind mit Phänomenen wie Alterung und eventuellem Alter, also mit bewegenden Themen der *Conditio humana* konfrontiert, und jeder von uns muss dazu auf irgendeine Art und Weise Stellung beziehen – und selbst die eventuelle Weigerung, sich mit solchen Fragen auseinanderzusetzen, enthält eine Stellungnahme dazu.

Eine Strategie des Umgangs mit dem Altersprozess, die Goethe bei sich selbst kannte, ist der intensive Kontakt mit jüngeren oder zumindest junggebliebenen Menschen. Ihre oft ungetrübte Lebensfreude, Zuversicht und Energie, ihre Zukunftspläne bis hin zu ihren nicht selten jugendlichen Körpern und faltenfreieren Gesichtern halfen nicht nur Goethe oder der Feldmarschallin Fürstin Werdenberg über die tristeren Stimmungen ihres Alters hinweg – sie bedeuten auch für viele Heutige noch Möglichkeiten der (anscheinenden) Bewältigung des Alterungsgesetzes sowie eine Art Anti-Aging-Programm, mit dem man aber dem Altern, dem Alter, dem Tod zuletzt doch nicht entrinnen kann. Daneben dürfen die Älteren bedenken, dass sie mit dieser Strategie eventuell die Jüngeren funktionalisieren und als Mittel zum Zweck benutzen, ohne dass die Jüngeren derlei immer und sofort durchschauen oder sich dagegen zur Wehr setzen können; auch dieser Gesichtspunkt war Goethe nicht fremd:

> » Ein alter Mann ist stets ein König Lear! / Was Hand in Hand mitwirkte, stritt, / ist längst vorbeigegangen; / was mit und an dir liebte, litt, / hat sich woanders angehangen. / Die Jugend ist um ihretwillen hier; / es wäre töricht zu verlangen: / Komm, ältele du mit mir.[30]

Nicht nur wäre es töricht, von Jüngeren zu fordern, sie sollen mit den Älteren altern. Ebenso widersinnig erscheint es, sie mit jenem Thema zu beschweren, das am Ende des Alterungsprozesses steht, und das jedem von uns als je eigene Aufgabe anvertraut ist, ohne dass wir sie tatsächlich teilen könnten: das Sterben.

Die beiden Alten, Lear und Gloucester, sterben in *King Lear* eines – wenn auch emotional mitinduzierten – natürlichen Todes; die anderen (toten) Dramenfiguren kommen aufgrund von Duellen, Suizid, Mord oder Totschlag ums Leben. Bei Lear und Gloucester hingegen stellt sich der Tod als etwas Folgerichtiges sowie von ihrem Alter her als etwas nicht Überraschendes ein. Das Sterben von Lear wurde von Shakespeare auf kunstvolle Art dargestellt, die auf mythologische Motive und Anspielungen zurückgreift. Zumindest war dies die Überzeugung von Sigmund Freud, der in seiner Abhandlung *Das Motiv der Kästchenwahl* (1913) darüber nachdachte, welch tieferer, mythologisch vermittelter Sinn in der im ersten Akt stattgehabten fatalen Fehlentscheidung Lears wohl liegen mochte: Er wählte Goneril und Regan, nicht aber Cordelia als seine Erbinnen.

Freud verglich diese Wahl Lears mit ähnlichen Situationen aus der Literatur, den Märchen und Mythen und meinte, dass in der Regel jene Alternativen (Kästchen) von den Betreffenden gewählt werden, die als silbern oder golden imponieren (z. B. Goneril, Regan), nicht aber jene, von

---

[30] Goethe: Zahme Xenien (1827), in: Gedichte (Ausgabe letzter Hand), http://www.zeno.org/Literatur/M/Goethe.

denen etwas Bleiern-Stummes (Cordelia) ausgeht. Letzteres erinnere und gemahne unwillkürlich an den Tod, und diese Thematik versuche jeder möglichst lange von sich fern zu halten:

> » Lear ist ein alter Mann. Lear ist aber nicht nur ein Alter, sondern auch ein Sterbender. Dieser dem Tode Verfallene will aber auf die Liebe des Weibes nicht verzichten, er will hören, wie sehr er geliebt wird. Nun denke man an die erschütternde letzte Szene, einen der Höhepunkte der Tragik im modernen Drama: Lear trägt den Leichnam der Cordelia auf die Bühne. Cordelia ist der Tod. Wenn man die Situation umkehrt, wird sie uns verständlich und vertraut. Es ist die Todesgöttin, die den verstorbenen Helden vom Kampfplatze wegträgt, wie die Walküre in der deutschen Mythologie. Ewige Weisheit im Gewand des uralten Mythus rät dem alten Manne, der Liebe zu entsagen, den Tod zu wählen, sich mit der Notwendigkeit des Sterbens zu befreunden.[31]

Manche Shakespeare-Experten (so zum Beispiel Harold Bloom[32]) sind der Meinung, man solle *King Lear* lesen, aber nicht auf der Bühne erleben, da die meisten Inszenierungen darunter leiden, keine für die Figuren von Lear oder Gloucester adäquaten Schauspieler zur Verfügung zu haben. Die zur Debatte stehenden Themen seien derart existentiell, dass sie zwar eventuell durch wiederholte Lektüre erfasst, von durchschnittlichen Mimen jedoch kaum je in ihren anthropologischen Dimensionen vollgültig zur Darstellung gebracht werden können.

---

[31] Freud, S.: Das Motiv der Kästchenwahl (1913), in: GW X, Frankfurt am Main 1988, S. 36.
[32] siehe hierzu Bloom, H.: Shakespeare – Die Erfindung des Menschlichen (1998), Berlin 2000, S. 695 f.

An dieser Stelle will ich mich mit meinem Urteil über Schauspieler merklich zurückhalten (ich kenne mich in diesem Genre viel zu wenig aus) und nur am Rande zu bedenken geben, ob etwa Klaus-Maria Brandauer oder Gert Voss in den letzten Jahrzehnten nicht doch halbwegs passable deutschsprachige Interpretationen der King Lear-Figur zustande gebracht haben. Worin ich aber mit Experten wie Harold Bloom übereinstimme, ist dessen Hoch- und Wertschätzung von *King Lear* als eines Dramentextes, den man vor allem wegen seiner die *Conditio humana* widerspiegelnden Tiefe mit literarischen Kunstwerken wie der *Odyssee,* Dantes *Göttlicher Komödie* oder Goethes *Faust* auf einer Stufe ansiedeln darf.

Ich habe mich lediglich auf einen einzigen, anthropologisch relevanten Gesichtspunkt des Dramas – das Altern und das Alter – beschränkt. Mit ebenso großem Recht lassen sich auch völlig andere Interpretations-Aspekte des Stückes heranziehen, und mit ebenso großer Aussicht auf Erfolg könnte man an ihm – wie es der Übersetzer Frank Günther in seinem Essay *Vom Sprechen und Schweigen des Textes oder Die ontologische Klamotte*[33] gezeigt hat – die Sprache in den Mittelpunkt einer literarischen Untersuchung stellen. Auf *King Lear* trifft zu, was man sonst über Individuen sagt: das Stück ist *ineffabile,* also unausschöpfbar.

## Literatur

Beauvoir, S. de: Das Alter (1970). Reinbek bei Hamburg (1993)
Bloom, H.: Shakespeare – Die Erfindung des Menschlichen (1998). Berlin (2000)
Ebner-Eschenbach, M.: Aphorismen, in: Das Gemeindekind / Novellen / Aphorismen. München (1978)
Goethe, J.W. von: Zahme Xenien (1827). In: Gedichte (Ausgabe letzter Hand). http://www.zeno.org/Literatur/M/Goethe
Goethe, J.W. von: West-Östlicher Diwan (1819/27). In: HA, Bd. 2. München (1988)
Günther, F.: Vom Sprechen und Schweigen des Textes oder Die ontologische Klamotte. In: Shakespeare: König Lear. München (1997)
Hofmannsthal, H. von: Der Rosenkavalier (1911). In: Gesammelte Werke – Dramen V – Operndichtungen. Frankfurt a. M. (1979)
Kott, J.: König Lear oder das Endspiel. In: Shakespeare heute (1965). Berlin (1989)
Shakespeare: King Lear (1606). München (1997)

---

[33] Günther, F.: Vom Sprechen und Schweigen des Textes oder Die ontologische Klamotte, in: Shakespeare: König Lear, München 1997, S. 269 ff.

# 7

# Richard III. – Das personifizierte Böse?

Der Mann hatte und hat bis auf den heutigen Tag eine denkbar schlechte Presse: Krüppel auf dem Königsthron; ausgemachter Bösewicht; Schurke; skrupelloser Machtmensch; gewissenloser Meuchelmörder und destruktiver Nihilist; verderbter Charakter; Schwerverbrecher. Was – so dürfen wir uns fragen – mag Shakespeare veranlasst haben, sich mit diesem Lumpen *par excellence* zu befassen und ihm ein eigenes Drama zu widmen? Oder hat Shakespeare aus der historischen Gestalt Richard III. – zugegeben keine glückhafte Herrscherfigur – lediglich für seine theatralisch-dramatischen Bedürfnisse jenen dämonischen Unmenschen erwachsen lassen, als der er seit über vier Jahrhunderten gehandelt wird? Und warum rechnet man bei all den Toten und aller Tragik von *König Richard III.* das Stück zu den Historien und nicht zu den Tragödien?

Beginnen wir mit der letzten Frage. Shakespeare war ein Autor, der den Publikumsgeschmack ziemlich genau erfassen und entsprechende Dramen schreiben konnte. Nachdem 1588 die spanische Armada der englischen Flotte mit ihrem Vize-Admiral und Freibeuter Sir Francis Drake unterlegen und damit der Angriff von Philipp II. auf den englischen Thron (Elisabeth I.) gescheitert war, kam es auf der britischen Insel zu einem nationalistischen Taumel sondergleichen. In der Folge wollte das Theater-Publikum keine Dramen-Sujets aus der griechischen oder römischen Mythologie mehr sehen – es bevorzugte jene Stücke, in denen die ruhmreiche (!) englische Geschichte mit ihren Helden im Mittelpunkt standen.

Und Shakespeare schwenkte auf diese Vorlieben ein. In den 90er Jahren verfasste er im Rückgriff auf die englische Geschichte der früheren

Jahrhunderte zwei Tetralogien, die nach den Namen jeweiliger Herrscher-Familien als Lancaster- und als York-Tetralogien bezeichnet wurden; das Drama über Richard III. gehört zu der letzteren Tetralogie. Neben diesen acht Stücken der beiden Tetralogien schrieb Shakespeare noch zwei weitere Dramen über *King John* (1595) sowie über *Heinrich VIII.* (1612), so dass insgesamt zehn Historien aus seiner Feder erhalten sind.

Obwohl Shakespeare in seinen Historien ausgesprochen tragische Ereignisketten verhandelte – allein die heftigen Auseinandersetzungen der beiden rivalisierenden Adelshäuser der Lancaster und der York (von Historikern als Rosenkriege bezeichnet, da die Wappen der gegnerischen Familien entweder eine weiße oder eine rote Rose enthielten) forderte Dutzende von Toten –, spricht man bei diesen Stücken aufgrund ihrer relativ engen Anlehnung an die tatsächlichen geschichtlichen Verhältnisse nicht von Tragödien, sondern von *history plays* oder von *chronicle plays*, also von Historien oder Chroniken. Damit fand das Tragisch-Dramatische seinen Stoff nicht mehr wie früher in den Mythen, sondern in den geschichtlichen Ereignisketten der Vergangenheit.

Die Lebensdaten des realen Richard III. (1452–1485) fallen ins 15. Jahrhundert, und die beiden Tetralogien mit ihren insgesamt acht Dramen umfassen einen Zeitraum von etwa einem Jahrhundert – Richard III. bildet dabei den Abschluss. Das Stück *King John* – König Johann, bekannt als Johann Ohne-Land (1167–1216) – spielt etwa zweihundert Jahre früher; das Drama über Heinrich VIII. (1491–1547) reicht am nächsten in die Jetzt-Zeit von Shakespeare. Seine unmittelbare Gegenwart und die jüngste Historie hat der Dichter wohlweislich nicht als Drameninhalt bearbeitet – wer weiß, wie etwa die Königin Elisabeth I. auf eventuell sie selbst dekuvrierende Theaterszenen reagiert hätte.

König Richards Biographie lag einerseits weit genug zurück, um nicht als direkter Vergleich mit den Herrschern kurz vor oder nach 1600 infrage zu kommen. Andererseits bedeuteten seine Herrschaft und sein früher Tod eine überaus entscheidende Weichenstellung für die englische Thronfolge: Nach ihm entstammten die englischen Könige bis zu Elisabeth I. (1533–1603; als Königin herrschte sie fast ein halbes Jahrhundert von 1558 bis 1603) dem walisischen Adelshaus der Tudors und nicht mehr demjenigen der Plantagenets (die Häuser der York und Lancaster waren jeweils Nebenlinien der Plantagenets).

In seiner Kindheit und Jugend hatte Richard die tragischen Folgen der Rosenkriege erlebt: Sowohl sein Vater als auch sein älterer Bruder Edmund wurden Opfer der kriegerischen Auseinandersetzungen zwischen den beiden Adelshäusern. Er selbst geriet in die Obhut eines Earl, der als Königsmacher galt und dafür sorgte, dass Eduard (ebenfalls ein älterer Bruder von Richard) als König Eduard IV. an die Macht kam.

Auch die Jahre nach der Krönung von Eduard IV. waren keinesfalls von politischer Stabilität geprägt – im Gegenteil: Immer wieder gab es Streitigkeiten vor allem mit Richards Bruder George, der zwischenzeitlich mit dem Hause Lancaster sympathisierte, und der es sich nach und nach auch mit Eduard derart verscherzte, dass dieser gegen ihn ein Todesurteil erwirkte. Immerhin kam der Letztere seinem Bruder insoweit entgegen, als er ihm erlaubte, sich seine Todesart selbst aussuchen zu dürfen. Angeblich wählte George daraufhin das Ertränkt-Werden in einem Fass Malvasier-Wein, was durchaus für seinen recht guten Geschmack sprach – die Rebsorte Malvasier gab lange Zeit den Wein der Könige ab.

1483 starb nach kurzer Krankheit überraschend Eduard IV. Er hinterließ zwei Söhne, den zwölfjährigen Eduard sowie den neunjährigen Richard, und eine Tochter. Vor seinem Tod hatte Eduard seinen Bruder Richard als Vormund für die Söhne vorgesehen; bis zu ihrer Volljährigkeit sollte Richard das Land regieren.

Nach dem Ableben Eduards IV. kam es jedoch zu keiner geregelten Machtübergabe. Es bildeten sich zwei Fraktionen, die sich gegenseitig die Herrschaft streitig machten: Eine Fraktion scharte sich hinter Richard, wohingegen sich die andere Fraktion um die Witwe des Königs, Elizabeth Woodville, herum bildete. Beide Gruppierungen waren durchaus bereit, die Mitglieder der jeweiligen anderen zu desavouieren und zu eliminieren.

Schlussendlich wurden der Lordkanzler William Hastings und noch drei weitere hohe Beamte aus der Woodville-Gruppe hingerichtet. Außerdem streute der Bischof Robert Stillington das Gerücht, dass die beiden Söhne von Eduard IV. und seiner Gattin Elizabeth illegitim waren, da sich Eduard schon vor seine Eheschließung mit einer anderen Frau verlobt hatte – für eine Regentschaft kamen die beiden Prinzen Eduards IV. also nicht mehr in Betracht.

In dieser verfahrenen Situation entschied das englische Parlament im Sommer 1483, dass Richard III. zum König gekrönt werden sollte; die beiden Söhne Eduards IV. verblieben im Londoner Tower, der seinerzeit als Residenz ebenso wie als Gefängnis und Hinrichtungsstätte diente. Ab dem Spätsommer waren beide Prinzen verschwunden; man vermutete, dass sie (auf Richards Geheiß?) ermordet worden waren.

Verheiratet war Richard mit Anne Neville, der Witwe von Edward, dem Prinzen von Wales, der bereits ein Jahr nach deren Eheschließung in einer Schlacht ums Leben gekommen war. Zusammen mit Anne hatte Richard den gemeinsamen Sohn Edward, der allerdings schon als Knabe verstarb; ein

Jahr nach dessen Tod starb auch Anne, wahrscheinlich war sie Tuberkulosekrank gewesen.

Inwiefern Richard III. die turbulenten Veränderungen nach dem Tod seines Bruders Eduard aktiv herbeigeführt hat, ist bis zum heutigen Tage nicht geklärt. Allerdings ist gesichert, dass er sofort nach seiner Krönung ehemalige Parteigänger der Woodville-Gruppe aus den wichtigen Ämtern des Königsreichs entfernen und den Duke of Buckingham, einen seiner früheren Vertrauten, zügig hinrichten ließ. Für die damaligen politischen Verhältnisse in England bedeuteten derartige Aktionen jedoch in keiner Weise eine Ausnahme; vielmehr bestätigten sie die Diagnose, dass sich die Monarchie seinerzeit in einer mächtigen Krise befand.

Die Regentschaft Richard III. hatte nur knapp zwei Jahre Bestand. Im Sommer 1485 landete ein Invasionsheer, gebildet aus walisischen und französischen Truppen unter der Führung Heinrichs, des Earl of Richmond aus dem walisischen Adelsgeschlecht der Tudors, in Milford Haven (einem Ort im Südwesten von Wales). In der Schlacht von Bosworth Field (über einhundert Kilometer nordwestlich von London gelegen) unterlag Richard seinem Kontrahenten Heinrich, nachdem ein Verbündeter des Königs (Sir William Stanley) überraschend während der Schlacht die Seiten wechselte und zu Heinrich, dem Earl of Richmond überlief. Richard III. wurde von dem walisischen Adeligen Rhys ap Thomas hinterrücks mit einer Streitaxt erschlagen.

In der Folge gelangte Heinrich VII. an die Macht, und mit ihm wurde die Zeit des Tudor-Königtums eröffnet, das bis 1603, also bis zum Tod der Königin Elisabeth I. von England, andauerte. Die Leiche Richards wurde geschändet und nackt in einem Wirtshaus ausgestellt – das Haus York mit seinem letzten König war für alle sichtbar an sein Ende gekommen.

Vor einigen Jahren (2012) wurden bei Ausgrabungen in Leicester in Mittelengland die Überreste einer Leiche gefunden, die inzwischen ganz zweifelsfrei als die Gebeine von Richard III. identifiziert werden konnten. Anhand raffinierter Nachweismethoden konnte man zeigen, dass Richard in den letzten Jahren seines Lebens viel Wildfleisch und entsprechend viel Wein konsumiert haben musste. Viel interessanter aber war der Befund, dass sich die von Biographen beschriebene Organminderwertigkeit des Königs (merkliche Buckelbildung) an erhalten gebliebenen Skelett-Teilen bestätigte: Richard III. litt an einer massiven Skoliose, die sich bei ihm ab etwa dem zehnten Lebensjahr ausgebildet haben dürfte.

Soweit die historischen Begebenheiten, die Shakespeare als Folie und Matrix für sein Drama verwendete, und anhand derer er ein Theaterstück komponierte, dessen Inhalt man auch mit der Überschrift hätte versehen können: *Zur Psychologie des Demagogen, Despoten und Tyrannen.* Der Dichter veränderte die biographischen Daten der historischen Figur von Richard III. geschickt, um an seiner Dramengestalt jene anthropologischen und psychologischen Merkmale aufzuzeigen, die seiner Meinung nach an demagogisch-tyrannischen Herrschern fast regelhaft zu beobachten sind. Zusammen mit ihren Lakaien, Speichelleckern, Opportunisten, Mitläufern hinterlassen solche Herrscher eine nicht selten erschreckend lange und eklig-brutale Blut- und Tränenspur.

Aus dem tatsächlich gewesenen Richard III. wurde so eine Gestalt mit paradigmatischen und stereotypischen Eigenschaften, anhand derer wir auch noch im 21. Jahrhundert viele jener psychosozialen Dynamiken und Mechanismen studieren können, die den meisten autoritativ bis hin zu tyrannisch agierenden Herrschern und Politikern innewohnen. *Richard III.* ist eine Art Lehrgedicht in politischer Anthropologie und eine Psychologie des Diktators und Gewaltherrschers, zwar in Reimen verfasst, dafür aber um vieles eindrücklicher als die allermeisten Kapitel in den einschlägigen politpsychologischen Folianten und universitären Curricula.

In seinem Schauspiel hat Shakespeare die Lebensgeschichte und den Charakter Richards insofern noch ergänzt und radikalisiert, als er dem König ein immens hohes Maß an Inhumanität und Brutalität und Unbarmherzigkeit auf den Leib schneiderte. So entstand jenes Bild von Richard III., das ihn uns bis auf den heutigen Tag als Inbegriff des seelenlosen und zu jeglicher Gewalttat bereiten Herrschers erscheinen lässt. Nicht der reale König Richard III., den viele Briten inzwischen mit einiger Sympathie betrachten, sondern dessen theatralisch-dramatische Überformung bei Shakespeare eignet sich als polit-pädagogisches Exempel, an dem uns der Dichter die Strukturelemente von Demagogen, Diktatoren, Tyrannen demonstrierte.

Welche Merkmale tauchen nun bei Richard III. auf, von denen wir auch heute noch zugeben müssen, dass sie – wohlgemerkt nur als Gebräu, in einem bestimmten Mischungsverhältnis – einen „formidablen", weil zu fast allen Schand- und Gewalttaten bereiten Potentaten ergeben? Und welche Dynamik zwischen dem Demagogen und seinem Publikum trägt dazu bei, dass die Spirale der Inhumanität sich dabei immer weiterdreht?

Eine erste, nicht zu unterschätzende Voraussetzung für all jene, die später als gewaltbereit-diktatorisch agierende Herrscher auftreten, besteht in deren meistens massiv ausgeprägten Minderwertigkeitskomplexen. Dieser von Alfred Adler und der Individualpsychologie herkommende Begriff besagt, dass sich die Betreffenden aufgrund realer oder auch imaginärer Defizite – gleichgültig, ob körperlicher, psychosozialer oder geistiger Natur – klein, unterlegen, ohnmächtig und somit inferior erleben. Je ausgeprägter dieses

Gefühl der Minderwertigkeit empfunden wird, umso entschiedener und rabiater bilden sich Tendenzen eines kompensatorischen Überlegenheitsstrebens und der Größenideen aus. Das körperliche Defizit Richards wurde ebenso wie dessen Impulse der Kompensation von Shakespeare eindrücklich beschrieben. Ein Monolog des zukünftigen Königs schon im ersten Akt lässt keine Zweifel mehr hinsichtlich seiner Minderwertigkeitsgefühle, vor allem aber auch hinsichtlich seiner Strategie, diese zu kompensieren:

> » Doch ich, nicht recht gebaut für Körperkünste, / Noch fürs Hofiern verliebter Spiegel gut; / Ich, grob geprägt und ohne Liebesmajestät / Zum Rumstolziern vor geil sich ziernden Nymphen: / Ich, um das schöne Ebenmaß kastriert, / Geprellt ums Äußre durch Betrügerin Natur, / Entstellt, unfertig, vor der Zeit geschickt / Ins Atmen dieser Welt, kaum halb gegart – / Und das so lahm und ungestalt, dass mir / Die Hunde nachbelln, hink ich wo vorbei – / … Und drum, weil ich nicht gehn kann als Verliebter / Zur Ausgestaltung der schön redefrohen Zeit, / Bin ich entschlossen und geh vor als Schurke / Und hass die eitlen Freuden dieser Zeit.[1]

Weil er sich aufgrund seiner körperlichen Missgestalt (massive Skoliose) in keiner Weise als einen vollwertigen Mann und schon gar nicht als einen würdevollen Adeligen oder galanten Liebhaber empfand, verlegte er sich kompensatorisch aufs schiere Gegenteil: Wenn nicht galant, dann grob; wenn nicht würdevoll, dann eben würdelos; wenn nicht Werte achtend und schaffend, dann Werte vernichtend; wenn nicht liebend, dann bodenlos, abgrundtief hassend. Womöglich würde er so sich und der Welt beweisen können, dass in ihm, dem Krüppel und der missgestalteten Frühgeburt, ein ganzer Mann, ja sogar ein Übermann verborgen war.

---

[1] Shakespeare: König Richard III. (1592), München 2009, S. 11 f.

Vergleicht man dieses Lebensmotto, das Shakespeare seinem Richard in den Mund gelegt hat, mit den jeweiligen Existenzbedingungen und Daseinsentwürfen real existierender oder verstorbener Diktatoren und Tyrannen, sind die Parallelen frappant. Begonnen bei der (relativ) kleinen Körperhöhe eines Napoleon über den verkrüppelten Arm Wilhelms II. bis hin zur völlig verkorksten Künstlerkarriere eines Adolf Hitlers, der toten Seele eines Josef Stalins (sie wurde ihm schon als Kind abgetötet) oder eines Friedrich II. (sie wurde ihm als Jugendlicher zermalmt) reichen die biomedizinischen und psychosozialen Defizite, Minderwertigkeitskomplexe und lebenslang anhaltenden Stacheln für Kompensationsbestrebungen von Staatsmännern, Herrschern und Tyrannen, die sich als Kriegstreiber oder Massenmörder in die Fußnoten der Geschichtsbücher (dorthin, und nur dorthin gehören sie) eingeschrieben haben.

Bereits die nächste Szene im ersten Akt demonstriert einen weiteren Zug Richards, den auch heutige Potentaten oftmals zeigen: Sie nehmen sich sehr ungeniert, scham- und gewissenlos, was ihnen begegnet und von dem sie meinen, es könnte sie für eine kleine Weile amüsieren.

Das sächliche Es ist hier ganz mit Bedacht gewählt. In der Regel sind es Menschen, Frauen und Männer, welche den Weg eines Diktators kreuzen, und die in ihm Impulse der Begierde und des Benutzens auslösen. Häufig handelt es sich um sexualisierte Gewalt, die sich nicht nur als Belästigung oder Obszönität niederschlägt, sondern die die Frauen (sowie seltener auch Männer) zu puren Objekten, Fleischbündeln, Lustmaschinen, lebendigen Puppen macht. Das Du, der andere wird zum Es degradiert, entwertet, zur Sache herabgesetzt, als ein Erinnerungsstück in die Ecke gestellt oder wie die Schmetterlinge und Insekten eines Entomologen in einer entsprechenden Sammlung aufgespießt.

So trifft Richard etwa auf Lady Anna, Witwe von Edward, dem Prinzen von Wales, und Tochter von Heinrich VI., der gerade zu Grabe getragen wird. Beide Männer, den Vater von Lady Anna ebenso wie ihren Gemahl, hat (bei Shakespeare) Richard auf dem Gewissen – Taten, die er stolz und unumwunden ihr gegenüber zugibt, ohne auch nur den Anflug von Reue zu zeigen. Im Gegenteil: Noch während sich der Leichenzug in Bewegung setzt, beginnt Richard, der ein Auge auf die schöne Witwe geworfen hat, mit aggressiver Laszivität und geheuchelten Liebesschwüren um Lady Anna zu „werben".

Anfänglich reagiert die um ihren Mann und ihren Vater Trauernde mit ungläubiger Abscheu. Hasserfüllt spuckt sie Richard ins Gesicht – und lässt sich in der Folge doch auf ein Gespräch mit ihm ein, das er derart geschickt und sentimental anrührend führt, dass ihr Widerstand und ihre Hassaffekte ihm gegenüber weniger werden. Zuletzt kniet Richard vor ihr nieder und fordert sie pathetisch auf, ihn doch mit einem Schwert zu töten – um sogleich mit seiner Suada fortzufahren:

> » Nein, zöger nicht: denn ich bracht König Heinrich um – / Doch s'war dein Liebreiz, der mich dazu trieb. / Nein, stich jetzt zu: Ich war's, der Edward jung erstach – / Doch s'war dein Himmelsantlitz, das mich's hieß.[2]

Lady Anna lässt das Schwert sinken, und wenige Strophen weiter ist sie sogar bereit, von Richard einen Ring in Empfang zu nehmen – einen Ring, den sie als Zeichen seiner Reue fehlinterpretiert. Richard hingegen ist hin und weg von seinen Überredungs- und Verstellungskünsten und fühlt sich an einem neuen Etappenziel auf dem Weg zur Macht angelangt. Er spürt das Diabolische in ihm, das es ihm ganz offenkundig erlaubt, selbst jene Menschen für sich zu gewinnen und sie sich untertänig, gefügig zu machen, denen er unermessliches Leid zugefügt hat. Enorm stolz auf sich selbst, wird er Lady Anna ebenso wie seine vielen anderen Opfer auch weiterhin verachten. Ihm liegt (als „dreckwühlend Schwein", wie Königin Margaret, die Witwe von König Heinrich VI., ihn nennt) lediglich an der Eroberung, nicht aber an der Beziehung oder gar der Liebe dieser Frau:

> » Wurd je ein Weib in solchem Sinn geworben? / Wurd je ein Weib in solchem Sinn gewonnen? / Ich will sie haben, doch behalten nicht so lang. / Was, ich, der ihren Mann und Vater totschlug, / Sie nehmen, wenn ihr Herz am tiefsten hasst, / Den Mund voll Flüchen, Augen voller Tränen, / Blutend der Zeuge dieses Hasses dort, / Gott, ihr Gewissen, all das gegen mich – / Und ich hab nichts, um mein

---

[2] Shakespeare: König Richard III. (1592), München 2009, S. 37.

Gesuch zu stützen, / Als schlicht den Teufel und den Heuchlerblick – / Und dennoch sie gewinnen, alles gegen nichts! / Ha!³

Wer nun meint, dass Shakespeare mit dieser dramatischen Volte womöglich stark übertrieben hat, indem er den Mörder ihres Gatten zum Liebhaber der Witwe Anna werden ließ, ist mit der Psychologie des demagogischen Tyrannen und von dessen Publikum noch nicht vertraut genug. So sehr sich Diktatoren ihren Opfern, Untergebenen und Anhängern gegenüber häufig als inhuman, entwertend und zutiefst destruktiv gebärden, so sehr scheint ihnen ein Großteil dieser Benachteiligten und Geschundenen nicht nur zu verzeihen, sondern sich trotz aller Demütigungen letztlich auf ihre Seite zu schlagen. Was liegt da vor?

In der Sozialpsychologie kennt man schon seit etlichen Jahrzehnten das Phänomen der Identifikation mit dem Aggressor. Menschen identifizieren sich mit oftmals brutalsten Tätern und ihren Machenschaften sogar dann, wenn sich deren Taten direkt gegen die Betreffenden selbst richten. Diese Reaktion auf Attacken gegen die eigene Person wird verständlich, wenn man sich die enorme Ohnmacht und Hilflosigkeit vor Augen führt, in die manche Opfer aufgrund der Aggressivität ihrer Täter geraten; nicht selten signalisiert diese Ohnmacht die Gefahr des Ausgelöscht-Werdens.

Eine Identifikation des Opfers mit dem Aggressor bewirkt immerhin eine emotionale Linderung der massiven Ängste vor dem Vernichtet- und Verdinglicht-Werden. Identifizierungsprozesse ermöglichen dem Opfer die Annäherung an den übermächtigen Täter, eine Art Teilhabe an seiner Macht sowie die hypothetische Vorstellung einer – wenn auch geringen – Beeinflussung des eigenen Schicksals. Aus vielen Untersuchungen zur Viktimologie ist bekannt, dass damit die Chancen für ein Überleben und Ausharren von Opfern selbst in manch aussichtslos scheinenden Situationen vergrößert werden. Diese Identifikation kann sogar – wie bei Shakespeare angedeutet – bis hin zur sexuellen Erregung reichen:

» Angesichts des Ungeheuers verletzlich und machtlos, hat Anne praktisch keine Wahl.

---

³ Shakespeare: König Richard III. (1592), München 2009, S. 41.

> Sie kann aber auch, trotz ihres Ekels und der Angst vor Richard, seltsam fasziniert von ihm erscheinen, irgendwie erregt, selbst während sie sich höchst aggressive Wortwechsel mit ihm liefert.[4]

Auf einen nochmals ganz anderen Aspekt der Identifikation des Publikums oder zumindest eines Teils davon mit einem verbrecherischen Despoten hob im Zusammenhang mit *Richard III.* Sigmund Freud ab. Dabei bezog er sich auf den Eingangsmonolog Richards, in dem er sich als von der Natur Benachteiligten charakterisiert. Zugleich (so Freud) gelingt es dem Autor mit diesen Strophen, von vorneherein eine Art Pakt zwischen dem zukünftigen Schwerverbrecher und dem Leser oder Zuschauer zu bilden, bei dem es sich letztlich ebenfalls um identifizierende Prozesse handelt.

Freud betonte, dass uns als Publikum allein die bloße Ankündigung der Hauptperson, die nächsten Akte als Bösewicht aufzutreten, nur schwerlich mit Sympathie oder Beifall reagieren lassen würde. Und auch der Verweis Richards auf die Langeweile seines Daseins, die ohne Liebeständeleien entstünde, und die er lieber mit der ein oder anderen Bosheit zu verjagen gedenkt, überzeugt uns als unbeteiligte Leser oder Zuschauer nicht.

In Richards Monolog wie in das gesamte Stück ist Freud zufolge jedoch noch ein wesentlich anderes Motiv mit investiert, das die meisten von uns mit großer identifizierender Zustimmung beantworten: Es ist dies die Überzeugung Richards, aufgrund seines missgestalteten Körpers und des großen Unrechts, das die Natur an ihm begangen hat, ein Anrecht auf Entschädigung und Wiedergutmachung zu haben – eine Entschädigung, von der er gewillt ist, sich bei Bedarf rücksichtslos zu organisieren:

> » Ich darf selbst Unrecht tun, denn an mir ist Unrecht geschehen, – und nun fühlen wir, dass wir selbst so werden könnten wie Richard, ja dass wir es im kleinen Maßstabe bereits sind. Richard ist eine gigantische

---

[4] Greenblatt, St.: Der Tyrann – Shakespeares Machtkunde für das 21. Jahrhundert (2018), München 2019, S. 94.

Vergrößerung dieser einen Seite, die wir auch in uns finden. Wir glauben allen Grund zu haben, dass wir mit Natur und Schicksal wegen kongenitaler und infantiler Benachteiligung grollen; wir fordern Entschädigung für frühzeitige Kränkungen unseres Narzissmus, unserer Eigenliebe.[5]

Vor allem jene, die sich aus welchen Gründen auch immer als verkürzt und benachteiligt empfinden und die daher ein entsprechendes Ressentiment entwickelt haben, sind für derlei Identifikations-Dynamik prädestiniert. Die Autokraten und Gewaltherrscher unserer Gegenwart, die sich ähnlich wie Richard schamlos jenseits von Anstand und Gesetz bewegen und sich all das holen, was ihnen als Ausnahmemenschen angeblich schon seit ihrer Kindheit zusteht, erhalten zum Teil millionenfache Zustimmung für ihre offen zur Schau getragenen Unverschämtheiten; und diese millionenfache Zustimmung bedeutet übersetzt so viel wie:

Wir, die Verkürzten und Zurückgesetzten des Landes, identifizieren uns uneingeschränkt mit unserem Führer oder Diktator. Stellvertretend für uns holt er sich, was ihm und uns zusteht – und sei es, dass er dabei das eine oder andere Gesetz übertreten und das Recht brechen oder beugen muss; und sei es, dass er dabei uns selbst und unsere Frauen und Kinder nicht schont. Je ungestümer und entschiedener er die etablierten Normen, Werte, Traditionen missachtet und als Makulatur behandelt, umso eher rehabilitiert er sich und uns, seine und unsere Selbstachtung und Ehre, seinen und unseren Stolz.

In *Richard III.* untersuchte Shakespeare nun nicht nur einen ungeheuer destruktiven König, sondern auch (wie eben gezeigt) sein Publikum sowie sein näheres und ferneres persönliches Umfeld. Richard ist ein Ausbund von Falschheit, Boshaftigkeit und Hass – wohl wahr; aber die Yorks und Lancasters, die Lord Hastings (Oberkämmerer) und Rivers und Greys, der Herzog von Buckingham und Stanley Graf von Derby, Sir William Catesby, Sir Richard Ratcliffe, ja selbst die Königinnen Margarete (die Witwe des Königs Heinrich VI.) und Elisabeth (Gemahlin des Königs Edward IV.)

---

[5] Freud, S.: Einige Charaktertypen aus der psychoanalytischen Arbeit (1915), in: GW X, Frankfurt am Main 1999, S. 369.

haben ebenfalls Dreck am Stecken und sind in ein dichtes, vielfach kaum zu entwirrendes Geflecht von Abhängigkeiten und Verdrängung und nicht kommunizierter Schuld verstrickt.

Ich möchte nicht missverstanden werden: Die Verfehlungen aller dieser Personen sind im Vergleich mit den verbrecherischen Handlungen Richards in der Regel Petitessen und bewegen sich zumeist auf einem ganz anderen, weil viel niedrigeren Niveau der kriminellen Energie und des Menschenhasses. Dennoch begünstigen sie Richards anscheinend unaufhaltsamen Aufstieg zur Macht – eine Entwicklung, die dreieinhalb Jahrhunderte nach Shakespeare von Bertolt Brecht (1898–1956) in dessen Stück *Der aufhaltsame Aufstieg des Arturo Ui* (1941[6]) nacherzählt wurde.

Bei Shakespeare wie bei Brecht braucht es den zu maßlosen Aggressionen neigenden zukünftigen Tyrannen, der sich gewaltsam nach oben an die Herrschaft bewegen will. Es braucht aber wie bei Richard III. oder bei Arturo Ui (Adolf Hitler) auch ein dazu korrespondierendes Umfeld und den Zufall vieler zwischenmenschlicher Kontakte, damit aus dem zumeist wirren, narzisstisch in seinem Selbstwert schwer gestörten Individuum ein gefürchteter und blutrünstiger Diktator wird.

Eine Ahnung von den Machinationen einzelner Figuren um Richard herum erhält man zu Beginn des zweiten Akts. Der kranke, todgeweihte König Edward ruft die Granden seines Reiches zu sich, um vor seinem baldigen Ableben zwischen ihnen noch jenen Frieden zu stiften, den sie aufgrund von Animositäten und Familienfehden aller Art so schmerzlich vermissen ließen: „Ihr wart parteiisch, jeder gegen jeden."[7] – so lautet die schlichte Diagnose Edwards, die auf reichlich viele Attacken, Kränkungen, Verfehlungen, Intrigen zwischen den Yorks und den Lancasters und vielen weiteren Adligen schließen lässt.

Weil im Umfeld Richards fast alle irgendwie schuldig geworden sind und – zum Beispiel im Rahmen ihrer Visite bei Edward IV. – heuchlerische und zutiefst unwahrhaftige Versprechungen hinsichtlich ihrer zukünftigen Friedfertigkeit und Kooperationswilligkeit abgeben, hat keiner von ihnen die Kraft und den nachhaltigen Impuls, sich den noch heuchlerischeren Aussagen Richards entgegenzustellen und ihn an der Umsetzung seiner zynischgewaltsamen Machtpläne echt zu hindern. In perfekt-sentimentaler Manier

---

[6] Brecht, B.: Der aufhaltsame Aufstieg des Arturo Ui (1941), in: Gesammelte Werke 4, Frankfurt am Main 1967.
[7] Shakespeare: König Richard III. (1592), München 2009, S. 93.

beteuert er dem König und allen Anwesenden seine allerbesten Absichten und sein durch und durch humanes Wesen:

> » Ich weiß nicht einen Englischen, der lebt, / Mit dem mein Herz ein Deut mehr überkreuz / Wär als das Kind, das neugeborn wird heut – / Ich danke Gott für meine Demut.[8]

*Nota bene:* Zu diesem Zeitpunkt hat Richard bereits den Vater und den Mann von Lady Anna erstochen sowie überaus effektiv dafür gesorgt, dass auch sein Bruder George, der Herzog von Clarence, im Tower von London getötet wurde.

Bei diesen Toten allein sollte es nicht bleiben. Richard weiß, nachdem er nach dem Tod von Edward IV. und den anschließenden Streitigkeiten der verschiedenen Parteien und Cliquen endlich zum englischen König gewählt wird und Lady Anna zur Gattin macht, mit welchen Methoden er nach oben auf den Thron Englands gelangt ist: Mord, Totschlag, Lügen, Intrigen. Er hat demnach allen Grund, entsprechend misstrauisch auf sein Umfeld zu blicken und eine mächtige Paranoia auszubrüten; wer derart brutal und destruktiv wie Richard eine Blutspur auf dem Weg zur Macht hinterlässt, ist gut beraten, um den Erhalt dieser Macht und vor allem auch um sein eigenes Leben zu fürchten. Keine Stunde Schlaf, so Lady Anna, habe sie an seiner Seite gefunden, „denn sein Schrein im Alptraum hielt mich wach."[9]

Zwei natürliche Anwärter, meint nicht nur Richard, gibt es auf den Thron Englands, die ihm seine Macht streitig machen könnten: die beiden Söhne von Edward IV. Zwar leben sie im Tower, aber solange sie leben, stellen sie für den König eine drohende Gefahr dar, der er sich noch so gerne entledigen möchte. Also beschließt er, seine Neffen töten zu lassen sowie – um seine Herrschaft noch weiter abzusichern – Lady Anna zu beseitigen und statt ihrer seine Nichte, die Tochter seines toten Bruders Edward, zur Frau zu nehmen:

---

[8] Shakespeare: König Richard III. (1592), München 2009, S. 97.
[9] Shakespeare: König Richard III. (1592), München 2009, S. 201.

> Ich brauch zur Frau die Tochter meines Bruders, / Sonst steht mein Königreich auf sprödem Glas. / Erst ihr die Brüder morden, dann sie frein – / Unsichrer Weg zum Sieg! Doch eingetaucht / Im Blut bin ich so tief, dass Sünde Sünden braucht; / Mitleid träntropfend wohnt mir nicht im Auge.[10]

Das mechanische Räderwerk von Macht-Eroberung und Macht-Erhalt hat sich erfolgreich zu drehen begonnen, und noch sitzt Richard im zentralen Maschinenraum und bedient kühl bis ins Herz hinan diverse Hebel. Herz? oder Seele? Gemüt? Gefühl? – diese Begriffe passen nicht auf jenen König, den Shakespeare da vor über vierhundert Jahren konzipierte, und der sich spätestens im 20. Jahrhundert von der Bühne gelöst hat und in der realen Geschichte angekommen ist als Führer, Generalissimo oder Duce – unbarmherzig, herzlos in einem sehr direkten, wörtlichen Sinn:

> Auf den unerbittlichen Mechanismus der Macht blickt Shakespeare ohne das Entsetzen des Mittelalters und ohne die Illusionen der frühen Renaissance. Die Sonne kreist nicht um die Erde, und es gibt weder eine Ordnung der Himmelssphären noch eine Ordnung der Natur. Der König ist kein göttlicher Gesalbter, und die Politik ist nur die Kunst der Erringung und der Erhaltung der Macht.[11]

Zu Recht hat man darauf hingewiesen, dass sich im 20. Jahrhundert neben der personifizierten Gewaltherrschaft zunehmend auch anonyme und totale Formen der Herrschaft etablierten, die auf ihre Millionen Opfer meist noch

---

[10] Shakespeare: König Richard III. (1592), München 2009, S. 209.
[11] Kott, J.: Shakespeare heute (1965), Berlin 1989, S. 65.

grausamer wirkten, weil sich das Böse, Absurde, Inhumane nur noch als alles zermalmende Energie, aber nicht mehr als konkrete historische Figur zu erkennen gab, die man hassen oder mit der man sich allenfalls (wie oben schon erwähnt) identifizieren konnte. Dem Schicksal respektive Totalitarismus hatte es gefallen, Millionen und Abermillionen als Nullitäten in den großen Ausschusstopf zu entsorgen – so oder so ähnlich müssen es die Hekatomben von Menschenopfern im letzten Jahrhundert vor und bei ihrer Vernichtung empfunden haben.

Dieses große und anonyme Mahlwerk der Widermenschlichkeit kannte Shakespeare noch nicht – wohl aber das Handwerk der Tyrannei und des Despotismus. Von widerwärtigen Diktatoren der jüngsten Vergangenheit und Gegenwart wird übereinstimmend berichtet, wie sehr sie etwa Tier- und Kinderliebe, eleganteste Flirts mit attraktiven Damen und Herren, bitterste Reue- und Schuldgefühle, massive Wut- und Zornausbrüche oder auch zartromantische Sentimentalitäten hochbrillant zu spielen und zu heucheln imstande waren oder sind. Sie alle könnten bei Richard III. in die Lehre gegangen sein, den Shakespeare in seinem Drama mit allen diesen „Qualitäten" ausgestattet hat.

Ein Beispiel für viele: Richard hat es sich in den Kopf gesetzt, die Tochter Elisabeths, der ehemaligen Gattin von Edward IV., zu ehelichen, um seine Herrschaft endgültig abzusichern. Wir erinnern uns: Vor kurzem noch hat er die beiden Brüder dieser jungen Frau erschlagen lassen, und nun kommt er zu eben jener leidgeplagten Mutter und wirbt bei ihr um die Hand ihrer Tochter.

Ähnlich wie bei Lady Anna schlägt ihm vorerst eine Welle des Hasses und der Verachtung entgegen, was Richard jedoch nicht hindert, bei Elisabeth weitere Argumente anzubringen, warum gerade er der ideale Schwiegersohn wäre, und warum sie ihm den Mord an ihren Söhnen doch nachsehen solle: „Nun, was geschehn ist, steht nicht mehr zu ändern: / Der Mensch geht manchmal unbedacht zu Werk, / Was zu bereun die Nachzeit Muße lässt."[12]

Ach so: Der Mord an den Prinzen war eventuell etwas unbedacht, und da gibt es noch Muße genug, sich darüber den einen oder anderen Gedanken zu machen. Jetzt aber, so Richard, sei es an der Zeit, nach vorne zu blicken und für England und die Welt das Beste zu wollen. Und mit ausgesuchter Noblesse formuliert er Satz für Satz überzeugender und raffinierter, warum um des Reichs und ihres eigenen Wohlergehens willen Elisabeth in seine Hochzeit mit ihrer Tochter einwilligen sollte:

---

[12] Shakespeare: König Richard III. (1592), München 2009, S. 241.

> So wahr ich streb nach Neuanfang und Reue, / So glück mir mein gefährliches Beginnen / Im Feindeskrieg! Mein Selbst zerstör mich selbst! / Gott und Geschick, verwehrt mir frohe Stunden! / Tag, schenk mir nicht dein Licht, noch Nacht, du deine Ruh! / Seid widrig, ihr Planeten alle des Glücks, / In meinem Tun, wenn ich mit Herzensliebe, / Mit makelloser Demut, frommem Geist / Nicht werb um deine schöne, hohe Tochter. / In ihr allein besteht mein Glück und deins. / Denn ohne sie, da folgt für dich und mich, / Sie selbst, das Land und manche Christenseele / Zerstörung, Tod, Zerfall und Untergang. / Es ist nicht zu verhindern als durch dies; / Es wird durch nichts verhindert als durch dies.[13]

Nur wenige Strophen später kommt Richard an sein Ziel. Wie Lady Anna reagiert auch Elisabeth zunehmend verständig und wirkt von den süßen Wortkaskaden des Königs wie benebelt. Schließlich stimmt sie dem Plan einer Hochzeit zwischen ihm und ihrer Tochter zu, wozu eine erotische Note zwischen ihr und Richard (er küsst sie) durchaus beigetragen haben mag. Als sie ihn verlässt, um ihre Tochter aufzusuchen, murmelt er nur vor sich hin: „Wachsweiche Närrin, wendisch-seichtes Weib!"

Doch King Richard schmeichelt und scharwenzelt und heuchelt nicht nur geschickt – wie ein ausgemachter Meister-Demagoge des 20. oder 21. Jahrhunderts beherrscht er auch die hohe, oder besser: die niedere Kunst der Lüge in allen ihren Spielarten. Intrige, Verleumdung, Verdrehung von Ur- und Tatsachen, Gerede sind ihm inhaltlich wie formal geläufig, und er setzt sie ganz offen und offensiv ein, sobald sich die Realitäten anmaßen, sich ihm in den Weg zu stellen. Als er Lady Anna aus dem Weg schaffen will, um sich mühelos mit der Tochter von Elisabeth liieren zu können, holt er Sir William Catesby zu sich und beauftragt ihn: „Catesby, komm her. Bring ein

---

[13] Shakespeare: König Richard III. (1592), München 2009, S. 249.

Gerücht in Gang, / Dass Anna, meine Frau, sehr ernst erkrankt wär; / Ich richt's schon ein, dass man sie in Verschluss hält."[14]

Richard wurde von Shakespeare mit einer Chuzpe sondergleichen hinsichtlich Lüge und Wahrheit versehen, wie sie ähnlich die Agitatoren unseres Zeitalters ausgezeichnet hat und auch weiterhin auszeichnet. Mindestens so unverschämt wie George Orwell es in *Nineteen Eighty-Four* (1949) als Dystopie beschrieben hat, gebrauchen der König wie unsere zeitgenössischen Demagogen die Strategien von Doppeldenk, Neusprech, Neologismen und Euphemismen, um ihre Mitmenschen in irreale Wahnwelten zu versetzen und sie damit noch leichter manipulierbar werden zu lassen. Wer lange genug eingehämmert bekommt, dass Krieg eigentlich Frieden bedeutet und zwei mal zwei exakt fünf ergibt, ist für die Potentaten dieser Erde als unkritisches Stimmvieh ebenso wie als williger Helfer für inhumanste und sinnwidrigste Handlungen bestens geeignet.

Als Friedrich Nietzsche 1873 seine Abhandlung *Über Wahrheit und Lüge im außermoralischen Sinne* publizierte, konnte er nicht wissen, wie sehr dieser Titel (völlig unverstanden!) im 20. und 21. Jahrhundert als eine die Fundamente von demokratischen Gesellschaften erheblich untergrabende Handlungsanweisung von totalitär gesinnten Autokraten und Potentaten missbraucht wurde. Nietzsche wollte mit seinem Text auf Probleme der Sprache und Erkenntnistheorie aufmerksam machen; Herrscher dagegen, die Wahrheit und Lüge als gleichwertig, austauschbar deklarieren, stören und zerstören die Basis der Zwischenmenschlichkeit. Wer notorisch lügt, beugt die Wahrheit und benutzt die Mitmenschen als Mittel zum Zweck. Er mag damit die Macht erobern und womöglich sogar eine Weile erhalten – zuletzt jedoch belügt der Betreffende vor allem auch sich selbst.

So zeigt die Lebenskurve Richards, nachdem er den Thron bestiegen hat, beständig nach unten. Die mit Verschlagenheit und Destruktivität errungene Macht wird für ihn, nachdem sie ihm zugefallen ist, zur dauernd zu verteidigenden Bürde, mit der er nicht den Hauch von konstruktiver Gestaltung des Reiches zu verknüpfen weiß. Stattdessen sieht er sich mit einer Schar von Neidern, ihn Verfluchenden, auf Rache Gesinnten sowie von ihm sich Distanzierenden konfrontiert, die seine Stellung als zutiefst einsam herrschenden Tyrannen beinahe täglich verstärken. Dazu passt, dass Elisabeth – anders als verabredet – ihre Tochter zuletzt dem Grafen von Richmond verspricht, dem späteren Todfeind Richards und damit seinem Nachfolger auf dem Königsstuhl, Heinrich VII.

---

[14] Shakespeare: König Richard III. (1592), München 2009, S. 207.

Die (relative) Einsamkeit ist womöglich die größte Herausforderung für Herrschende generell und für Diktatoren und Despoten im Speziellen. In Momenten des Einsam- und Alleine-Seins wird jeder auf die tatsächlich vorhandenen Qualitäten, Konturen und Sinnpartikeln der eigenen Person zurückgeworfen. Wer diesbezüglich merklich große Untiefen und Lücken aufweist, meidet in der Regel derartige Situationen; er umgibt sich mit anderen Menschen oder vertreibt sich die Zeit (und die Konfrontation mit sich selbst) mit Tand und Events aller Art.

Das soziale Umfeld von Gewaltherrschern besteht nun in der Regel aus Menschen, die lediglich aus Angst oder Abhängigkeit in deren Nähe bleiben – Motive, die der Betreffende meist genau spürt, die er sehr wohl für seine Zwecke nutzt, und die ihn gleichzeitig noch misstrauischer und einsamer werden lassen, da seine Allernächsten, seine Entourage nicht aufgrund von Zuneigung und Anerkennung, sondern gezwungenermaßen bei ihm ausharren.

So auch bei Richard III. Einige seiner ehemaligen Weggefährten hat er bereits verprellt oder eliminiert: Lord Hastings (der Oberkämmerer); Lord Rivers (der Bruder von Königin Elisabeth); der Herzog von Buckingham; Lord Grey und Lady Anna – sie alle sind tot, aus dem Weg geräumt, dem Streben nach Macht und dem Machterhalt geopfert, oder auf dem Weg, die Seiten zu wechseln und sich dem zukünftigen Herrscher anzudienen. Den wenigen, die noch bei ihm bleiben (Stanley Graf von Derby; Catesby; Ratcliffe; Torres), begegnet Richard mit Zweifel und Distanz: „Ich trau Dir nicht."[15] – attestiert er einmal dem Grafen von Derby.

In welchen Abgrund Richards Lebenskurve weist, ahnen, erkennen und benennen die Königinnen und Herzoginnen und Mütter im Stück. Wie eine Art Chor aus dem griechisch-antiken Theater treten Margarete, die Witwe des Königs Heinrich VI., Elisabeth, die Gemahlin von Edward IV., und die Herzogin von York (die Mutter von Richard, Edward und George) mehrfach auf, um das Geschehen, die Vorgeschichten des momentanen Dramas sowie vor allem den Charakter, die Handlungen und die nähere Zukunft Richards und seiner Herrschaft zu kommentieren.

Aus ihrem Munde erfahren nun die Leser und Zuschauer, wie sehr die Konflikte der Gegenwart ihre Ursprünge teilweise schon vor Generationen aufwiesen, und wie sehr Richard – bei aller strategischer Verschlagenheit und kühl-berechnender Rationalität, die er an den Tag legt – selber Opfer von lange schon herrührenden Gewalt- und Unrechtskonstellationen ist.

---

[15] Shakespeare: König Richard III. (1592), München 2009, S. 257.

Die drei Frauen wirken wie ein Jahrhunderte umfassendes Gedächtnis, das es ermöglicht, tiefe Blicke in die Historie der Unmenschlichkeit und des Machtmissbrauchs zu werfen, ohne dass damit die Verantwortung Richards nivelliert würde – die Verantwortung, das immer rascher sich drehende Räderwerk der widerwärtigsten Inhumanität mit zusätzlichem Schwung versehen zu haben. Margarete, Witwe Heinrichs VI., beschreibt mit drastischen Worten das unselige Leben Richards, wobei die beiden anderen Frauen in diese Klage einstimmen (darunter auch die Herzogin, die Mutter Richards):

» Ein Höllenhund, der uns all zu Tode jagt: / Den Hund, dem eher als die Augen Zähne wuchsen / Zum Lämmer reißen, und ihr Blut zu lecken; / Den unvergleichbarn Großtyrann der Erde, / Der in tränwunden Augen trüber Seelen herrscht; / Den üblen Schänder aller Werke Gottes, / Den gab dein Schoß frei, uns ins Grab zu jagen... / Und all die Zuschauer des irren Schauspiels, / Der Wüstling Hastings, Rivers, Vaughan, Grey, / Vorzeitig hingewürgt ins Modergrab. / Richard lebt noch, der Hölle schwarzer Späher, / Nur als ihr Makler aufbewahrt, dass er / Ihr Seelen kauft und schickt. Doch bald nun, bald nun / Folgt sein klägliches, unbeklagtes Ende.[16]

Dieses unbeklagte Ende Richards, das Finale des Dramas im fünften Akt, wurde von Shakespeare auf eine exzellent tiefenpsychologische Art und Weise komponiert. In diesem letzten Akt kommt es zum Showdown zwischen dem König und seinem Herausforderer, dem Grafen Richmond, der ein Invasionsheer anführt. Am Abend vor der Schlacht signalisiert ihm Stanley Graf von Derby, dass er sich während der Kampfhandlungen am nächsten Tag auf seine Seite schlagen wird – ein (wie sich herausstellen sollte) Schlachten-entscheidender Verrat an Richard.

---

[16] Shakespeare: König Richard III. (1592), München 2009, S. 223.

Die Nacht vor der Schlacht von Bosworth Field ließ Shakespeare den König und seinen Widersacher lebhaft träumen. In beiden Träumen treten dieselben Gestalten auf, allerdings mit je völlig entgegengesetzten Traumbotschaften. Es sind dies die Geister jener Personen, die Richard selbst erschlagen hat oder meucheln ließ: Prinz Edward, Heinrich VI., der Bruder George, die Geister von Rivers, Grey und Vaughan, Hastings und den beiden jungen Prinzen, Buckingham und Lady Anna. Jeder von ihnen verflucht auf seine Art im Traum Richard und ermutigt zugleich Richmond, dem jeweils der Triumph über den Tyrannen geweissagt wird:

> » ANNAS GEIST (zu Richard): Richard, die arme Anna, deine Frau, / Die keine ruhige Stunde bei dir schlief, / Füllt deinen Schlaf jetzt voller Nachtmahrqualen. / Denk morgen in der Schlacht an mich und sink / Dein stumpfes Schwert: Verzweifel du und stirb. / (zu Richmond): Du ruhige Seele, schlaf du ruhigen Schlaf; / Träum von Erfolg und Sieg und Glücklichsein. / Des Gegners Frau schließt ins Gebet dich ein.[17]

Man kann sich leicht vorstellen, wie die beiden Kontrahenten am nächsten Morgen nach ihren Träumen erwachen. Richmond, der glatt verschlafen hat, berichtet seinen engsten Mitstreitern, dass er den schönsten Schlaf und die süßesten Traumbilder erlebt habe, die jemals in sein müdes Haupt sich drängten. Richard hingegen erwacht schweißgebadet und komplett verängstigt. Er, von dem der Satz stammt: „Gewissen ist ein Wort für Feige nur, / Erfunden bloß, dass man den Starken bannt."[18] – dieser vier Akte lang gewissenlos intrigierende und heuchelnde und mordende Mann wird jählings träumend nun mit seinem Gewissen konfrontiert:

---

[17] Shakespeare: König Richard III. (1592), München 2009, S. 283.
[18] Shakespeare: König Richard III. (1592), München 2009, S. 295.

» Erbarm dich, Jesus! – Ruhig, hab nur geträumt. / Feiges Gewissen du, wie du mich quälst! / ... Was fürcht ich? Mich selbst? Sonst ist keiner da; / Richard liebt Richard, das heißt, ich und ich. / Ist hier ein Mörder? Nein. Doch, ich bin hier! / Dann flieh. Was, vor mir selbst? Vernunft, sag bloß warum, / damit ich mich nicht räch? Was, mich selbst an mir selbst? / ... ich hass mich eher selbst / Hässlichster Taten halb, begangen durch mich selbst. / Ich bin ein Schurke – doch ich lüg, bin's nicht! / Narr, sprich von dir selbst gut! Narr, schmeichel nicht... / Ich werd verzweifeln. Kein Geschöpf und liebt mich, / Und wenn ich sterb, zeigt keine Seele Mitleid – / Und warum sollten sie's, da ich ja selbst / Kein Mitleid für mich selbst find in mir selbst?[19]

Über drei Jahrhunderte vor Sigmund Freuds Schriften über die Qualitäten unseres Über-Ich (Gewissen, Ich-Ideal, kommentierend-fragende Instanz) hat Shakespeare in diesen wenigen Strophen genial zum Ausdruck gebracht, welche innerseelische Dynamik ein Gewissen, ein Über-Ich zu entfalten vermag. Vom ermutigenden Zuspruch (Narr, sprich von dir selbst gut!) bis zur nüchternen Selbstdiagnose (Narr, schmeichel nicht), von der bittersten Attacke gegen die eigene Person (ich hass mich eher selbst hässlichster Taten halb, begangen durch mich selbst) bis zur heftigsten Verdrängung (ich bin ein Schurke – doch ich lüg, bin's nicht!) reichen Richards Impulse, mit seinen Über-Ich-Regungen umzugehen und auf sie zu reagieren.

Der Traum Richards wird wenige Stunden später Wirklichkeit, und die ihn in heftige Affekte versetzenden Regungen seines Gewissens kommen zu spät – wenn er sie denn überhaupt länger als wenige Minuten lang bei sich wahrgenommen und als solche ernsthaft registriert haben mag. In der Schlacht sucht er wiederholt Richmond, mit dem er sich direkt duellieren

---

[19] Shakespeare: König Richard III. (1592), München 2009, S. 285 f.

möchte, um die finale Entscheidung über den Königsthron zu erzwingen. Nach dieser Nacht und den Träumen, vor allem aber vor dem Hintergrund seines gelebten Lebens mit all den Intrigen, Morden, Lügen und Attacken imponiert Richard wie ein Mensch, der ein Schicksalsgericht über seine Existenz herbeizuführen bereit ist. Sein Pferd ist zugrunde geritten, und der König versucht sich nun zu Fuß durchzuschlagen:

> » **Ich hab mein Sein auf einen Wurf gesetzt / Und will dem Risiko des Würfelns stehn. / Ich mein, es wärn sechs Richmonds hier im Feld: / Fünf totgeschlagen hab ich heut statt ihn. Ein Pferd! Ein Pferd! Mein Königreich für'n Pferd!**[20]

So sehr hat Richard sein gesamtes Dasein auf diesen einen Wurf gesetzt, dass er bereit wäre, ein ganzes Königreich für ein Pferd daranzugeben, wenn es ihm denn dadurch gelänge, seinen Kontrahenten zu eliminieren. Die Geschichte ebenso wie Shakespeare sahen jedoch ein anderes Ende für den König vor: Bereits in der nächsten Szene fällt Richard III., und Richmond wird der neue König von England.

Wie bereits bei den Morden und Toten in den Akten zuvor, ließ der Dichter auch Richard auf beinahe diskrete Art und Weise sterben. Auch diese fast lautlose, unsichtbar-dezente Art, wie in *Richard III.* Personen vaporisiert werden und verschwinden (die jeweiligen Morde werden immer nur angedeutet oder erzählt, nicht aber auf der Bühne sichtbar gemacht), nimmt einen Aspekt jener Gewaltherrscher und ihrer Methoden vorweg, die im 20. und 21. Jahrhundert ihr Regime zu sichern unternehmen, indem sie – unheimlich und Schrecken erregend genug – missliebige Individuen scheinbar wie von dämonischer Zauberhand jählings in Nichts auflösten.

Und die Moral von der Geschichte? Sie (die Moral) wäre weit verfehlt, wollten wir uns lediglich mit Richard und seinem von Shakespeare leidlich problematisch entworfenen Charakter abgeben. Ein König Richard allein macht noch keinen Diktator oder Tyrannen, und so verführerisch es auch

---

[20] Shakespeare: König Richard III. (1592), München 2009, S. 299.

sein mag, diese eine Person als personifiziertes Böses und als Inbegriff des Nihilistischen zu begreifen und zu attackieren und womöglich zu besiegen, so wenig wird man damit jenen Phänomenen vollumfänglich gerecht, die Shakespeare in seinem Drama beschrieben hat.

Das Böse und Destruktive und Despotisch-Tyrannische ist (zumindest in unserer Neuzeit) stets als Dynamik und Zusammenspiel von Demagogen und ihrem Publikum zu begreifen, als gegenseitige Bestärkung in Unechtheit, Aggressivität, paranoiden Ängsten und Hass, die es dem Einzelnen – heiße er Richard oder trage er den Namen eines Diktators der Jetztzeit – erst erlauben, diktatorisch und totalitär zu agieren und zu regieren.

Nicht die einzelnen Wirrköpfe, Narzissten und Rattenfänger, die Clowns und Blender und Scharlatane der Welt, die sich als Politiker und Heilsbringer anbieten und in die Arena der *Res publica* steigen, um sich mithilfe von billigen Parolen und geschickter Propaganda sowie ekligen Tricks und Machenschaften wählen zu lassen, sondern die Millionen Wähler, die im letzten ebenso wie im jetzigen Jahrhundert autokratische Totengräber der Demokratie nicht selten mit legalen Wahlen an die Hebel der Macht brachten und bringen, bedeuten die größte politische Herausforderung der jüngeren Vergangenheit und der Gegenwart.

Mit solchen Fragen und Phänomenen musste sich Shakespeare nicht auseinandersetzen – seine Könige erlangten mittels Abstammung oder – wie in *Richard III.* – mittels kriegerischer oder auch intriganter und mörderischer Auseinandersetzungen ihre jeweilige Macht. Der Dichter hat die Figur des despotisch-destruktiven Richard dabei psychologisch differenziert und überaus vielschichtig entworfen – die Motive seiner Handlungen reichen von der Kompensation seiner Organminderwertigkeit über die kurzzeitige Reflexion von Gewissensregungen bis hin zum kalt-sterilen Lustgewinn, den Macht und Gewalt für jene Individuen bedeuten, die dem Lustgewinn durch Eros, Sexus, Liebe und Solidarität abgeschworen haben.

Dass Shakespeare darüber hinaus bereits im 16. Jahrhundert einiges jener unheilvollen Dynamik ahnte, die sich zwischen Potentaten und ihren Mitmenschen abspielt, bevor die Ersteren zu Gewaltherrschern und Despoten werden, macht die Lektüre der *Historien* Shakespeares zu einem enorm lehrreichen Unterfangen.

## Literatur

Brecht, B.: Der aufhaltsame Aufstieg des Arturo Ui (1941), In: Gesammelte Werke 4. Frankfurt a. M. (1967)

Freud, S.: Einige Charaktertypen aus der psychoanalytischen Arbeit (1915). In: GW X, Frankfurt a. M. (1999)

Greenblatt, S.: Der Tyrann – Shakespeares Machtkunde für das 21. Jahrhundert (2018). München (2019)

Kott, J.: Shakespeare heute (1965). Berlin (1989)

Nietzsche, F.: Über Wahrheit und Lüge im außermoralischen Sinne (1872), In: KSA 1. München (1988)

Shakespeare: König Richard III. (1592). München (2009)

# 8

# Heinrich VIII. – Alles ist wahr! Ist tatsächlich alles wahr?

Englische Schüler und Studenten, die einigermaßen gebildet sind, werden kaum verlegen, wenn man ihnen den Merkspruch *divorced, beheaded, died, divorced, beheaded, survived* (geschieden, geköpft und gestorben, geschieden, geköpft, überlebt) vorlegt und sie nach jenem Herrscher fragt, auf den dieser Spruch einst gemünzt wurde: Es ist Heinrich VIII. Genauer besehen bezieht sich dieser Spruch jedoch nicht auf ihn, sondern auf die insgesamt sechs Ehefrauen an seiner Seite, von denen fünf ein durchaus tragisches Schicksal zu gewärtigen hatten; doch davon später mehr.

Beginnen möchte ich bei Heinrichs Vater, Heinrich VII., der uns bereits im vorherigen Kapitel über Richard III. begegnet ist. Als Graf Richmond war er der entscheidende Kontrahent Richards, der ihn in der Schlacht von Bosworth Field besiegte und als Heinrich VII. daraufhin den Thron von England bestieg. Er war klug genug, sich mit Elizabeth von York, Tochter Eduards IV., zu vermählen und damit den unseligen Rosenkrieg zwischen den Lancasters und den Yorks zu beenden. Zugleich begründete er damit die Herrschaft der Tudors, die bis zum Tod der Königin Elisabeth I. (1603) andauerte.

Heinrich VII. und Elizabeth setzten sieben Kinder in die Welt, von denen allerdings nur vier ihr Jugend- und Erwachsenenalter erreichten. Das älteste Kind war Arthur, der als Prince of Wales für die Thronfolge vorgesehen war. Nach ihm wurde die Schwester Margarete geboren, und erst an dritter Position folgte Henry (1491–1547), der spätere Heinrich VIII. Seine jüngere Schwester Mary Tudor wurde später mit Ludwig XII., König von Frankreich, verheiratet.

In seiner Kindheit erlebte Henry günstige Erziehungseinflüsse. Da sein älterer Bruder Arthur der Thronfolger war, wurde Henry kaum mit der Sozialisation zu einem König behelligt. Stattdessen durfte er sich mit den damals verfügbaren kulturellen Angeboten der Spätrenaissance und des Humanismus befassen. Als Neun-Jähriger traf er sogar auf Erasmus von Rotterdam, der im Zuge seines England-Aufenthaltes zusammen mit dem Humanisten-Freund Thomas Morus die königliche Familie besuchte. Der Kontakt mit Erasmus hielt einige Jahre an – Heinrich korrespondierte mit ihm in lateinischer Sprache; daneben sprach Henry Französisch, verfasste Gedichte und komponierte Musikstücke.

Erasmus war einigermaßen angetan von den Qualitäten Heinrichs, die er schon beim ersten Zusammentreffen mit dem Knaben registrierte: „Als wir in die Halle kamen, war alles Gefolge versammelt... In der Mitte stand Heinrich, neun Jahre alt, bereits mit einem gewissen königlichen Auftreten ausgestattet, ich meine damit einer Geistesgröße, kombiniert mit erstaunlicher Höflichkeit."[1]

Ein außergewöhnlich gebildeter Jugendlicher also war dieser Heinrich; und darüber hinaus enorm gutaussehend, sportlich, elegant, hochgewachsen (etwa 1,90 m Körperlänge), vielseitig begabt – eine Gestalt, wie sie etwa Jacob Burckhardt in seiner *Kultur der Renaissance in Italien* (1860) für die herausragenden Kultur-Repräsentanten des 14. und des 15. Jahrhunderts in den oberitalienischen Städten Florenz, Bologna, Venedig beschrieben hat. Kein Wunder, dass Heinrich Tennis und eine Vorform von Fußball ebenso vertraut waren wie die lateinischen Verse von Horaz oder Ovid.

Wer weiß, was dieser Junge Kulturelles in Form von Poesie, Musik oder philosophisch-humanistischen Texten geleistet hätte, wenn er denn die Erziehungs- und Bildungs-Richtung seiner Knabenjahre beibehalten hätte können. Allein – als er zehn Jahre alt war, starb sein älterer Bruder Arthur völlig überraschend, und er, Heinrich, rückte an seine Stelle als Thronfolger.

Doch damit nicht genug. Arthur war wenige Monate vor seinem Tod mit der gleichaltrigen Katharina von Aragon (1485–1536) vermählt worden. Die Tochter von Isabella I. von Kastilien und Ferdinand II. von Aragonien wurde somit als knapp 16-Jährige bereits Witwe, und weil es sowohl dem englischen als auch dem spanischen Königshaus opportun erschien, dass beide Herrscherhäuser mittels Heiratspolitik viel näher zueinander rücken sollten, beschloss man kurzerhand, dass Heinrich vom verstorbenen Bruder

---

[1] Erasmus von Rotterdam: Brief an Johannes von Botzheim (1499), in: EE Bd. 1, S. 239 (Nr. 104).

Arthur nicht nur die Thronfolge, sondern auch die Gattenpflichten bei Katharina von Aragon übernehmen sollte.

1503 erfolgte die Verlobung und 1509 die Heirat von Heinrich und Katharina. Die ersten Jahre ihrer Ehe verliefen harmonisch, und Katharina war bei Hof ebenso wie im Volk als Königin äußerst beliebt. Es kam zu mehreren Geburten und Fehlgeburten, wobei dem Paar kein männlicher Thronfolger beschieden war. Zwei Söhne starben wenige Wochen nach ihrer Geburt; einzig die Tochter Mary lebte bis ins Erwachsenenalter.

Man vermutet, dass Heinrich, der 1509 nach dem Tod seines Vaters Heinrich VII. zum König Heinrich VIII. ausgerufen worden war, sich vor allem aufgrund des Ausbleibens eines männlichen Thronfolgers ernsthaft um eine zweite Eheschließung bemühte. Mätressen hatte er (wie damals üblich) schon früher gehabt; ab 1525 warb der König um Anne Boleyn, die eine ausnehmend attraktive, kluge und selbstbewusste junge Frau war, und die sich ihm jedoch lange Zeit verweigerte – womöglich spürte sie, dass sie für ihn eine noch bedeutendere Rolle denn als bloße Mätresse spielen würde.

So kam es auch. Ende der 20er und Anfang der 30er Jahre bemühte sich Heinrich intensiv um eine Annullierung seiner Ehe mit Katharina, um Anne Boleyn heiraten und als neue Königin von England etablieren zu können. Er wurde in dieser Angelegenheit bei Papst Clemens VII. mit dem ziemlich fadenscheinigen Argument vorstellig, Katharina habe mit seinem Bruder Arthur in den vier Monaten ihrer Ehe dieselbe allen früheren Angaben zum Trotz doch vollzogen – Angaben, die zwei Jahrzehnte zuvor im komplett entgegengesetzten Sinne dafür herhalten mussten, die Heirat zwischen dem jungen Heinrich und der frisch verwitweten Katharina zu ermöglichen.

Nach längerem Hin und Her entschied der Papst jedoch mit seinem *Non possumus* gegen die Interessenlage Heinrichs. *Non possumus* heißt übersetzt so viel wie „wir können nicht"; diese Phrase wird im Vatikan von Päpsten schon seit Jahrhunderten verwendet, wenn sie der Ansicht sind, aufgrund von Glaubensartikeln und von Dogmen bestimmte Entscheidungen so und nicht anders fällen zu müssen – sie können eben nicht anders.

Völlig unbeeindruckt von Rom nahm Heinrich das päpstliche Nein zur Kenntnis und heiratete 1533 Anne Boleyn bei noch bestehender Ehe mit Katharina dennoch – ein Politikum, das jedoch nicht folgenlos blieb. Thomas Morus, der Lordkanzler und enge Freund von Erasmus von Rotterdam, trat aus Protest gegen diese Eheschließung von seinen Ämtern zurück; zugleich wurde ein neuer Erzbischof von Canterbury eingesetzt, der diese zweite Ehe Heinrichs für gültig erklärte.

Rom seinerseits reagierte auf diese Provokationen mit den für solche Situationen vorgesehenen Eskalationsschritten: Zuerst wurde Heinrich und

Anne und dem Erzbischof von Canterbury mit dem Kirchenbann gedroht, und nachdem diese Drohung nicht die erhoffte Wirkung zeigte, wurden die drei exkommuniziert.

Abgesehen davon, dass diese Aktionen Heinrichs sowie die Reaktionen der Katholischen Kirche darauf die Beziehung zwischen dem König und seiner neuen Königin nochmals inniger werden ließen, waren die daraus sich ergebenden Folgen sowohl für England als auch für Europa enorm; teilweise sind sie heute noch spür- und nachweisbar.

So konnte sich Heinrich 1533 über die Geburt eines gemeinsamen Kindes mit seiner frisch angetrauten Anne freuen. Zwar handelte es sich erneut um keinen männlichen Nachfolger; das Mädchen aber, das damals das Licht der Welt erblickte, wurde auf den Namen Elisabeth getauft und sollte später als Elisabeth I., Königin von England, nicht nur die Nachfolge Heinrichs als Regentin antreten, sondern mit ihrer Herrschaft einem ganzen Zeitalter ihren unverwechselbaren Stempel aufdrücken – dem sogenannten Elisabethanischen Zeitalter.

Sich literarisch mit Heinrich VIII. zu befassen muss für Shakespeare schon allein deshalb relevant gewesen sein – schließlich wuchs er in einem Jahrhundert auf, wurde in ihm sozialisiert und reüssierte darin als Autor, das – verstärkt noch durch das monarchische Wirken Elisabeths – von den politisch-gesellschaftlichen Weichenstellungen Heinrichs mächtig geprägt worden war.

Zu den nachhaltig entscheidenden Weichenstellungen zählte besonders Heinrichs Loslösung von Rom und von der Katholischen Kirche. Nach der Exkommunikation gründete der König die Anglikanische Kirche, die eine Mischung aus katholischen und protestantischen Elementen bedeutete. In der Supremats-Akte wurde 1534 festgelegt, dass der König das höchste Oberhaupt der Kirche von England auf Erden ist und somit dem Papst den Rang abgelaufen hat:

» Indem er sich selbst zum Oberhaupt der Kirche von England erklärte, begann er (also Heinrich VIII. – GD) seine Arbeit zur Schaffung einer nationalen und weltlichen Religion. Er wünschte keineswegs, dass die Religion in England einen Teil der universalen Religion der Christenheit bilden sollte; er wollte, dass

## die englische Religion viel mehr seinem Ruhm als der Herrlichkeit Gottes dienen möge.[2]

Spätestens mit dieser maßlosen narzisstischen Überhöhung begannen die Probleme Heinrichs VIII. – oder vielmehr: Es begannen die Probleme mit ihm und seiner ichbezogenen Art, sein Dasein und seine Herrschaft zu interpretieren und zu gestalten. Konnte man bis Anfang der 30er Jahre über Heinrich noch von einem König sprechen, dem die normsprengenden Ideale der Renaissance vertraut waren, kippten sein Lebensstil und seine Macht-Attitüden nunmehr ins Tyrannisch-Diktatorisch-Destruktive.

Ein erstes Opfer (nach Katharina, die sich permanent geweigert hatte, auf die Scheidungswünsche Heinrichs einzugehen, und die von ihm darum stets zwar mit Distanz, aber nicht mit heftigen aggressiven Attacken behandelt wurde) der drastischen Entwertungstendenzen Heinrichs war seine Gattin Anne. Nachdem sie 1536 eine Fehlgeburt erlitt (es wäre ein so sehnlich erwünschter Knabe geworden), sank sie rapide in der Gunst des Königs. Sie wurde des Ehebruchs angeklagt und zusammen mit ihren angeblichen oder tatsächlichen Liebhabern hingerichtet. Weil wenige Wochen zuvor Katharina eines natürlichen Todes gestorben war (sie war krebskrank), war damit der Weg frei für Heinrich, eine dritte Ehe einzugehen.

Ebenso brutal wie bei Anne verfuhr Heinrich mit seinem früheren Lordkanzler Thomas Morus, der mit dem Buch *Von der besten Verfassung des Staates und von der neuen Insel Utopia* (1516) bekannt geworden war. Morus war wie beschrieben aufgrund der problematischen Ehe- und Scheidungs-Konstellationen Heinrichs von seinem Amt als Lordkanzler zurückgetreten. Außerdem weigerte er sich, einen Eid auf jenes Gesetz abzulegen, in dem 1534 die englische Thronfolge ebenso wie der Primat des Königs in Relation zum Papst neu geregelt wurde. Weil Morus dem Katholizismus nahestand, kam für ihn eine Reduktion der päpstlichen Autorität nicht in Frage.

Obgleich Morus ihm jahrelang als Lordkanzler treu gedient hatte, ließ Heinrich ihn aufgrund dieser seiner Weigerung verhaften. Ihm wurde der Prozess gemacht, und 1535 wurde er unter dem Vorwurf des Hochverrats auf dem Tower Hill hingerichtet. Der König kam Morus insofern entgegen, als er ihn ohne vorherige Folter enthaupten ließ – eigentlich war für ihn Hängen, Ausweiden und Vierteilen vorgesehen. Nicht sehr viel gnädiger verfuhr Heinrich mit anderen Untertanen, wenn sie denn weiterhin dem

---

[2] Russell, B.: Macht (1938), Hamburg 2001, S. 101.

falschen, weil dem katholischen Glaubensritus anhingen. Thomas Cromwell, seinen ersten Minister, hatte er beauftragt, den Papismus mit Stumpf und Stiel auszurotten – ein Auftrag, dem dieser mit Akkuratesse nachkam.

Mitte der 30er Jahre war aus einem jungen Prinzen, der dem Ideal des *uomo universale* der Renaissance nahekam, ein höchst bösartiger, grausamer, fanatischer und zu Misstrauen und Paranoia neigender Tyrann geworden, der seine Mitmenschen mit cholerischen Ausbrüchen quälte und sie mit seiner Impulsivität in Angst und Schrecken versetzte. Parallel zu diesen Veränderungen seines Verhaltens und seiner Persönlichkeit kam es bei Heinrich zu einer Metamorphose seiner körperlichen Erscheinung. Als ihn Hans Holbein der Jüngere ab 1535 mehrfach porträtierte, musste man bei ihm von Jahr zu Jahr den Zuwachs an Leibesfülle trotz aller Schönmalerei an den diversen Bildern ablesen. Konnte Heinrich in früheren Zeiten bei Turnieren zehn Pferde am Tag bis zu deren Erschöpfung reiten, waren es nunmehr zehn Mahlzeiten täglich, verbunden mit zehn Pint (also etwa fünf Litern) Bier, die ihn auszeichneten. Man versteht, warum Charles Dickens über Heinrich VIII. sehr abfällig urteilte, er sei ein „unerträglicher Schurke, eine Schande für die menschliche Natur und ein Fleck von Blut und Fett auf der Geschichte Englands"[3] gewesen.

In den letzten Jahren gab es wiederholt Versuche, diesen Wandel des Monarchen hin zum ausgemachten Despoten auf einen Gehirnschaden oder einen fatalen Reitunfall zurückzuführen. Häufiger zitiert wird in diesem Zusammenhang die Studie einer neurologischen Forschergruppe der Yale School of Medicine, die von mehreren sehr schweren Kopfverletzungen seit Heinrichs Jugend- und jungen Erwachsenenjahren ausgeht und seine sprunghaften und irrationalen Entscheidungen auf massive Defekte seines Gehirns bezieht.[4]

Doch ganz gleichgültig, ob wir uns eines biomedizinischen, eines psychosozial-biographischen oder eines soziokulturellen Erklärungs- und Verstehens-Musters befleißigen, um diese Persönlichkeits-Veränderungen und -Akzentuierungen Heinrich VIII. einzuordnen – die Geschichte dieses Blaubarts bleibt eine zutiefst verstörende.

Am ehesten noch als eine Liebesbeziehung lässt sich Heinrichs dritte Ehe (mit Jane Seymour) begreifen. Die junge Frau war seit 1534 als eine der Hofdamen in der Nähe des Königs gewesen, ohne dass es damals schon

---

[3] Dickens, Ch.: Die Geschichte Englands für Jung und Alt, Band 3 (1853), zit. n. Gerste, R.D.: Heinrich VIII. – Kraft und Brutalität, Deutsches Ärzteblatt 106 (40), 2. Oktober 2009, S. A1973.
[4] Ikram, M.Q. et al.: The head that wears the crown: Henry VIII. and traumatic brain injury, in: Journal of Clinical Neuroscience, Volume 28, Juni 2016, S. 16–19.

zu Intimitäten gekommen sein soll. Als zwei Jahre später jedoch die beiden Ehefrauen Heinrichs (Katharina wie auch Anne) starben, machte der Monarch, der zuvor bereits ein Auge auf Jane geworfen hatte, dieser einen Heiratsantrag, den sie annahm.

Obwohl Jane Seymour durchaus nicht als Schönheit beschrieben wurde – gehässige Stimmen behaupteten, sie sei weder hübsch noch klug und könne allenfalls mit ihrem Schambereich für sich punkten –, verfiel der König in eine schwärmerische Verliebtheit, die auch in den Monaten nach der Eheschließung anhielt. Mit dazu beigetragen hat sicherlich das Motto, das Jane sich für ihre Ehe gegeben hat: *bound to obey and serve* (zum Gehorchen und zum Dienen bestimmt).

Voll und ganz konnte Jane ihren Gatten für sich einnehmen, als sie im Herbst 1537 von einem Sohn entbunden wurde – ein Ereignis, das sich Heinrich schon seit Jahrzehnten gewünscht hatte, und bei dem er, glaubt man den Schilderungen von Zeitzeugen, heftig in Tränen ausgebrochen sein soll. Im ganzen Land erscholl der Ruf „Wir haben einen Prinzen", und in allen Kirchen Englands stimmte man das *Te Deum* an. Dieser Sohn bestieg nach dem Tod seines Vaters 1547 als Eduard VI. den englischen Thron; damals war er erst neun Jahre alt. Während der sechs Jahre seiner Regentschaft – er starb überraschend bereits mit 15 Jahren – führte ein Regentschaftsrat die Regierungsgeschäfte.

So sehr sich Heinrich über die Geburt seines Sohnes freute, so sehr erschütterte es ihn, dass seine Gattin zwölf Tage nach dieser Geburt an Kindbettfieber verstarb. Für die Monate darauf hatte der König für den englischen Hof Staatstrauer angeordnet; er selbst verfiel in eine tiefe und langanhaltende Depression. Von seinen insgesamt sechs Gemahlinnen hat Heinrich eigenem Bekunden nach Jane Seymour am meisten geliebt. Es ist daher nicht verwunderlich, dass der König auf seinen eigenen Wunsch hin nach seinem Tod an der Seite von Jane beerdigt wurde.

Es dauerte bis 1540, bis Heinrich das nächste, vierte Mal eine Frau ehelichte: Anna von Kleve. Eigentlich hatte er Christina von Dänemark im Visier gehabt, seine nächste Gattin zu werden. Diese war bereits als junge Frau Witwe geworden und lehnte jedoch das Ehe-Ansinnen Heinrichs eingedenk des Schicksals von Anne Boleyn mit dem elegant-süffisanten Satz ab: „Hätte ich zwei Hälse, so würde einer davon dem König von England zur Verfügung stehen."

Weil sich also seine Brautschau aufgrund der Biographie Heinrichs nicht gerade einfach gestaltete, konnte sich eine Frau wie Anna von Kleve überhaupt in der Schar der ernsthaften Kandidatinnen wiederfinden. Dies verdankte sie vor allem dem Lordsiegelbewahrer Thomas Cromwell sowie dem

Hofmaler Hans Holbein dem Jüngeren. Der Erstere sollte in Europa nach geeigneten, insbesondere die politischen Aspekte einer Heirat mit berücksichtigenden Partien Ausschau halten, indes Letzterer die Damen abkonterfeite, damit Heinrich eine Ahnung erhielt über das Aussehen und die eventuelle Wesensart der jeweiligen Frauen.

So kam es, dass Heinrich mit Anna von Kleve einen Ehekontrakt unterzeichnete, ohne sie auch nur im Entferntesten persönlich zu kennen. Als der König Anfang 1540 das erste Mal auf seine zukünftige Braut traf, war er über alle Maße enttäuscht und wollte *stante pede* von dem Vertrag Abstand nehmen. Anne imponierte ihm beinahe als hässlich, schüchtern, langweilig, völlig unerotisch; außerdem sprach sie kein Wort Englisch. Da ein Rücktritt vom Kontrakt aus juristisch-politischen Gründen nicht möglich war, heiratete Heinrich sie jedoch widerwillig.

Die Hoffnungen aber des Lordsiegelbewahrers, dass der König an seiner deutschstämmigen Gattin nach und nach Gefallen würde finden können, zerschlugen sich ziemlich bald. Nach lediglich einem halben Jahr wurde die Ehe mit dem nicht ganz abwegigen Argument annulliert, dass sie niemals vollzogen wurde. Anna von Kleve hatte in der Zwischenzeit genug über die jüngere englische Geschichte und die früheren Ehen des Königs gelernt, um klug und geschmeidig in die Scheidung einzuwilligen. Fortan wurde sie von Heinrich als seine „gute Schwester" tituliert, einigermaßen großzügig mit zwei königlichen Residenzen abgefunden und ohne größere Attacken in Ruhe gelassen. Im Gegensatz zu den allermeisten anderen Frauen des Königs überlebte sie Heinrich VIII. um beinahe ein ganzes Jahrzehnt.

Mit Thomas Cromwell aber, der ihm zur Hochzeit mit Anna von Kleve geraten hatte, verfuhr der König weniger generös. Er wurde zwei Wochen nach der Ehe-Annullierung des Hochverrats und der Häresie angeklagt, zum Tode verurteilt und hingerichtet. Hans Holbein dem Jüngeren, der das Porträt Annas zu verantworten hatte, blieb zwar dessen Stellung als Hofmaler erhalten; er durfte allerdings fürderhin keine Mitglieder mehr der königlichen Familie malen.

Ebenfalls nur wenige Wochen nach der annullierten Ehe mit Anna von Kleve heiratete Heinrich erneut, nunmehr Catherine Howard, eine etwa 30 Jahre jüngere Frau, die als Hofdame bei Anna von Kleve tätig gewesen war. Catherine entstammte einem alten normannischen Adelsgeschlecht; ihre Vorfahren hatten in der Schlacht von Bosworth auf der Seite Richards III. gekämpft und verloren im Gefolge der Niederlage Richards ihren ehemals großen politischen Einfluss.

Bei der jungen Catherine Howard fand Heinrich all jene Qualitäten, die er bei Anna von Kleve so schmerzlich vermisst hatte: Sinnlichkeit und ein ausgelassenes Wesen. Dazu passte das Eheversprechen der Dame, die ihrem König versicherte, „frisch und munter im Bett und bei Tisch" zu sein und zu bleiben.

Diese vielversprechende Ankündigung hat jedoch letztlich – so kann man mutmaßen – zur krisenhaften Zuspitzung und zum Scheitern auch dieser Ehe mitbeigetragen. Heinrich nämlich war inzwischen fünfzig Jahre alt und von den jugendlichen Konturen seines Körpers ebenso weit entfernt wie von der sexuellen Ansprechbarkeit und Reagibilität seiner früheren Tage; neben seiner enormen Adipositas mag hierfür auch eine Syphilis-Infektion verantwortlich gewesen sein.

Jedenfalls suchte und fand die allzeit frische und muntere Catherine nicht nur beim König (bei ihm allem Anschein nach zu wenig), sondern auch bei jüngeren Liebhabern die eine oder andere Befriedigung für ihre sinnlichen Bedürfnisse. Einer dieser Liebhaber war nun Thomas Culpeper, ein Schönling, Lebemann und Günstling des Königs, dem er in unmittelbarer Nähe zur Seite stand und von dem er auch hinsichtlich delikater Aktionen und einiger Verbrechen protegiert wurde: Culpeper hatte sich früher einer Vergewaltigung und eines Totschlags schuldig gemacht.

Über die sexuelle Affäre Catherines mit Culpeper allerdings ging Heinrich VIII. keineswegs augenzwinkernd hinweg – im Gegenteil: Wie schon bei Anne Boleyn sorgte er dafür, dass beide, seine Gattin ebenso wie ihr Liebhaber, des Hochverrats angeklagt und schuldig gesprochen wurden. Und wie schon bei Thomas Morus Mitte der 30er Jahre bestand des Königs Entgegenkommen nun 1542 darin, die beiden nicht (wie in solchen Fällen eigentlich vorgesehen) mittels Ausweiden, Vierteilen und Hängen, sondern mittels der schlicht-„humanen" Enthauptung ins Jenseits befördern zu lassen.

Es bleibt noch die sechste Eheschließung Heinrichs nachzutragen, die 1543 erfolgte. Mit Catherine Parr wählte er wiederum eine etwa zwanzig Jahre jüngere Frau zur Gattin, die allerdings bedeutend mehr an Klugheit, Bildung und Lebenserfahrung aufwies als Catherine Howard. Lady Parr war bereits zweimal verheiratet und mit ihrem zweiten Ehemann in diverse heikle politische Angelegenheiten verstrickt gewesen, bevor Heinrich VIII. auf sie aufmerksam wurde und um die Hand der zweifachen Witwe anhielt – eine Werbung, deren Konsequenzen sie im Hinblick auf ein Königinnen-Dasein realitätsadäquat einschätzte.

Catherine Parr besaß hohe Menschenkenntnis und politischen Instinkt zugleich. Als der König sich 1544 mehrere Monate in Frankreich bei einem Feldzug aufhielt, übergab er die Regierungsgeschäfte zuhause ebenso wie die Vormundschaft über seine Kinder an seine Gattin. Vor allem die erstere

Aufgabe war überaus heikel, da die Königin permanent Ausgleich zwischen Protestanten, Katholiken und den Vertretern der Anglikanischen Kirche herstellen musste.

Mehrfach war sie Opfer von Intrigen am Hofe, und mehrfach gelang es Catherine Parr, ihren notorisch misstrauischen, übelgelaunten und zu jähen Affektdurchbrüchen neigenden Gatten diesbezüglich zu beruhigen, sodass er gegen sie keine Gerichtsprozesse anstrengte oder sie auch nie auf weit entfernte und entlegene Landgüter verbannte. Und sie vermochte den König davon zu überzeugen, auch seine Töchter bei der Thronfolge zu berücksichtigen, was einige Jahre später dazu beigetragen hat, dass es eine Königin Elisabeth I. von England gegeben hat.

Von Letzterer sagt man, dass sie so manche Charakterausprägung und Persönlichkeits-Einstellung von dieser ihrer Stiefmutter Lady Catherine Parr übernommen hat. Deren Modell als würdevolle Regentin sowie als eine an ihren weltanschaulichen Überzeugungen festhaltende Frau und Königin hat auf Elisabeth enorm abgefärbt und ihr über viele Herausforderungen und Kalamitäten ihrer eigenen Regentschaft hinweggeholfen.

Trotz ihrer unleugbar hohen Qualitäten konnte Catherine Parr nicht verhindern, dass Heinrich in seinen letzten Regierungsjahren Tausende z. B. aufgrund ihrer religiösen Einstellung hinrichten ließ. Der kranke König wurde immer unberechenbarer und starb schließlich 1547 an einer Sepsis; zuvor schon machten ihm Diabetes mellitus, Gicht und Herzinsuffizienz zu schaffen. Seine sechste Gattin überlebte ihn etwa ein Jahr lang.

Was aber mag Shakespeare gereizt haben, sich mit Heinrich VIII. zu befassen, und wie hat er dessen Biographie, Persönlichkeit und Probleme dramatisch in eine Form gebracht und gestaltet? Zur Beantwortung dieser Fragen muss ich etwas ausholen. Seit Mitte des 19. Jahrhunderts ging die Tendenz dahin, das Stück über *König Heinrich VIII.* als kein sonderlich gelungenes Drama anzusehen. Für die mindere Qualität machten manche Rezensenten und Literaturwissenschaftler neben Shakespeare den Autor und Dramatiker John Fletcher (1579–1625) verantwortlich, von dem man annahm, dass er zusammen mit Shakespeare eine geteilte Autorenschaft für das Stück verwirklichte. Die gelungenen Passagen, so die Vermutung, waren aus der Feder Shakespeares geflossen; die weniger gelungenen Partien und das oberflächlich betrachtet spannungsarme Gesamtkonzept wurden dem Verantwortungsbereich Fletchers zugeordnet. Ganz in dieser Diktion liest sich etwa das Urteil von Georg Brandes über das Stück und die Anteile Shakespeares daran:

> » Wir sehen in *Heinrich VIII.* überhaupt nur ab und zu einen Schimmer von ihm (Shakespeare – GD); er zeigt sich hier ganz und gar gebunden, unfrei, in gemeinsamer Arbeit mit einem anderen an einem undankbaren Stoff, dem er nur durch eine Kraftanstrengung seines Genies hie und da dramatisches Interesse verleiht.[5]

Seit etlichen Jahren hingegen ist eine umgekehrte Tendenz beobachtbar, und Shakespeare wird zunehmend wieder als alleiniger Autor des Stückes eingeordnet: „Wenn die Hypothese der Doppelautorschaft nicht historisch existierte, würden nach dem heutigen Stand der Methoden keine Zweifel an der Authentizität des Dramas erhoben werden."[6] Auch die angeblichen Qualitätsmängel (Spannungsarmut, dezentrale Rolle des Königs im Stück) werden inzwischen nicht mehr nur als Defizite, sondern als innovative und geschickte Gestaltungsstrategien des Dichters aufgefasst: „In wohl jedem seiner Stücke erprobte Shakespeare Möglichkeiten, dem grobschlächtigen Theaterapparat jeweils neue Erzählweisen abzutrotzen. Sein experimenteller Pastiche ... ergab den befremdlichen *Heinrich VIII.*"[7]

Doch welchen experimentellen Pastiche (Nachahmung, Imitation) hat Shakespeare bei *Heinrich VIII.* in Anschlag gebracht, und welche Absicht mochte er damit verfolgt haben? Frank Günther in seinem Nachwort hat ebenso wie auch andere Shakespeare-Experten darauf hingewiesen, dass die Szenen, Handlungen und Dialoge in *Heinrich VIII.* von ihrem Charakter her am ehesten an *Masque* erinnern, also an höfische Maskenspiele, die im England des 16. Jahrhunderts als Vorläufer der Oper entwickelt wurden und eine Kombination aus Dichtung, Musik, Tanz, Bühneneffekten sowie Verkleidung (Maskerade) und Architektur darstellten. Die *Masque* wurde Anfang des 17. Jahrhunderts von der Barock-Oper abgelöst; 1607 wurde als erste vollgültige Oper Claudio Monteverdis *Orpheus* im herzoglichen Palast von Mantua uraufgeführt.

---

[5] Brandes, G.: William Shakespeare, Paris – Leipzig – München 1898, S. 887.
[6] Suerbaum, U.: Der Shakespeare-Führer (2001), Stuttgart 2015, S. 291.
[7] Günther, F.: Aus der Übersetzerwerkstatt, in: William Shakespeare: König Heinrich VIII. (1613), Cadolzburg 2015, S. 254.

Shakespeare verfügte also über opernhafte Anregungen, die er für die Gestaltung seines *Heinrich VIII.* verwenden konnte; und er wusste um die Effekte, die mit *Masque* und Oper beim Publikum zu erzielen waren. Die meisten Zuschauer waren (nicht nur damals) mit zauberhaft wirkenden Verkleidungen, Massenszenen und schillernden Bühnenbildern regelrecht zu begeistern, ohne dass sie dabei den Text oder die Dramaturgie immer vollumfänglich rezipierten.

Weil Shakespeare ein Autor war, der den Publikumsgeschmack spürte wie kaum ein Zweiter, kam er diesem bei der Komposition seines Stückes sehr entgegen. Dies hatte zur Folge, dass *Heinrich VIII.* für lange Zeit zum meistgespielten Drama des Dichters wurde. Insbesondere in England war man von den Möglichkeiten pompöser Inszenierungen enorm angetan, und die zunehmend perfekter werdende technische Ausstattung der Theater tat ein Übriges, um *Heinrich VIII.* zu einem Erfolgsstück sondergleichen werden zu lassen.

Dabei stand eine Aufführung 1613 unter einem schlechten Stern. Als man nämlich in einer der Maskenspiel-Szenen auf der Bühne eine Kanone abfeuerte, setzte der Papierpfropf, den man als Munition verwendete, das Dach des *Globe Theatre* in Brand. Anfänglich nahm man den Rauch nicht sonderlich ernst, und so kam es, dass sich das Feuer über das Haus hin ausbreitete und das *Globe* innerhalb einer Stunde fast vollständig zerstört war. Umso erstaunlicher, dass sich *Heinrich VIII.*, dessen Titel häufig auch mit *Alles ist wahr* angegeben wurde, dennoch durchsetzen konnte.

Man fragt sich, ob die Verbeugung vor den seinerzeit dominierenden Publikumswünschen das alleinige Motiv für Shakespeare war, *Heinrich VIII.* so und nicht anders zu gestalten. Es ist auffällig, dass der Dichter sein Stück nach einem Herrscher benannt hat, der darin als Person nur sehr sparsam in Erscheinung tritt. Stattdessen spielen die erste und die zweite Gattin Heinrichs (Katharina und Anna Boleyn) sowie der Kardinal Wolsey, der Erzbischof Thomas Cranmer und der Herzog von Buckingham viel prominentere Rollen.

Das Drama Shakespeares setzt ein mit der ungerechtfertigten, auf Intrigen basierenden Verurteilung des Herzogs von Buckingham aufgrund von dessen angeblichem Hochverrat. Der Duke of Buckingham hatte dem Vater Heinrichs VIII., dem König Heinrich VII., als Magnat gedient und war von diesem mit vielen Privilegien ausgestattet worden. Weil er einige Zeit als potentieller Kandidat für die Königskrone im Falle eines frühen Todes von Heinrich VII. gehandelt wurde, war dessen Sohn Heinrich VIII. ihm gegenüber stets misstrauisch eingestellt. Hinzu kam, dass der Lordkanzler Kardinal Wolsey, Erzbischof von York, lange Zeit der einflussreichste und mächtigste Politiker unter Heinrich VIII., den Herzog von Buckingham als störenden Rivalen für sich empfand und deshalb großes Interesse an seiner Beseitigung hatte.

Dem Duke of Buckingham wird also der Hochverrats-Prozess gemacht, bei dem einige recht windige Figuren gegen ihn aussagen und ihn belasten, woraufhin die Pairs ihn zum Tode verurteilen. Als er erkennen muss, dass ihm seine Loyalität mit Heinrich VII. wie auch mit dessen Sohn letztlich zum Verhängnis wurde, und dass seine Lebenskurve, die stets mächtige Schwankungen aufwies, nunmehr endgültig steil bergab weist, geht er würdevoll und erhobenen Hauptes in den Tod; zuvor noch mahnt er aber seine Vertrauten:

» Doch ihr da, hört, / Hört dies von einem Sterbenden als Wahrheit: / Dort, wo ihr Liebe und Vertrauen schenkt, / Seid nicht vertrauensselig; denn die, die ihr Freund nennt / Und tief ins Herz schließt, wenn die einmal nur / Bei euch den kleinsten Riss im Glück sehn, tropfen / Sie von euch ab wie Wasser, und kehrn wieder, / Nur um euch zu ersäufen.[8]

Der Herzog von Buckingham ist die erste Person, an der Shakespeare in *Heinrich VIII.* die unbarmherzige Gesetzmäßigkeit von Aufstieg und Fall des Einzelnen in der Geschichte und Politik demonstrierte. Als zweites Beispiel dafür wählte er die Königin Katharina, jene Gattin Heinrichs, mit der dieser fast zwei Jahrzehnte ehelich verbunden war, bevor er sie mittels Annullierung ihrer Ehe loszuwerden versuchte.

Den letzten Anlass für diesen Annullierungsprozess bietet ein zufälliges Zusammentreffen des Königs mit Anne Boleyn auf einem Empfang im Palast des Kardinals Wolsey. Heinrich ist von der immensen Ausstrahlung der jungen Frau wie geblendet: „Die schönste Hand, die ich je hielt: oh Schönheit, / Bis heut sah ich dich nie."[9]

Anne Boleyn verstand sich nicht als Mätresse des Königs, und so fasst dieser den Plan, sie zu ehelichen – ein Plan, dem allerdings seine Ehe mit

---

[8] Shakespeare: Heinrich VIII. (1613), Cadolzburg 2015, S. 71 f.
[9] Shakespeare: Heinrich VIII. (1613), Cadolzburg 2015, S. 59.

Katharina noch im Wege steht. Heinrichs Annullierungsgesuch beim Papst wird von Kardinal Wolsey unterstützt, weil er aus Ranküne gegen Karl V. (Spanien) die Verbindung der spanischstämmigen Katharina mit Heinrich VIII. zu Fall bringen will. Das Hauptargument, die Heirat mit Katharina vom Papst für null und nichtig erklären zu lassen, besteht für Heinrich darin, seiner Gattin nachzuweisen, dass sie mit seinem früh verstorbenen Bruder Arthur doch intim gewesen war: „Die Ehe mit der Schwägerin bohrt ihm, / So scheint's, schwer im Gewissen." – meint dazu Lord Chamberlain; worauf der Herzog von Norfolk nur lakonisch repliziert: „Nein, sein Gewisses / Bohrt schwer an einer andern Frau."[10]

In einer von Shakespeare außergewöhnlich exakt beschriebenen Szene (Requisiten, viele Akteure mit den jeweiligen Positionen und Stellungen zueinander, architektonische Vorgaben), die von ihrer Atmosphäre her an bombastische Opern-Inszenierungen gemahnt, werden wir Zeugen einer Gerichtsverhandlung, bei der sich Katharina ob ihrer Ehe rechtfertigen und bei der sie von der Unrechtmäßigkeit ihrer Verbindung mit Heinrich VIII. überzeugt werden soll. Der König, Kardinal Wolsey, hohe Würdenträger, Priester, Edelmänner, Offiziere, Bischöfe, Schreiber, Gelehrte und übriges Gefolge bilden den einschüchternden Rahmen dieser Verhandlung, deren Ergebnis von vornherein feststeht. Doch wer dachte, dass Katharina sich davon beeindrucken lässt, sieht sich getäuscht; überraschend schlagfertig attackiert sie den Lordkanzler Wolsey, der über sie mit zu Gericht sitzt:

» Ich glaube fest – denn machtvoll / Legt mir das mancher Hinweis nah –, dass Sie / Nicht noch mein Richter sein solln. Denn *Sie* sind's, / Der zwischen meinem Mann und mir die Glut heißblies, / Die Gottes Segenstau wohl löschen. Drum nochmals: / Ja, ich verabscheu Sie aus tiefstem Herzen, / Lehn Sie als Richter ab, den ich – und nochmals! – / Für meinen bösartigsten Feind halt und / Für keinen Freund der Wahrheit.[11]

---

[10] Shakespeare: Heinrich VIII. (1613), Cadolzburg 2015, S. 77.
[11] Shakespeare: Heinrich VIII. (1613), Cadolzburg 2015, S. 103.

Ähnlich wie der Duke of Buckingham nimmt auch die Königin Katharina auf den Begriff der Wahrheit Bezug, und wie bei ihm entsteht auch bei ihr eine Situation, in der überhaupt nicht einfach zu entscheiden ist, wer denn Wahres und wer Unwahres behauptet und vertritt. Denn wer wollte etwa beurteilen, ob es zwischen Arthur und ihr nicht doch zu einem vollgültigen Sexualakt gekommen war?

*Alles ist wahr* – so lautete für lange Zeit der Titel unseres Stückes. Die Zuschauer damals wie heute und natürlich auch wir Leser werden dabei von Shakespeare in eine Rolle verbracht, die jener von Geschworenen bei Gericht ähnelt: Irgendwie scheint vieles oder alles wahr, wahrscheinlich oder zumindest möglich, und oft genug tendieren wir als vergeblich um Neutralität Ringende dazu, die Wahrheit dort zu verorten, wo sich unsere Sympathien fokussieren – beim Herzog von Buckingham sowie bei der Königin Katharina, nicht aber bei Heinrich VIII. oder seinem Lordkanzler. Aber: Ist Wahrheit tatsächlich und regelhaft mit Schönheit, Sympathie und humaner Lebensart verknüpft?

Als unzweifelhaft wahr, weil offenkundig und evident, erscheint im Stück der Zirkel von Ohnmacht, Macht und neuerlicher Ohnmacht bei den Einzelnen. Lord Buckingham erinnert in seinem Monolog an jene Zeiten, als er unter Heinrich VII. aus einer relativen Ohnmachts-Position heraus ganz nach oben in einflussreichste Funktionen gelangte und nunmehr unter Heinrich VIII. alle Möglichkeiten der Machtausübung gegen die totale Ohnmacht der Hinrichtung einzutauschen hat.

Dieselbe Existenzbewegung wartet auf Katharina, die als Mädchen von zwei Monarchien zum ohnmächtigen politischen Verheiratungsobjekt auserkoren wurde und als Gattin des Königs Heinrich VIII. lange Zeit die relativ machtvolle Position einer Königin innehatte, bevor sie sich aufgrund von listigen Intrigen als eheliches Auslaufmodell im Status der Ohnmacht wiederfindet. Doch derjenige, der zusammen mit Heinrich das abgefeimte Spiel der Desavouierung Katharinas ausgedacht und durchgeführt hat – Kardinal Wolsey –, und der soeben noch an den Hebeln der Macht saß und schamlos Gerichtstag über die Königin hielt, wird kurz darauf selbst vom Rad der Geschichte erfasst und zermalmt.

Kardinal und Lordkanzler Wolsey setzt sich für Heinrichs Wunsch nach Annullierung seiner Ehe beim Papst ein, weil er ihn aufgrund von machtpolitischen Erwägungen gerne mit der Herzogin von Alençon, der Schwester des Königs von Frankreich, verheiratet gesehen hätte: „Anne Boleyn? Nein, keine Anne Boleyns; / Hier geht's um mehr als hübsche Lärvchen."¹² – so lautet sein Kommentar zur Verliebtheit des Königs in die junge Dame.

Die Ränke Wolseys aber werden durch von ihm selbst induzierte Fehlleistung zunichtegemacht; als Fehlleistung wird in der Psychoanalyse eine Handlung bezeichnet, bei der das Unbewusste einer Person dieser einen mitunter üblen Streich spielt. Aus Versehen packt der Kardinal in einen Stapel Papiere, die für den König bestimmt sind, eine Aufstellung seiner eigenen Reichtümer sowie einen Brief an den Vatikan, in dem er seine Pläne für eine Verbindung der englischen Krone mit derjenigen von Frankreich mitteilt. Von beiden Unterlagen erhält Heinrich Kenntnis und reagiert entsprechend: Er fordert von Wolsey das königliche Siegel zurück und sorgt letztendlich dafür, dass auch er auf dem Schafott landet.

Auf die Fehlleistung, die er zu spät selbst bemerkt, reagiert Wolsey mit den Worten: „Oh, die Schlampigkeit, / Die Narren stürzen lässt! Was für ein Teufel / Schob die geheime Liste in mein Päckchen, / Das ich dem König schickte?"¹³ Doch es war kein Teufel, sondern sein Unbewusstes, das in einem Akt der Selbstentblößung dafür Sorge trug, dass Wolsey viel ehrlicher und offener kommunizierte, als sein Bewusstsein es je möglich gemacht hätte. Jahrhunderte vor Sigmund Freud hat Shakespeare genial in dieser einen kleinen Szene jenen tiefenpsychologischen Mechanismus auf die Bühne gezaubert, der seit über einhundert Jahren in der Literatur der Psychoanalyse unter dem Begriff der Fehlleistung (als Überrumpelung des Bewusstseins durch das Unbewusste) firmiert.

In dieser Situation spürt Wolsey deutlich, dass nunmehr auch sein Höhenflug an sein Ende geraten und sein Absturz von weit oben in den Abgrund unabwendbar geworden ist: „Ich wagte mich, / Wie kleine Jungs auf aufgeblasnen Schläuchen / Ganz viele Sommer auf das Meer des Ruhms, / Doch viel zu weit ins Tiefe. Mein Luftschlauch Stolz, / Der platzte unter mir und überlässt / Mich jetzt, amtsmüde, alt, auf Gnad und Ungnad / Dem wilden Strom, der mich verschlingt für immer."¹⁴ Sein Nachfolger als Lordkanzler wird der Humanist Thomas Morus, den wenige Jahre später – welch eine ironisch-makabre Wiederholung der Geschichte – dasselbe grausame Schicksal ereilt wie seinen Vorgänger Kardinal Wolsey: Auf Geheiß Heinrichs wird auch er hingerichtet werden.

---

[12] Shakespeare: Heinrich VIII. (1613), Cadolzburg 2015, S. 135.
[13] Shakespeare: Heinrich VIII. (1613), Cadolzburg 2015, S. 145.
[14] Shakespeare: Heinrich VIII. (1613), Cadolzburg 2015, S. 155.

Im vierten Akt von *Heinrich VIII.* werden wir neuerlich Zeugen – nicht eines Gerichtsprozesses, sondern einer grandiosen Krönungsfeierlichkeit. Heinrich hat inzwischen die Anglikanische Kirche gegründet, und der ihm willfährige Erzbischof von Canterbury hat seine Ehe mit Katharina wie gewünscht annulliert; die ehemalige Königin lebt kränkelnd weit entfernt vom Zentrum der Macht. Sie stirbt, nicht ohne zuvor ihren Getreuen einen Brief an ihren ehemaligen Gemahl auszuhändigen, in dem sie ihm verzeiht und ihn bittet, sich um die angemessene Erziehung ihrer gemeinsamen Tochter Mary zu kümmern – jener Tochter, die Jahre später (1553) den Thron von England bestiegen hat und als *Bloody Mary* den Katholizismus auf der Insel wieder durchsetzen wollte. Einige Hundert ihrer Untertanen, die sich weigerten, zum katholischen Glauben zurückzukehren, bezahlten dafür mit ihrem Leben – sie wurden auf Scheiterhaufen verbrannt.

Lady Anne jedoch, die frisch gekrönte Königin, ist vorerst der neue Star am Himmel von Monarchie und Macht. Wie von Zauberhand wird sie über alle Widerstände (Heinrichs Ehe mit Katharina) hinweg ganz nach oben getragen und wähnt sich auf dem Parnass, nachdem sie sehr bald schon von einem Mädchen (die zukünftige König Elisabeth I.) entbunden wird. Der kurze Dialog zwischen dem König und einer alten Dame, die ihm von der Entbindung Mitteilung macht, lässt allerdings aufhorchen. In ihm (diesem Dialog) ist bereits der zukünftige Nieder- und Untergang von Lady Anne angelegt; denn auch sie wird ihrem Gatten keinen Jungen gebären, und sie landet daher bald auf dem Schafott, ohne dass dieses Ende im Stück gezeigt wird – die Zuschauer damals wussten jedoch um ihr Schicksal:

> » KÖNIG (zur alten Dame): Nun, dein Blick / Zeigt mir die Botschaft. Hat die Königin entbunden? Sag mir „Ja, ja! Von einem Jungen". / ALTE DAME: Ja, ja, mein Fürst, / Von einem süßen Jungen. Segne Gott / Die beiden heut auf ewig: 's ist ein Mädchen, / Das zukünftige Jungs verspricht.[15]

---

[15] Shakespeare: Heinrich VIII. (1613), Cadolzburg 2015, S. 203.

*Heinrich VIII.* endet mit einer grandiosen Taufzeremonie, wie man sie sich bombastischer kaum vorstellen mag. Das Mädchen, das zukünftige Jungs verspricht, wird mit dem Namen Elisabeth versehen – ein Name, den man sich (so Thomas Cranmer, der von Heinrich zum Erzbischof von Canterbury eingesetzt wurde) wird merken müssen, da dieser Säugling in und für England noch Großes, Weltbewegendes leisten werde:

> » Ihr sollt sehn: Alles ist wahr. / Dies Königliche Kind – sei Gott mit ihm – / Verspricht, obwohl noch in der Wiege, heut schon / Tausendmal tausend Segnungen dem Land, / Die mit der Zeit ihm reifen. Sie wird einst – / Kaum einer unter uns wird's noch erleben – / Ein Vorbild für die Fürsten ihrer Zeit sein / und aller folgenden... / Sie lieben wird man und sie fürchten.[16]

Zumindest mit der letzteren Prognose lag der Erzbischof von Canterbury nicht ganz daneben – Elisabeth wurde in ihrer 45jährigen Regentschaft (1559–1603) eine Königin, die von vielen aufgrund ihrer Herrschaft geliebt und zugleich von ähnlich vielen aufgrund ihrer unberechenbaren Launen gefürchtet wurde. Sie sicherte z. B. die Unabhängigkeit der Anglikanischen Kirche, kämpfte vehement gegen die spanische Armada und gründete die erste englische Kolonie in Amerika. Dass sie aber zukünftige Jungs in die Welt setzte, war ebenso ein frommer Wunsch wie die kühne Vorhersage Cranmers, dass Elisabeth „als Jungfrau, / Als unbefleckte Lilie"[17] sterben werde. Die Königin blieb zwar zeitlebens unverheiratet, leistete sich aber eine muntere Reihe von Liebhabern, ohne dass sie (soweit man es weiß) jemals tatsächlich auch schwanger wurde – einige Scheinschwangerschaften allerdings sind bezeugt, was bestens zum Titel unseres Dramas passen würde: *Alles ist wahr.*

Was aber kann und soll uns *Heinrich VIII.* im dritten Jahrzehnt des 21. Jahrhunderts noch sagen? Den Aufstieg und Fall von Herrschenden und

---

[16] Shakespeare: Heinrich VIII. (1613), Cadolzburg 2015, S. 233.
[17] Shakespeare: Heinrich VIII. (1613), Cadolzburg 2015, S. 235.

Machthabern, von Möchtegern- und echten Tyrannen, von Polit-Stars und viel häufiger noch von Sternchen und ihrer Entourage haben Historiker wie Dramatiker und Dichter seit Shakespeare vielhundertfach beschrieben – in gewisser Weise ermüdet diese Wiederholung fast, weil sie vorhersagbare Ergebnisse generiert, die nur unwesentlich voneinander differieren.

Auch Shakespeare muss derlei gespürt haben – nicht zufällig hat er sich damit begnügt, lediglich einen und nicht alle Wechsel Heinrichs von einer Gattin zur nächsten zu beschreiben; lediglich einen Prozess gegen Buckingham und nicht die vielen weiteren gegen all seine vermeintlichen oder tatsächlichen Widersacher; lediglich das eine Todesurteil gegen den Lordkanzler Wolsey und nicht auch noch das folgende gegen Lordkanzler Thomas Morus; lediglich die eine Taufe seiner Tochter Elisabeth und nicht auch diejenigen von Mary oder seiner anderen Kinder.

Wie bei einer Revue oder wie bei einer Nummern- und Episoden-Oper zeigte Shakespeare das Exemplarische, um an ihm das Regelhafte und das sich permanent Wiederholende von Geschichte, gesellschaftlichen Verhältnissen und Politik zu demonstrieren. Nicht viele Patienten sehen, sondern an einem Patienten vieles sehen – lautete das Motto des Arztes Johann Lukas Schönlein (1793–1864). Analog verfuhr Shakespeare, wenn er den Zuschauern nicht viele Wiederholungen zumutet, sondern an einer Wiederholung vieles verdeutlicht.

Dabei nahm er als Dichter eine Haltung seinen Figuren und deren Schicksalen ein, die man als recht nüchtern-skeptisch und keineswegs als besonders mit ihnen identifiziert charakterisieren kann – so als wollte er uns als Diagnostiker zeigen, wie die Mechanismen und Dynamiken von Machtgewinn, Machterhalt, Machtverlust realiter ineinandergreifen:

> » Was mich an dem Stück vor allem fasziniert, ist Shakespeares unbeteiligte Gleichgültigkeit gegenüber seinen Protagonisten, die ihn erst interessieren, wenn sie untergehen (Buckingham, Wolsey, Katharine, Cranmer, der mit knapper Not noch einmal davonkommt), und dann des Dichters und unser Mitgefühl erregen.[18]

---

[18] Bloom, H.: Shakespeare – Die Erfindung des Menschlichen (1998), Berlin 2000, S. 979.

Ein Hauptmechanismus von Machtgewinn, Machterhalt, Machtverlust, den wir im 21. ebenso wie im 16. Jahrhundert beobachten können und oft auch müssen, besteht in der Art und Weise, wie Fakten und Realitäten so miteinander und zueinander in Bezug und Gültigkeit gesetzt werden, dass daraus zuletzt häufig überaus tendenzielle Geschichten, Geschichte und Geschichtsklitterung entstehen. Nicht wenige Politiker, Medienleute oder Intellektuelle verfahren sehr frei nach Friedrich Nietzsche, der in seinen Schriften mehrfach betonte, es gäbe keine Tatsachen, sondern immer nur Interpretationen von Tatsachen.

Alles ist wahr – dieser Satz dürfte nach Shakespeare mit merklicher Betonung auf dem Wort *alles* gelesen werden: Alles und jedes und alles Mögliche wird als wahr deklariert, ohne dass die Deklarierenden oftmals auch nur im Ansatz ihre Verantwortung für angebliche oder tatsächliche Wahrheits-Deklarationen spüren. Nicht erst in den letzten Jahren sind *fake news* zum weit verbreiteten Phänomen in der öffentlichen Kommunikation geworden – seit Jahrhunderten schon gibt es unzählige Falschmeldungen im Zusammenhang mit politischen Krisen, Konflikten und bei kriegerischen Auseinandersetzungen.

Doch die Verbreitung fragwürdiger Wahrheiten geschieht ähnlich auch im privaten und halböffentlichen Raum: Intrigen, Legendenbildungen sowie üble Nachreden in allen erdenklichen Varianten sind Massenphänomene, die nicht erst seit der Etablierung der sogenannt sozialen Medien im Internet bekannt sind. Die Aufwertung der je eigenen Person gelingt (in der Regel allerdings nur für kurze Zeit), indem andere entwertet werden; und je fragiler der Selbstwert von Menschen ist, umso entschiedener, häufiger und aggressiver suchen sie Halt und Stütze bei den Mechanismen der Entwertung ihrer Mitmenschen.

Dass dabei individuelle ebenso wie auch kollektive Wahrheiten gebeugt, zurechtgerückt, ergänzt, partiell vergessen und teilweise oder auch komplett neu erfunden werden, überrascht nicht. Wer die Deutungsmacht über die Geschichten und die Geschichte von Einzelnen, Gruppen oder Sozietäten innehat, genießt zuletzt meist nicht nur zwischenmenschliche Dominanz, sondern auch soziale, gesellschaftliche und politische Überlegenheit. Die Machthaber der Vergangenheit und Gegenwart investieren nicht zufällig viel Energie und Geld, um mittels Marketing und Propaganda die Wahrheit über sich, den Staat und die Historie in ihrem Sinne zu beeinflussen.

Heinrich VIII., aber auch die Wolseys und Cranmers und Pairs um ihn her sind Paradebeispiele, an denen Shakespeare die Rolle der Wahrheit beim Machtgewinn, Machterhalt und Machtverlust überaus elegant zeigen konnte. Dass er dabei Methoden von Oper und *Masque,* also Maskerade und Maskenspiel, verwendet hat, korreliert bestens mit diesem Inhalt des Dramas und damit mit der Frage nach dem schönen Schein, dem kargen Sein und nach den wahren Verhältnissen des individuellen und kollektiven Daseins. Dass er derlei im Sinn hatte, teilte er dem Publikum bereits im Prolog von *Heinrich VIII.* ganz offen mit:

> » Die Wahrheit, die wir melden wollen, geht / Nicht überein mit Possen; 's wär ganz gegen / Den Sinn und unsern Ruf, denn uns ist dran gelegen, / All das, was wahr ist, wahr auch vorzutragen.[19]

In *Heinrich VIII.* hatte Shakespeare keine Wahrheiten zu verkünden; wohl aber animiert er beständig zur Wahrheitssuche. In den Gerichtsszenen und Verhören geht es ebenso wie in den intimsten Verhältnissen Heinrichs und seiner Gattinnen um die Fragen nach dem, was tatsächlich vorliegt oder geschehen ist. Dass das Wahre dabei oftmals schillernd, vieldeutig, unklar imponiert und mitnichten leicht aufzudecken ist (der griechische Begriff für Wahrheit – *aletheia* – bedeutet soviel wie das Nicht-Bedeckte), liegt in der Natur der Sache. Wer sich bei dieser Suche zu rasch auf eine angebliche Wahrheit verständigt, landet häufig bei Täuschungen, Mogelei, direkter Lüge oder bei ... Scheinschwangerschaften.

Neben jenen illustren Passagen und Episoden aus dem Leben Heinrichs, die Shakespeare elegant auf die Bühne verlegt hat, interessierten damals und interessieren uns auch heute noch jene Dimensionen seiner Existenz und Herrschaft, die der Dichter (wohlweislich) ausgespart und nicht erwähnt hat. Die Wahrheit ist dem Menschen zumutbar – heißt es bei Ingeborg Bachmann 1959 in der Dankesrede für die Verleihung des Hörspielpreises der Kriegsblinden. Die Fragen dazu lauten: In welcher Dosierung? welche Wahrheit? und in welchen Situationen? Shakespeare hat diese Fragen bei *Heinrich VIII.* vorwegnehmend beachtet und manch offensichtlich Wahres ausgespart oder nur angedeutet.

Zu den historischen Wahrheiten der Regentschaft Heinrich VIII. zählen die Gründung und die Emanzipation der Anglikanischen Kirche von Rom

---

[19] Shakespeare: Heinrich VIII. (1613), Cadolzburg 2015, S. 11.

sowie die damit verbundenen, zum Teil heftigen konfessionellen und weltanschaulichen Auseinandersetzungen, welche Tausende von Menschen in England das Leben kosteten. Als Shakespeare *Heinrich VIII.* die ersten Male zur Aufführung brachte (1613), lebten noch Menschen, die sich sehr direkt an die schrecklichen Zeiten der massenhaften Hinrichtungen unter diesem König erinnerten. Nannte man den Namen Heinrich, schwangen die grausamen Folgen seiner Herrschaft als Subtext bei vielen mit.

Shakespeare wollte dem Publikum bei all der enormen Schrecklichkeit von Heinrichs Regierungszeit mit seinem Drama auch etwas Tröstliches vermitteln. So sehr einzelne Herrscher tyrannisch und despotisch agieren und tiefe Spuren von Leid und Blut bei ihren Untergebenen hinterlassen, so sehr gehört es zum Gesetz von Werden und Vergehen, dass selbst die unmenschlichsten Gewaltherrscher irgendwann dem Untergang geweiht sind – sie sterben eines natürlichen oder unnatürlichen Todes, oder sie werden von ihren Nachfolgern gestürzt und entmachtet.

In *Heinrich VIII.* ist es der fünfte Akt, in dem Elisabeth als zukünftige Regentin geboren und getauft und mit der eine bessere, humanere Zeit in Aussicht gestellt wird. Nur kurz erwähnt wird jene Königin, die zwischen Heinrich VIII. und Elisabeth einige Jahre ihr Unwesen trieb: *Bloody Mary,* die als Erbschaft ihres Vaters den Konfessions-Fanatismus übernommen hatte. *Heinrich VIII.* endet mit einer realistisch-optimistischen Perspektive, die auch im 21. Jahrhundert noch ihre Gültigkeit behält: Jeder Tyrann und jeder Diktator ist sterblich – eine ausnehmend tröstliche Gesetzmäßigkeit, auf die so ähnlich Bertolt Brecht verwiesen hat, als er in noch bedeutend grausameren Verhältnissen als unter Heinrich VIII. leben musste:

» Es wechseln die Zeiten. Die riesigen Pläne / Der Mächtigen kommen am Ende zum Halt. / Und gehn sie einher auch wie blutige Hähne / Es wechseln die Zeiten, da hilft kein Gewalt. / Am Grunde der Moldau wandern die Steine / Es liegen drei Kaiser begraben in Prag. / Das Große bleibt groß nicht und klein nicht das Kleine. / Die Nacht hat zwölf Stunden, dann kommt schon der Tag.[20]

---

[20] Brecht, B.: Es wechseln die Zeiten (1943), in: Die Gedichte, Frankfurt am Main 2000, S. 1023.

## Literatur

Bloom, H.: Shakespeare – Die Erfindung des Menschlichen (1998). Berlin (2000)
Brandes, G.: William Shakespeare. Paris. (1898)
Brecht, B.: Es wechseln die Zeiten (1943), In: Die Gedichte, Frankfurt a. M. (2000)
Erasmus von Rotterdam: Briefe. In: Opus epistolarum Des. Erasmi Roterodami, Bd. 12, Percy Stafford Allen (Hrsg.). Oxford (1906–1958)
Gerste, R.D.: Heinrich VIII. – Kraft und Brutalität, Deutsches Ärzteblatt 106 (40), 2. Oktober 2009, S. A1973 (2009)
Ikram, M.Q. et al.: The head that wears the crown: Henry VIII. and traumatic brain injury. J. Clin. Neurosci. **28**, 16–19. (Juni 2016)
Russell, B.: Macht (1938). Hamburg (2001)
Shakespeare: Heinrich VIII. (1613). Cadolzburg (2015)
Suerbaum, U.: Der Shakespeare-Führer (2001). Stuttgart (2015)

# 9

# Wie es euch gefällt – Das Leben als Pastorale

Als Ludwig van Beethoven (1770–1827) Anfang des 19. Jahrhunderts an seiner 6. Symphonie, der *Pastorale,* arbeitete, imaginierte er sich seinen Biographen zufolge in Wien immer wieder nach Nussdorf und Grinzing (zwei malerische Weinorte in der Nähe von Wien), wo er eindrückliche Naturerlebnisse gehabt hatte. In seiner symphonischen Musik wollte er die Vogelrufe ebenso wie die Schritte eines Wanderers, das Plätschern eines Baches oder das Blitzen und Donnern eines bedrohlichen Gewitters zum Ausdruck bringen.

Dass sich Beethoven bei dieser Komposition auch mit Shakespeare befasst hat, ist eher unwahrscheinlich. Dabei wäre er aber beispielsweise im Drama *Wie es euch gefällt* auf vielfältige Schilderungen naturhafter Atmosphären gestoßen, die ähnlich malerischen Charakter aufweisen wie die fünf Sätze seiner *Pastorale.* Aufgrund dieser Naturbeschreibungen und der in der freien Natur angesiedelten Liebesgeschichten bezeichnet man *Wie es euch gefällt* gelegentlich auch als Pastorale oder Schäferspiel – eine Bezeichnung, die nur Teilaspekte des Stückes widerspiegelt, weil Shakespeare damit eine sehr eigene Art von Schäferspiel geschaffen hat.

Was aber ist eine Pastorale respektive ein Schäferspiel? Diese Art von Theaterstück entwickelte sich in der Renaissance; aller erste Schäferspiele stammen etwa von den italienischen Dichtern Torquato Tasso (1544–1595) und Giovanni Battista Guarini (1538–1612). Im 17. und 18. Jahrhundert wurden Schäferspiele vor allem an den Höfen Englands und Frankreichs, später auch in Deutschland zur Aufführung gebracht.

Inhaltlich handelte es sich dabei um Liebesgeschichten zwischen meist Schäferinnen und Schäfern, die nach einer Phase der Verliebtheit getrennt werden und zum Schluss glücklich wieder zueinanderfinden. Heiterkeit und Harmonie, beste Ordnung und idyllische Natur dominieren das Geschehen, und als Zuschauer kann man sich dabei in seinem Fauteuil ziemlich behaglich einrichten – Aufregungen, überraschende Abenteuer oder existentielle Brüche und Abgründe fehlen in der Regel komplett in Pastoralen. Hinzu kommen musikalische Einlagen, Ballette und Chöre, die das Geschehen nochmals kulinarischer erscheinen lassen, so dass man Schäferspiele oft wie eine Art Nebenbei-Verköstigung genossen hat.

Und was machte nun Shakespeare aus dieser Theatergattung? Einerseits schrieb er mit *Wie es euch gefällt* eine vollgültige Pastorale; andererseits ließ er daraus aber etwas komplett Eigenständiges und über ein bloßes Schäferspiel weit Hinausreichendes entstehen.

Schauplätze der Handlungen sind zum einen ein Herzogs-Hof und die umgebende Stadt, zum anderen der Ardenner-Wald, in dem sich der ganz überwiegende Teil der Szenen ereignet. Herzog Frederick hat seinen älteren Bruder (Herzog der Ältere) entmachtet und verbannt – dieser hat sich in den Ardenner-Wald zurückgezogen und lebt ein sehr unkonventionelles und ziemlich freies Leben, das derart attraktiv wirkt, dass sich ihm etliche junge Menschen anschließen:

> » Es heißt, er (der Herzog Senior) wär schon im Ardenner Wald, und mit ihm viel fröhlich Volk; und da leben sie wie der alte Robin Hood von England. Es heißt, viele junge Herrn laufen ihm tagtäglich zu und leben sorglos in den Tag wie einst im Goldenen Zeitalter.[1]

Am Hof von Herzog Frederick lebt Rosalinde. Sie ist Tochter des exilierten Herzogs; da sie jedoch eng mit Celia, der Tochter Fredericks, befreundet ist, darf sie vorerst am Hof ihres Onkels bleiben. Zusammen mit dem Hofnarren Probstein, dem Höfling Le Beau und weiteren Lords wird sie Zeugin eines Ringkampfes zwischen Charles und Orlando.

---

[1] Shakespeare: Wie es euch gefällt (1599), München 1996, S. 15.

Charles ist ein Preisringer am Hofe von Herzog Frederick; als solcher wurde er bis anhin niemals besiegt. Im Gegenteil: Jeder, der sich ihm bisher zum Ringkampf stellte, zog mit schweren Blessuren von dannen. Nun also versucht sich Orlando an diesem Bären von einem Mann – ein Versuch, von dem alle schon im Vorhinein zu wissen meinen, dass er für den schmächtigeren Orlando böse enden wird.

Orlando ist der jüngste von drei Brüdern; ihr verstorbener Vater war Sir Rowland de Boys. Der Älteste von ihnen, Oliver, soll dem Testament des Vaters gemäß den Jüngsten erziehen und ihm eine angemessen gute Ausbildung zukommen lassen – ein letzter Wille von Sir Rowland de Boys, dem Oliver aufgrund seiner Affekte gegen Orlando nicht entspricht:

» **Mein Herz – zwar weiß ich nicht warum – hasst nichts mehr als ihn. Dabei ist er nobel, nie geschult und doch gebildet, von hochfliegendem Denken, von jedermann bis zur Verzauberung geliebt, ... dass ich daneben ganz missachtet steh.**[2]

Dieser Hass Olivers, den man unschwer als sich potenzierende Kreuzung aus Neid und Eifersucht einordnen kann, trägt dazu bei, dass er seinen jüngeren Bruder regelrecht dazu anstachelt, den Ringkampf mit Charles zu wagen. Und obwohl Rosalinde und Celia den ach so sympathisch, aber schwächlich wirkenden Orlando von seinem Abenteuer abhalten wollen, tritt dieser gegen Charles an und ... wirft diesen nach wenigen Sekunden zu Boden.

Alle Zuschauer sind völlig perplex, so auch Herzog Frederick, der sich nach dem Namen und der Abstammung von Orlando erkundigt. Als er erfährt, dass er der jüngste Sohn von Rowland de Boys ist, kommentiert er dies mit: „Du hättst mir besser mit dem Sieg gefallen, / Wärst du aus einem andern Haus entstammt."[3] – Frederick und Rowland de Boys waren sich zeitlebens in herzlicher Feindschaft zugetan.

Rosalinde jedoch und Celia sind restlos entzückt über Orlando und seinen unerwarteten Sieg; insbesondere die Erstere spürt in sich erste Ver-

---

[2] Shakespeare: Wie es euch gefällt (1599), München 1996, S. 19.
[3] Shakespeare: Wie es euch gefällt (1599), München 1996, S. 33.

liebtheitsgefühle hochsteigen: „Herr, nun, Sie haben gut gekämpft und mehr / Besiegt als Ihre Feinde."[4] Und als Rosalinde ihm zum Zeichen ihrer Anerkennung ihre Halskette überreicht, ist es an Orlando, sprachlos vor Glück zu werden. Als aber Le Beau ihn darauf aufmerksam macht, dass Herzog Frederick ihm aufgrund seiner Abstammung keineswegs gewogen ist, beschließt Orlando – unter anderem auch wegen der Misshelligkeiten mit seinem Bruder –, die Stadt in Richtung Ardenner-Wald zu verlassen.

Orlando ist nicht der Einzige, der im Wald auftaucht. Auch Rosalinde und Celia haben sich, nachdem Herzog Frederick seine Nichte attackierte, auf den Weg hin zu jenem Heterotopos (anderen Ort) aufgemacht, von dem sie hoffen, ein harmonischeres, schöneres Leben führen zu können. Weil sie befürchten, unterwegs als vornehme Frauen belästigt zu werden, verkleiden sie sich als junger Mann Ganymed (Rosalinde) und einfaches Mädchen Aliena (Celia).

Im Wald angekommen, treffen sie ganz unerkannt auf den alten Herzog, auf Orlando und dessen Diener Adam, auf den enorm witzig-geistreichen Melancholiker Jaques sowie auf einige Lords, die dem Herzog Senior in das Ardenner-Idyll gefolgt waren. Mit im Schlepptau von Rosalinde und Celia (Ganymed und Aliena) befindet sich der Hofnarr Probstein, der für sich feststellt: „Jetzt bin ich ein Ardenner-Narr, ich Narr, ich närrischer, als ich zu Hause war, ging's mir besser, aber wer reist, der darf nicht klagen."[5]

All die anderen aber haben keinen Grund zur Klage. Rosalinde und Celia erwerben eine Schäferei mit den dazugehörigen Schafen und lernen dabei den jungen und den alten Schäfer Silvius und Corin kennen. Sie plaudern angeregt mit ihnen nicht nur über die Schäferei, sondern vor allem über die Phänomene von Verliebtheit und Liebe.

Parallel dazu unterhalten sich auch der alte Herzog, einige Lords sowie Jaques über das Leben im Allgemeinen und über ihr privilegiertes Dasein im Ardenner-Wald im Besonderen. Während sie ihr frugales Mahl zu sich nehmen, stoßen Orlando und sein Diener Adam zu ihnen. Beide sind sehr hungrig und vergessen aufgrund ihres Heißhungers beinahe die nötigen Anstandsregeln. Der alte Herzog lädt sie dennoch generös ein, mit ihnen zu tafeln, und allmählich wird offenkundig, dass Orlando der Sohn von Sir Rowland de Boys ist, einem der besten ehemaligen Freunde des Herzogs Senior; entsprechend herzlich werden Orlando und sein Diener im Wald von Arden willkommen geheißen.

---

[4] Shakespeare: Wie es euch gefällt (1599), München 1996, S. 35.
[5] Shakespeare: Wie es euch gefällt (1599), München 1996, S. 63.

Es dauert nicht lange, und Orlando nutzt den Wald, um seiner Liebe zu Rosalinde Ausdruck zu verleihen. Kein Baum ist mehr vor ihm sicher, in dessen Rinde er nicht seine poetischen Liebesgesänge für „den Namen, der mein Leben lebbar macht"[6,] einzuritzen versucht; und kein Zweig ist ihm zu grazil, um nicht an einem seine ellenlangen handgeschriebenen Liebesballaden zu befestigen. Celia entdeckt als erste diese Episteln voller überschwänglicher Lyrik und signalisiert Rosalinde, dass Orlando als Urheber hinter ihnen zu vermuten steht – woraufhin Letztere (weil sie als Mann verkleidet ist) ins Grübeln gerät: „Oh je, und ich steh da in Hosen … Wie kommt er hierher? Hat er nach mir gefragt? … Aber weiß er, dass ich hier im Wald bin und in Männerkleidern? Und sieht er noch so gut aus wie am Ringkampftag?"[7]

Beide Frauen beschließen, sich nicht zu erkennen zu geben, falls sie auf Orlando treffen; und Rosalinde geht noch einen Schritt weiter und nimmt sich vor, ihren Angebeteten regelrecht zu foppen und zum Narren zu halten. Als es tatsächlich zu einem Treffen zwischen beiden kommt, will Orlando von Ganymed (Rosalinde) wissen, ob es Medikamente gegen seine enorme Verliebtheit gäbe – er sei derart für eine gewisse Rosalinde entbrannt, dass er sich häufig nicht mehr recht zu helfen wisse. Scheinbar lässig und abgeklärt erwidert ihm Ganymed (Rosalinde):

> » Liebe ist nichts als ein Wahnsinn, und glauben Sie mir, verdient Zwangsjacke und Dunkelhaft so gut wie andere Wahnsinnige; und sie werden nur deshalb nicht genauso bestraft und kuriert, weil diese Mondsucht so weit verbreitet ist, dass selbst die Irrenwärter daran erkranken. Aber ich behaupte, ich kann Sie ohne Zwangsjacke mit Ratschlägen kurieren.[8]

Und als Orlando nun darauf besteht, von Ganymed eben jenes Heilmittel benannt zu bekommen, das ihm die schlimmsten Verliebtheits-Symptome

---

[6] Shakespeare: Wie es euch gefällt (1599), München 1996, S. 93.
[7] Shakespeare: Wie es euch gefällt (1599), München 1996, S. 107.
[8] Shakespeare: Wie es euch gefällt (1599), München 1996, S. 117.

lindern soll, verfällt dieser auf die grandiose Idee: „Sie sind heilbar, wenn Sie mich nur Rosalinde nennen und jeden Tag zu meiner Hütte kommen und mir den Hof machen."[9]

Weil sich Orlando brav an diese Vorgabe hält und dem vermeintlichen Ganymed gegenüber mächtige Liebesbekundungen an den Tag legt, als ob er Rosalinde wäre (was er respektive sie tatsächlich auch ist), zweifelt Letztere daran, inwiefern dieser Orlando mit seinen Liebesschwüren ernst zu nehmen ist. Celia kommentiert die Situation und daneben Orlando noch dazu ganz im Sinne einer allgemeinen Verwirrung:

> » Oh, das ist ein prachtvoller Mann! Er schreibt prachtvolle Verse, spricht prachtvolle Worte, schwört prachtvolle Eide und bricht sie prachtvoll, mittendurch, wie das Herz seiner Liebsten; ein Tolpatsch mit großen Pratzen, wo der hinlangt, gibt's Scherben.[10]

Diese allgemeine Identitätsverwirrung wird in keiner Weise verringert durch die Tatsache, dass sich die schöne Schäferin Phoebe in Ganymed (respektive Rosalinde) verliebt. Rosalindes Aufforderung an Phoebe – „Bitte, verlieben Sie sich nicht in mich, / Denn ich bin falscher als ein Schwur im Suff."[11] – hat vorerst eher die entgegengesetzte Wirkung, und es dauert Dutzende von Strophen, bis Phoebe sich wieder dem jungen Schäfer Silvius zuwendet, der doch ihr eigentlicher Geliebter sein oder werden soll.

Phoebe und Silvius beschließen, an Ganymed (Rosalinde) einen Brief zu schreiben, in dem sich die unglücklich Verliebte vom Objekt ihrer Liebe abzuwenden verspricht. Doch so sehr sie sich auch bemüht, Distanz zu Ganymed einzulegen, so sehr findet sie Mal um Mal Formulierungen, denen man ihre weiterhin mächtigen libidinösen Interessen an Ganymed (und nicht so sehr an Silvius) anmerkt:

---

[9] Shakespeare: Wie es euch gefällt (1599), München 1996, S. 119.
[10] Shakespeare: Wie es euch gefällt (1599), München 1996, S. 129.
[11] Shakespeare: Wie es euch gefällt (1599), München 1996, S. 135.

> Warum, verhülltes Götterhaupt, / Hast meinem Herz die Ruh geraubt? / Manch ein Männeraug umwarb mich, / Keines noch bislang verdarb mich. / Hat Spott aus deinen Augensternen / Die Macht, mich soviel Lieb zu lernen, / Weh, oh weh, was nur für Triebe / Weckte wohl ein Blick der Liebe?[12]

Inzwischen hat auch Oliver, ältester Bruder Orlandos, den Ardenner-Wald aufgesucht. Er trifft dort auf Aliena (Celia), in die er sich *stante pede* verliebt. Er erzählt ihr, wie er dem jüngsten Bruder sein Leben verdankt: Dieser hat ihn schlafend im Wald vorgefunden, als sich eine Schlange um seinen Hals gewunden und ein Löwe ihn bedroht hat; und beide Gefahren hat Orlando für Oliver in die Flucht geschlagen. Seit diesem Ereignis, so Oliver, habe sich die Beziehung dem Bruder gegenüber völlig verändert:

> Ich schäm mich nicht, / Zu sagen, was ich war, weil meine Umkehr / So süß schmeckt, seitdem ich ein andrer bin.[13]

Oliver ist also der Nächste, den die Verhältnisse im Ardenner-Wald innert kurzer Zeit komplett verwandeln. Aus dem griesgrämig-verhärmten Bruder ist ein generös-geschmeidiger Mensch geworden, der nicht nur Offenheit für Liebesempfindungen zeigt, sondern sich auch Orlando gegenüber als überraschend großherzig erweist. Nachdem er ihm eröffnet hat, dass er die Schäferin Aliena (Celia) heiraten wolle, vermacht er Orlando, dem er bis vor Kurzem noch den Tod gewünscht hat, sein Hab und Gut: „Vaters Haus und alle Einkünfte vom alten Rowland überschreib ich dir und leb und sterb ein Schäferleben hier."[14]

---

[12] Shakespeare: Wie es euch gefällt (1599), München 1996, S. 159.
[13] Shakespeare: Wie es euch gefällt (1599), München 1996, S. 165.
[14] Shakespeare: Wie es euch gefällt (1599), München 1996, S. 175.

Nunmehr zeichnen sich also drei zukünftige Paarbeziehungen ab: Celia und Oliver; Orlando und Rosalinde; Phoebe und Silvius. Ein viertes Paar bilden Probstein und die Ziegenhirtin Käte, der zwar Wilhelm nachstellt, und die jedoch bedeutend größeres Interesse an dem bunt-schillernden herzoglichen Narren entwickelt hat und ihren Probstein unverblümt bittet, Wilhelm in die Wüste zu schicken.

Doch noch sind aus diesen bloß angedeuteten Beziehungen keine Realitäten erwachsen, was vor allem an jener Verwechslungskomödie liegt, die Ganymed (Rosalinde) und Aliena (Celia) immer noch spielen. Erstere lädt alle Verliebten für den kommenden Tag zu einem Treffen ein, bei dem alle Undurchschaubarkeiten aufgeklärt und die Paare dann endgültig verheiratet werden sollen.

Zur verabredeten Zeit kommen nicht nur diese vier Paare zusammen; zu ihnen stoßen auch der Herzog sowie Edelleute des Ardenner-Waldes. Probstein macht seiner Narrenrolle alle Ehre, indem er dem Herzog seine Motive der bevorstehenden Verheiratung erläutert:

> » Ich dränge mich hier, Herr, in die Herde der Kopulations-Wütigen, um zu beeiden und zu bemeineiden, wie nun mal Heirat verbindet und Fleischeslust verschwindet. Eine unscheinbare Jungfrau, Herr, ein potthässliches Ding, Herr, zwar nicht fein, aber mein, wenn auch klein; eine dumme Vorliebe von mir, zu nehmen, was sonst keiner will.[15]

Als dann noch Hymenaios, die griechisch-antike Gottheit der Hochzeit, im Wald auftaucht, können nicht nur die vier Paare endlich zueinander finden; wichtiger noch ist die endgültige Klärung der verschiedenen Rollen und Identitäten (z. B. Ganymed und Aliena) sowie der libidinösen Beziehungen zwischen den acht Verliebten durch Hymenaios:

---

[15] Shakespeare: Wie es euch gefällt (1599), München 1996, S. 193.

> Still! Die Verwirrung end ich, / Die Wunderdinge wend ich / Zum Schluss, der alles eint. / Zum Bund reicht euch die Hand, / Acht knüpfen Hymens Band, / Wenn Wahrheit Wahrheit meint. Dich und dich entzwei kein Schmerz. / Du und du seid Herz an Herz. / Du häng seiner Liebe an, / Oder nimm ein Weib zum Mann. / Du und du, ihr bleibt verbunden, / Wie der Frost den Winterstunden. / Während wir das Brautlied singen, / Fragt euch satt nach diesen Dingen, / Dass vorm Verstand das Staunen schwände, / Wie dies begann, wie's kam zum Ende.[16]

Zum glücklichen Ausgang dieses Schäferspiels passt auch, dass sogar Herzog Frederick, der so abscheulich wirkende Bruder des Herzogs Senior, beim Versuch, die Versammlung im Ardenner-Wald mittels Gewalt aufzulösen, von einem alten Eremiten bekehrt und von seinem Vorhaben abgebracht wird. Und nicht nur das: Auch Frederick wirkt nach seinem Kontakt mit dem Wald und dem Alten wie verwandelt und setzt zum Schluss seinen Bruder, den Herzog Senior, wieder in seine alten Rechte und Würden ein und überlässt ihm die Krone – woraufhin dieser alle Bewohner und Gäste des Waldes zu einem großen Fest einlädt.

Den Epilog schließlich spricht Rosalinde, wobei sie allein auf der Bühne steht und beinahe wie im epischen Theater aus ihrer Rolle schlüpft und über sich und das eben zu Ende gegangene Drama sowie einige der darin auffälligen Eigentümlichkeiten räsoniert:

> Mir bleibt nur noch Zauberei, und die Frauen werde ich zuerst bezirzen. Ich beschwöre euch, oh Frauen, so wahr ihr Männer liebt, lasst euch soviel von diesem Stück gefallen,

---

[16] Shakespeare: Wie es euch gefällt (1599), München 1996, S. 197.

> wie es euch gefällt. Und ich beschwöre euch, oh Männer, so wahr ihr Frauen liebt – und wie ich an eurem Grinsen sehe, hasst sie keiner –, lasst euch das Spiel mit den Frauen gefallen. Wenn ich eine Frau wäre, ich würde jeden von euch küssen, der einen Bart hat, der mir gefällt, ein Aussehn, das mir zusagt, und einen Atem, der mich nicht abstößt.[17]

Für Leser oder Zuschauer im 21. Jahrhundert muss dieser Schluss noch einmal mehr als verwirrend wirken: Ist Rosalinde, die ihre Ganymed- und Hosen-Rolle eigentlich abgelegt hat, doch keine Frau? Oder was hat ihre Aussage: „Wenn ich eine Frau wäre..." zu bedeuten?

Zügige Aufklärung und Beantwortung dieser Frage bietet die Erläuterung des Übersetzers Frank Günther in *Vom Stück, das nicht im Text steht oder Fantasia capricciosa für Röcke, Hosen und Hosenröcke*, die dankenswert dem Drama angefügt ist. Günther erläutert darin, dass im elisabethanischen Theater alle Rollen grundsätzlich von Männern gespielt wurden, und dass es zu Shakespeares Zeiten üblich war, möglichst effeminierte Knaben als Besetzung für Mädchen- oder Frauen-Figuren zu wählen. Dennoch muss dem Publikum damals die Diskrepanz zwischen gespielter und wirklicher Geschlechts-Identität offenkundig gewesen sein.

Daher war es unter den damaligen Dramen-Autoren häufig geübte Praxis, Stücke mit Hosen-Rollen zu schreiben. Männliche Schauspieler, die als Frauen auf der Bühne zu sehen sein sollten, konnten aufgrund von Hosen-Rollen so tun, als ob sie Männer wären – was ihnen besonders gut gelang, weil sie damit nichts anderes als ihre tatsächliche Geschlechts-Identität zu spielen hatten.

Wenn Rosalinde ihren Epilog spricht und sowohl aus ihrer Hosen-Rolle Ganymed als auch aus ihrer Mädchen-Rolle Rosalinde aussteigen darf, war sie im elisabethanischen Theater ein Mann; und von daher ist es nachvollziehbar und verständlich, wenn sie sich ans Publikum wendet und über ihre Geschlechts-Identität im Konjunktiv aussagt: „Wenn ich eine Frau wäre ..." In der Tat: Zu Beginn des. 17. Jahrhunderts waren alle die Rosalindes

---

[17] Shakespeare: Wie es euch gefällt (1599), München 1996, S. 203.

auf englischen Bühnen ausnahmslos männlich und konnten überzeugend vor sich hinmurmeln: „Wie wäre es, eine Frau zu sein?"

Was aber macht *Wie es euch gefällt* zu einer Shakespeare-Komödie, die sie über eine bloße Pastorale hinaus zu einem Stück werden lässt, das nicht nur aufgrund seiner witzigen Dialoge häufig inszeniert wird? Gibt es in diesem Drama anthropologisch relevante Themen und Fragestellungen jenseits der im 21. Jahrhundert nicht mehr allzu aufregenden Effekte von Hosen-Rollen?

Ich meine ja. Ein, wenn nicht sogar der zentrale Topos von *Wie es euch gefällt* ist meiner Ansicht nach das Thema der menschlichen Identität in ihren vielfältigen Ausgestaltungen und Verästelungen. So lässt sich jedenfalls auch jener nachdenkliche Monolog von Jaques deuten, in dem er auf sieben Entwicklungsphasen des Menschen zu sprechen kommt, in denen sich Individuen jeweils in recht unterschiedlichen Rollen und Funktionen erleben und präsentieren:

> » Die ganze Welt ist Bühne, / Und Schauspieler nur all die Fraun und Männer. / Sie treten auf und gehen auch wieder ab, / Und mit der Zeit spielt einer viele Rollen, / Durch sieben Lebensakte hin.[18]

Jaques beschreibt den Säugling, der bei seiner Amme maunzt; das Kind, das sich mit seinem Ranzen nur ungern zur Schule schleicht; den über beide Ohren Verliebten; den Soldaten, der sehr idiotisch „die Seifenblase Heldenruhm noch im Kanonenmaul"[19,] suchen will; den Kapaun-geblähten Wanst des Richters; den ungepflegten Alten, dem die Welt zunehmend zu weit wird; und den Greis, der in vielerlei Hinsicht wieder wie ein Kind erscheint: „Kein Zahn, kein Auge, kein Geschmack mehr, nichts."[20]

Wenngleich diese einzelnen Lebensphasen von Jaques durch die Brille seiner Melancholie betrachtet und charakterisiert werden, kann und darf man ihnen eine gewisse Realitätsnähe attestieren. Bei derart großem Wechsel der Rollen muss man sich allerdings fragen, inwiefern es sich um jeweils ein

---

[18] Shakespeare: Wie es euch gefällt (1599), München 1996, S. 85.
[19] Shakespeare: Wie es euch gefällt (1599), München 1996, S. 87.
[20] Shakespeare: Wie es euch gefällt (1599), München 1996, S. 87.

und dieselbe Person handelt, und ob der Terminus der Identität dabei sinnvoll Verwendung findet.

In *Phänomenologie des Geistes* (1807) finden sich einige Hinweise, die diese Fragen teilweise mit beantworten helfen. Hegel war überzeugt, dass der Mensch ist, was er in seiner Welt ist; in seiner Diktion lautet dieser Gedanke: „Das Individuum kann daher nicht wissen, was es ist, ehe es sich durch das Tun zur Wirklichkeit gebracht hat."[21]

Wenn wir also wissen wollen, wer wir sind und was an uns ist, lässt sich dies am ehesten an unserem konkreten Tun und damit an jener Welt ablesen, in der wir manche Spuren unserer Handlungen hinterlassen. Beruf, Beziehungen, Freizeitverhalten, politisches, kulturelles und gesellschaftliches Engagement eines jeden von uns verändern – wenngleich in der Regel beinahe unmerklich – die Welt um uns her; wir hinterlassen permanent Abdrücke unserer Person, deren Summe unsere Identität widerspiegelt.

Die Welt um uns her ist jedoch keine *Tabula rasa,* keine leere Tafel, die auf uns gewartet hätte, um endlich beschrieben zu werden – ganz im Gegenteil: Sie, die Welt und ihre Wirklichkeit, schreibt sich mit mindestens ebenso energischer Prägekraft in uns ein und hat so ein mächtiges Wort mitzureden bei der Frage, wer wir sind oder werden könnten. Deshalb ist das Hegel-Zitat auch in umgekehrter Richtung zu interpretieren: Das Tun, das uns zur Wirklichkeit bringt, ist von den Koordinaten dieser Realität zutiefst mitbeeinflusst und geprägt.

Zwei Jahrhunderte vor Hegel ließ Shakespeare diese Ideen intuitiv in *Wie es euch gefällt* einfließen. Mit den beiden Handlungsschauplätzen – der herzogliche Hof mitsamt der ihn umgebenden Stadt einerseits sowie der Ardenner-Wald andererseits – hat der Autor zwei gegensätzliche Milieus und Welt-Atmosphären konzipiert, in denen sich die Figuren des Stückes bewegen und ihr Tun zur Wirklichkeit bringen.

Am Herzogshof und in der Stadt werden die Leser oder Zuschauer Zeuge von wenig appetitlichen Vorgängen: Herzog Frederick hat seinen älteren Bruder, den Herzog Senior, entmachtet und in die Verbannung geschickt; Oliver, der älteste Sohn von Sir Rowland de Boys, misshandelt seinen jüngsten Bruder Orlando entgegen dem testamentarischen Willen des verstorbenen Vaters; zwischen Orlando und dem Preisringer Charles findet ein ungleicher Ringkampf statt; Herzog Frederick attackiert sowohl Orlando (aufgrund von dessen Abstammung) als auch seine Nichte Rosalinde (eben-

---

[21] Hegel, GFW: Phänomenologie des Geistes (1807), in: Werke Band 3, Frankfurt am Main 1970, S. 297.

falls aufgrund ihrer Abstammung, aber auch wegen ihrer Zuneigung zu Orlando).

Eine Welt von Intrige und Machtgeplänkel, von Entwertung, Aggression und Misstrauen – so imponieren der herzogliche Hof, die Stadt respektive einige der dort maßgeblich Handelnden. Beinahe konträr dazu erscheint der Ardenner-Wald, in dem Liberalität, authentische Daseinsäußerungen, Wahrhaftigkeit sowie ein spielerischer und erotischer Existenzvollzug als atmosphärische Gegebenheiten vorherrschen. In Vorfreude darauf formuliert Celia, nachdem sie mit Rosalinde beschlossen hat, den Hof hinter sich zu lassen: „Dann fliehn wir zur Freiheit."[22]

Ähnlich wie Henry David Thoreau (1817–1862) mit seinem Buch *Walden oder Hüttenleben im Walde* (1854) entwarf Shakespeare mit dem Ardenner-Wald eine teilweise recht märchenhafte Daseinswirklichkeit, in die einzutauchen aber einen besonderen Reiz ausmacht – versprechen diese ihre Attribute (frei, wahrhaftig, natürlich, authentisch, spielerisch, erotisch) eine Existenzform, bei der Selbstrealisation und damit ein vertieftes Verstehen der eigenen wie der fremden Identität möglich werden. Bei Thoreau heißt es jedenfalls sehr im Sinne einer solchen Individualisierungstendenz:

> » Wenn einer nicht Schritt hält mit den andern, rührt das vielleicht daher, dass er auf einen anderen Trommler hört. Jeder richte seine Schritte nach der Musik, die er vernimmt, mag sie noch so gemessen und leise klingen. Es ist nicht wichtig, dass einer so rasch wie ein Apfelbaum oder eine Eiche zur Reife gelangt. Soll er etwa seinen Frühling zum Sommer machen?[23]

In *Wie es euch gefällt* leben der Herzog Senior und die Edelleute ebenso wie die Schäferinnen und Schäfer, Bauern und Ziegenhirten allem Anschein nach ganz ihrem Daseins-Takt und Reifungstempo gemäß, und man kann schwerlich unterscheiden, ob die Personen dem Wald oder der Wald den

---

[22] Shakespeare: Wie es euch gefällt (1599), München 1996, S. 49.
[23] Thoreau, H.D.: Walden oder Hüttenleben im Walde (1854), Zürich 1995, S. 457.

Personen zu einer derartigen Existenz-Atmosphäre verholfen haben oder hat. Am ehesten lässt sich dies als eine Wechselwirkung begreifen, bei der die Natur, der Ardenner-Wald ihre Reize präsentieren und einzelne Personen dieselben als Werte erkennen, sich von ihnen ergreifen lassen und sie durch ihren eigenen Lebensvollzug verwirklichen.

Orlando, der diese Atmosphäre aufgrund seiner Verliebtheit unverzüglich und besonders eindrücklich registriert hat, ist ein gutes Beispiel für dieses Wechselspiel. Gott Eros hat ihn bereits noch in der Stadt gestreift, als ihm Rosalinde ihre Zuneigung signalisierte. Als Flüchtling im Ardenner-Wald gerät er nun in eine Umgebung, die seine Gefühle mächtig steigert – und zugleich sorgt sein erotischer Gefühlsüberschwang dafür, der Natur um ihn her noch mehr Wert zu verleihen. Auf einem seiner zahlreichen Zettel für Rosalinde liest Celia entsprechende Zeilen: „Muss hier diese Wildnis schweigen, / Weil sie menschenleer ist? Nein. / Zungen will ich allen Zweigen, / Geist, Kultur und Verse leihn."[24]

Doch nicht nur für bereits Verliebte hält diese Wald-Atmosphäre etwas überzeugend Ansteckendes parat. Auch die in der Stadt und am Herzogs-Hof sich alles andere als Gentleman-like Benehmenden – der Herzog Frederick ebenso wie Oliver – zeigen sich im Ardenner-Wald innert kurzer Zeit als friedliebende, kooperative und kommunikative Zeitgenossen, von denen man sich ungläubig fragt, welche wohltuende Gottheit denn in sie gefahren sein mag.

So verzichtet Oliver, kaum im Wald angekommen, auf jede Form des Piesackens von Orlando und übergibt ihm stattdessen seinen Besitz, nicht ohne zu betonen, wie sehr ihn die Liebesbeziehung mit Celia sowie das einfache Leben als Schäfer in seinen Bann gezogen haben. Ähnliches lässt sich bei Herzog Frederick beobachten, der seinem Bruder gegenüber wie ausgewechselt wirkt, ihn rehabilitiert und für sich selbst ein bedeutend schlichteres Leben wählt.

Der Mensch ist, was er in seiner Welt ist – dieses Lebensgesetz hat Shakespeare auf vielfältige Manier in seinen Dramen durchdekliniert – in *Wie es euch gefällt* wird es überzeugend zur Darstellung gebracht. Selbst jene Figuren, denen man anfänglich gewillt ist, ein hohes Maß an Bosheit, Hinterlist und Argwohn zu bescheinigen, und deren Charakter (Identität?) man als für die Kultur und Sozietät schädlich und verloren klassifizieren möchte, erweisen sich in einer wert- und sinnvollen, Eros-geschwängerten Umgebung als handsame und durchaus akzeptable Mitmenschen.

---

[24] Shakespeare: Wie es euch gefällt (1599), München 1996, S. 101.

Oder ist diese Wandlung lediglich dem Motto und der Überschrift *Pastorale* geschuldet? Böse Menschen *per se,* gibt es sie? Und wenn ja: Müssen sie nur lange genug in einer friedvolleren Umwelt leben, um sie von ihren aggressiv-thanatischen Impulsen und Plänen zu kurieren? Wenn wir bei Shakespeare nachlesen, finden wir ausreichend Beispiele für jene Exemplare der Gattung Homo, für die eine Resozialisierung im Ardenner-Wald Jahrzehnte in Anspruch nähme – und das mit recht ungewissem Ausgang; man denke nur an Richard III. oder das Ehepaar Macbeth.

Und doch hat Shakespeare bei aller realitätsadäquaten Menschen- und Weltkenntnis diesen ganz offenkundig destruktiv handelnden Figuren stets eine Biographie sowie entsprechend problematische Rahmenbedingungen ihrer Existenz und ihrer Daseinssituationen untergelegt, die es verstehbar und nachvollziehbar machen, warum sie ihr Leben am Pol des thanatisch-abgrundtief Bösen angesiedelt haben.

In *Wie es euch gefällt* begegnen wir jedenfalls einem Erziehungs- und Umwelt-gläubigen Shakespeare, der die menschliche Identität wohl als Folge und Summe von unzähligen Interaktionen zwischen dem Einzelnen und seiner Mitwelt und damit als bunten Reigen von Rollen interpretiert und definiert hätte. Ähnlich wie Montaigne, dessen *Essais* (1580 ff.) Shakespeare kannte und schätzte, hätte er hinter einen gottgewollten oder angeborenen Charakter zumindest ein Fragezeichen der Skepsis gesetzt.

Das umfänglichste und nachhaltigste Wandlungsprojekt in *Wie es euch gefällt* ist zweifelsfrei die Liebesbeziehung zwischen Rosalinde und Orlando. Erstere schwingt sich, obwohl oder weil sie selbst in Liebe für Letzteren entbrannt ist, im Ardenner-Wald zu seiner Lehrmeisterin auf, die ihm das A und O einer erotischen Beziehung – von der Werbung bis hin zur vollgültigen sexuellen Vereinigung – beizubringen versucht.

Dabei verändert Rosalinde ihre Identität und schlüpft in eine andere Rolle: Sie verkleidet sich als Mann und tut dann so, als ob sie eine Frau, nämlich Rosalinde wäre (auf die dadurch ver doppelte Identitätsbrechung im elisabethanischen Theater sei an dieser Stelle nochmals hingewiesen). Orlando seinerseits scheint dieses Rollenspiel nicht zu bemerken – oder er tut nur so, als ob er es nicht bemerkt und spielt selbst die Rolle eines Mannes, der sich durch die Maske seines Gegenübers beeinflussen lässt.

Als Oliver im Ardenner-Wald angekommen ist und auf Rosalinde trifft, unterhalten sich beide über ihre Maskerade und die Schwierigkeiten, als Frau einen Mann zu spielen, der eine Frau spielen soll. Unwillkürlich kommt ihre Sprache auf den Unterschied von Schein und Sein, von Spiel und Ernst: Oliver, den keine libidinöse Verwicklung mit Rosalinde blind für ihre Identität werden ließ, erkennt ihre wahren, echten Gefühlsregungen:

> ROSALINDE    Ah, Herr, man könnte meinen, das war gut Komödie gespielt, sagen Sie's Ihrem Bruder, wie gut ich Komödie gespielt hab! Hei-ho!
> OLIVER       Das war nicht gespielt, an Ihrer Gesichtsfarbe kann man's ablesen, wie echt der Sturm Ihrer Gefühle war.
> ROSALINDE    Gespielt, ich sag's Ihnen.
> OLIVER       Also schön, nehmen Sie sich ein Herz und spielen Sie den Mann.[25]

Man ist leicht versucht, das Rollenspiel als etwas weniger Wertvolles zu begreifen als die jeweilige Persönlichkeit, da es ja lediglich Oberfläche und Maske darstellt und sich das Echte, Authentische einer Person hinter ihr zu befinden scheint. Liest man jedoch bei Friedrich Nietzsche nach, erhält man in dieser Hinsicht eine merkliche Korrektur. Der Denker hob darauf ab, dass sich jeder, der seine individuelle Identität entwickeln will, eine Persona oder diverse Masken zulegen darf und muss – denn Masken vermögen denjenigen zu schützen, der sich in Veränderungsprozessen hin zur Authentizität befindet und deshalb verletzlich und empfindlich ist:

> **Jeder tiefe Geist braucht eine Maske: Mehr noch, um jeden tiefen Geist wächst fortwährend eine Maske.**[26]

Bezogen auf die personale Identität sind demnach Masken, Rollen, Spiele sowie kleinere und größere Aufführungen *per se* nicht nur störend oder kontraproduktiv. Im Gegenteil: Der Schutzaspekt von Masken ist ebenso plausibel wie die mit ihnen assoziierte Erleichterung von sozialen und gesellschaftlichen Kontakten. So laufen im Berufs- und öffentlichen Leben zwischenmenschliche Interaktionen um ein Vielfaches geschmeidiger und unkomplizierter ab, wenn sich die Beteiligten an die ihnen zugedachten tradierten oder im Diskurs ausgehandelten Rollen und Spielanweisungen halten und nicht *partout* auf Authentizität und Originalität beharren.

---

[25] Shakespeare: Wie es euch gefällt (1599), München 1996, S. 167.
[26] Nietzsche, F.: Jenseits von Gut und Böse (1886), in: KSA 5, München – Berlin 1988, S. 58.

In *Wie es euch gefällt* geht es um die Entwicklung zweier Personen sowie um das Wachstum ihrer Liebesbeziehung. Weil diese einen immens hohen Wert bedeutet, sind alle möglichen und unmöglichen Strategien zu ihrer Verwirklichung erlaubt – da gehören das Spiel, das So-tun-als-Ob und die Maskerade zweifellos zum Repertoire der passenden Methoden. Voraussetzung für die gespielten und die geschauspielerten Identitäts-Partikel ist allerdings, dass sie (die Partikel oder auch die einzelnen Rollen) durch die emotionale Echtheit und Wahrhaftigkeit von Gefühlen füreinander gedeckt und somit fundiert sind.

Wie sehr der Ardenner-Wald nicht nur märchenhafte Kulisse für die Verliebtheit von zuletzt vier Paaren, sondern darüber hinaus Modell für ein gedeihliches Zusammenleben von Menschen und damit für Humanität allgemein bedeuten kann, verdeutlichen unter anderem die Kommentare und Monologe des Melancholikers Jaques und des Hofnarren Probstein. Die beiden sind nur bedingt gut aufeinander zu sprechen, und manchmal geraten sie aneinander und beharken sich. Bei einer dieser Häkeleien, die sich meist um Belanglosigkeiten drehen und eher zum Ziel haben, jeweils dem anderen die eigene Schlagfertigkeit zu demonstrieren, erläutert der Hofnarr Probstein seinem melancholischen Konterpart die Qualitäten eines gekonnten und konstruktiven Streits, der nicht in billigen, sondern in souveränen Kompromissen seinen Schluss-Stein finden sollte:

> » Ich hab's erlebt, dass sieben Richter einen Streit nicht beilegen konnten, aber als die Parteien unter sich waren, fiel einem der beiden das *Wenn* ein, etwa „Wenn Sie so sagen würden, dann würde ich so sagen." Und dann schüttelten sie sich die Hände und standen geschlossen hintereinander. Dieses *Wenn* ist ein ungeheurer Friedensstifter: viel Kraft in diesem *Wenn*.[27]

Dieses *Wenn* wirkt nicht nur Friedens-, sondern auch Identitäts-stiftend. Wer jemals bei existentiell relevanten Auseinandersetzungen erlebt hat, dass

---

[27] Shakespeare: Wie es euch gefällt (1599), München 1996, S. 195.

nicht das Recht-Haben oder das Recht-Bekommen, sondern die Einigung mit einem Kontrahenten den höheren Wert darstellt, wird bestätigen, dass damit auch Ausweitungen der eigenen Ich-Grenzen und des Selbstwerts – mithin also des eigenen Identitäts-Erlebens – verknüpft sind. Mit souverän gestalteten Kompromissen nämlich integrieren wir einen Teil der Wert-Empfindungen und Weltansichten des Gegenübers – ein kostbares Plus, das uns nur im *Wenn,* nicht aber in der alleinigen Durchsetzung eigener Interessen und Meinungen geschenkt wird.

Bei aller Kommunikations- und Kooperationsbereitschaft mit anderen gibt es jedoch auch seltene Momente, in denen der Individuationsprozess nach einsamen Entscheidungen und Entwicklungen der jeweiligen Person verlangt. In den anthropologischen und tiefenpsychologischen Texten zur Identität spricht man im ersteren Fall von horizontaler und im letzteren Fall von vertikaler Identität.

Die Übernahme von diversen Rollen (beruflich, öffentlich, privat), das An- und Ablegen von Masken, das Spielverhalten in den verschiedenen zwischenmenschlichen Situationen bildet gesamthaft die soziale oder auch horizontale Identität eines Individuums. Die soziale Identität resultiert aus der Zugehörigkeit des Einzelnen zu den verschiedenen gesellschaftlichen Bezugsgruppen, wohingegen die persönliche oder vertikale Identität den lebensgeschichtlichen, biographischen Zusammenhang eines Individuums widerspiegelt.

Auch für diese Form der Identitätssuche hatte Shakespeare in *Wie es euch gefällt* bereits ein Gespür, das er in die Dialoge zwischen Orlando und Rosalinde einfließen ließ. Einmal belehrt die Letztere ihren Schüler über das subjektive Zeitempfinden, das von Individuum zu Individuum überaus different sein kann, und in dem sich Teile der vertikalen Identität widerspiegeln:

> » Die Zeit reist für unterschiedliche Leute mit unterschiedlichem Schritt. Ich kann Ihnen sagen, mit wem die Zeit trottet, mit wem die Zeit trabt, wem die Zeit galoppiert und wem die Zeit stillsteht.[28]

---

[28] Shakespeare: Wie es euch gefällt (1599), München 1996, S. 111.

Und um Orlando von diesen Ausführungen zu überzeugen, gibt Rosalinde ihm diverse Beispiele für ein subjektives Zeiterleben und die damit eventuell verbundenen sehr unterschiedlichen vertikalen Identitäten. Einem Priester, der kein Latein beherrscht, oder einem Reichen, den keine Gicht plagt, wird die Zeit oftmals lang – sie trottet für solche Menschen. Ganz anders erleben frisch Verliebte ihre Zeit – sie scheint in den Ausmaßen unendlich, und zugleich tendieren die meisten Verliebten dazu, jeden Moment ihrer Liebe vollständig auszuloten und auszukosten:

» Wer eine Minute in tausend Teile teilt und verpasst nur ein einziges Teil vom tausendsten Teil einer Minute in Liebessachen, dem hat Cupido vielleicht auf die Schulter geklopft, aber ich schwör's, dem steckt kein Pfeil im Herzen.[29]

Die sehr persönliche, die personale Identität eines Menschen wächst und entsteht durch dauernden Ausgleich zwischen den sozialen, horizontalen sowie biographischen, vertikalen Identitätsdimensionen eines Individuums. Man kann auch sagen: Die Identität eines Menschen speist sich aus dem Spannungszustand zwischen von außen (also von den lieben Mitmenschen) zugeschriebener sowie innerlich (vom jeweiligen Einzelnen) gemeinter, gestalteter und erlebter Persönlichkeit.

Diese Spannungszustände werden in den existentiell bewegenden oder erschütternden Momenten besonders spürbar – Karl Jaspers verwies in diesem Zusammenhang auf die von ihm als Grenzsituationen benannten Augenblicke oder Schicksalsschläge wie Zufall, Krankheit, Begrenzung, Schuld, Sinnwidrigkeit, drohende Auslöschung des Lebens. Diese tragen oftmals dazu bei, das Werden der betreffenden Personen zu dynamisieren und deren Identitäts-Erleben neue, ungeahnte Facetten hinzuzufügen:

---

[29] Shakespeare: Wie es euch gefällt (1599), München 1996, S. 143.

> Auf Grenzsituationen reagieren wir daher sinnvoll nicht durch Plan und Berechnung, um sie zu überwinden, sondern durch eine ganz andere Aktivität, das Werden der in uns möglichen Existenz; wir werden wir selbst, indem wir in die Grenzsituationen offenen Auges eintreten. Sie werden, dem Wissen nur äußerlich kennbar, als Wirklichkeit nur für Existenz fühlbar. Grenzsituationen erfahren und Existieren ist dasselbe.[30]

In *Wie es euch gefällt* geraten die meisten Protagonisten ebenfalls in eine Grenzsituation der ganz besonderen Art: Sie lieben – oder besser gesagt: Sie werden von der Liebe übermannt und überweibt. Das Pathische, das in den von Jaspers aufgezählten Grenzsituationen eine so beherrschende Rolle spielt, findet sich auch in den jählings entzündeten, entflammten, entfachten Liebesbeziehungen etwa von Orlando und Rosalinde, Oliver und Celia, angedeutet auch von Probstein und Käte sowie von Phoebe (die sich zuerst auf diese Art in Ganymed verliebt) und Silvius. „Wer liebte je, wenn nicht beim ersten Blick?"[31] – meint ganz lapidar Phoebe und gibt damit ein Motto wieder, das für alle Anrainer und Bewohner des Ardenner-Waldes seine Gültigkeit besitzt.

Natürlich liebt jede dieser acht Bühnenfiguren auf ihre individuelle Manier, und keine der vier Liebesbeziehungen gleicht der anderen. Aber sie alle und in Abschattungen auch andere Gäste des Ardenner-Waldes sind erotisiert und mit ihren Gefühlen hin auf Wohlwollen, Anerkennung und Verschönerung der eigenen wie der Existenz der anderen gestimmt. Bei derartiger atmosphärischer Stimmung überrascht es nicht, dass es bei einzelnen zur erotischen Aufgipfelung, zu Verliebtheit, sexueller Begierde und zu manifesten Liebesbeziehungen kommt. Erotik wirkt ansteckend, und zuletzt stimmen nicht wenige der Aussage Rosalindes zu: „Wer liebt, genießt es, Liebende zu sehn."[32]

---

[30] Jaspers, K.: Philosophie II, 3. Auflage, Heidelberg 1956, S. 204.
[31] Shakespeare: Wie es euch gefällt (1599), München 1996, S. 135.
[32] Shakespeare: Wie es euch gefällt (1599), München 1996, S. 129.

Wer liebt, genießt es nicht nur, Liebende zu sehen – er sieht daneben und zuletzt auch sich selbst und seine Identität klarer. Sage mir, mit wem du Umgang pflegst, und ich sage dir, wer du bist – diese Formel lässt sich problemlos auf diejenigen übertragen, die von uns früher geliebt wurden oder jetzt geliebt werden.

Erotik, Liebe, Zärtlichkeit und Sexualität können mit ihren ergreifend schönen und erschütternden Momenten dazu beitragen, dass Einzelne an sich Facetten ihrer Person wahrnehmen, die womöglich über lange Zeit verschüttet oder noch gar nicht entwickelt waren. Sie lernen sich eventuell kennen wie der junge Schäfer Silvius, der sich mit seinem alten Kollegen beinahe kopfschüttelnd über die Phänomene der Liebe unterhält:

> » Wenn du nicht mehr die kleinste Torheit weißt, / In die dich Liebe jemals rennen ließ, / Dann hast du nie geliebt. / Und hast du nicht, wie ich heut, alle Welt / Mit Schwärmen von der Liebsten angeödet, / Dann hast du nie geliebt. / Und bist du nicht von Freunden weggestürzt / Aus Leidenschaft, so plötzlich wie nun ich, / Dann hast du nie geliebt.[33]

Der Mensch ist, was er in seiner Welt ist; und wenn dies wie im Ardenner-Wald die Welt von Eros und Liebe ist, wird er entsprechend mit den Seiten seiner Identität konfrontiert, die damit korrespondieren: Anmut; Heiterkeit und Humor; vornehm-tupfender Umgang mit sich und anderen; Witz und Esprit; integrierende Wahrnehmung von Impulsen, Begierden, Wünschen und Phantasien; Poetisierung des Daseins; dialogischer Existenzvollzug; gesteigertes Empfinden von Sinn, Wert und Bedeutung der Welt. All dies durchwebt wie Schuss- und Kettfäden das Stück *Wie es euch gefällt*.

Der Musikwissenschaftler Arnold Schering (1877–1941), der während der Zeit des Nationalsozialismus nicht gerade durch Opposition gegen die damaligen Herrscher und ihre Ideologie von sich reden machte, hat in der Studie *Beethoven und die Dichtung* (1936) die These aufgestellt, dass der Komponist einzelne seiner Stücke u. a. der Inspiration durch Shakespeare-

---

[33] Shakespeare: Wie es euch gefällt (1599), München 1996, S. 65.

Dramen verdankt habe. Sein Streichquartett Opus 18 etwa sei angeregt durch *Romeo und Julia;* die Atmosphäre von *Wie es euch gefällt* hingegen finde sich in der Klaviersonate Nr. 17 (Opus 31) wieder.

Abgesehen davon, dass den Zuordnungen Scherings in den letzten Jahrzehnten teils heftig widersprochen wurde und unter Musik- und Kunst-Wissenschaftlern häufig der Standpunkt vertreten wird, dass Musikwerke generell nicht in verbale Sprache transponierbar sind, wäre meiner Ansicht nach Beethoven – hätte er sich denn von *Wie es euch gefällt* nachhaltig beeinflussen lassen – weder bei der Klaviersonate Nr. 17 noch bei seiner eingangs erwähnten 6. Symphonie *(Pastorale)* als Resultat gelandet.

Die atmosphärische Tönung von *Wie es euch gefällt* ist meiner Meinung nach am ehesten mit den Emotionen aus dem letzten Satz der 9. Symphonie Beethovens in Bezug zu setzen. Im Drama wie in dieser Musik wird auf einen kulturellen und zwischenmenschlichen Status angespielt, den man häufig als Goldenes Zeitalter bezeichnet hat. In der Mythologie war damit ein idealisierter, friedvoller Urzustand der Menschheit gemeint – ein Urzustand, den es so höchstwahrscheinlich nie gegeben hat.

Die Renaissance und der Humanismus verwendeten den Terminus eher metaphorisch im Sinne von Blütezeit einer Epoche oder Kultur, und bei Shakespeare dürfen wir vermuten, dass er den Begriff in *Wie es euch gefällt*[34] in einem derartigen Zusammenhang benutzt hat. Wenn wir im 21. Jahrhundert von einem Goldenen Zeitalter sprechen, sind wir von einer mythologischen Deutung der Menschheitshistorie allerdings ebenso weit entfernt wie von einer idealistisch-humanistischen Deutung der Geistes- und Kulturgeschichte. Ich bin jedoch überzeugt, dass jeder Einzelne wie auch Sozietäten goldene (utopische) Zielsetzungen benötigen, um sich konstruktiv entwickeln zu können. Weil Utopien in der Vergangenheit leicht in Dystopien umschlugen, ist die Bezeichnung der Heterotopie (anderer Ort) für den Ardenner Wald aber eventuell noch passender – ein anderer Ort, der Menschen anders, weil humaner sein und werden lässt.

---

[34] siehe hierzu Shakespeare: Wie es euch gefällt (1599), München 1996, S. 15.

# Literatur

Hegel, G.F.W.: Phänomenologie des Geistes (1807), In: Werke Bd. 3. Frankfurt a. M. (1970)
Jaspers, K.: Philosophie II, 3. Aufl. Heidelberg (1956)
Nietzsche, F.: Jenseits von Gut und Böse (1886), In: KSA 5. München (1988)
Schering, A.: Beethoven und die Dichtung (1936). Hildesheim (1973)
Shakespeare: Wie es euch gefällt (1599). München (1996)
Thoreau, H.D.: Walden oder Hüttenleben im Walde (1854). Zürich (1995)

# 10

# Das Leben – Ein Sommernachts-Traum

Der spanische Dramatiker Pedro Calderon (1600–1681) mochte sich nicht mit literarischen Zweitrangigkeiten abgeben, und dementsprechend lauten die Titel und Inhalte mancher seiner Dramen *Das große Welttheater* (1655), *Das Spiel vom Menschen* (1632) oder auch *Das Leben ein Traum* (1636). Der Dichter galt zu seiner Zeit als größter Dramatiker Spaniens und versah die Stücke aus seiner Feder – für das damalige Spanien nicht überraschend – häufig mit religiös-gedämpften Atmosphären.

Im Gegensatz dazu trifft man bei Shakespeare auf beinahe konträre dramatische Stimmungsqualitäten; und daher ist es kein Wunder, bei ihm auf einen *Sommernachtstraum* (und nicht nur, wie bei Calderon, auf das Leben als Traum) zu stoßen.

*Ein Sommernachtstraum* entstand Ende des 16. Jahrhunderts, wurde 1598 das erste Mal aufgeführt und erschien 1600 im Druck. Das Stück behandelt einige ziemlich unübersichtliche Liebesgeschichten und ist aufgrund dieser Sujets von Shakespeare-Experten als Parallele zu *Romeo und Julia* angesehen worden. Allerdings fehlen die tragischen Momente; und weil das Heitere, Humorvolle, nicht selten Witzig-Komische und Phantastisch-Märchenhafte dominiert, zählt *Ein Sommernachtstraum* zu den Komödien Shakespeares. Da die Figuren und Handlungsstränge, die kulturgeschichtlichen Andeutungen und Querverweise darin (etwa auf die *Metamorphosen* des Ovid) ausgesprochen komplex und zugleich höchst kunstvoll ineinander verwoben sind, sprechen Shakespeare-Biographen beim *Sommernachtstraum* von einem regelrechten Höhepunkt der Komödien-Kunst des Dichters.

Solchen Urteilen will ich weder mit neuen Superlativen begegnen, noch will ich sie in Frage stellen. Vielmehr interessieren mich jene Aspekte des Stückes, die manche von uns so oder so ähnlich schon erlebt haben oder wonach wir uns aber alle sehnen: Eros und Sexus; Verliebtheit und Liebe; Konstanz und Verwandlung; traumhafte Wirklichkeit und reale Träume; Spiel im Spiel; Vernunft und Gefühl; die Aufgipfelung einer Sommernacht.

Das Drama spielt sommers im Griechenland der Antike; die einzelnen Geschichten ereignen sich in Athen oder in einem nahegelegenen Wald. Im ersten Akt treffen wir Theseus und Hippolyta, zwei sagenumwobene Gestalten aus der griechischen Mythologie. Theseus war der legendäre König von Athen, ein Heroe, der sich unsterbliche Verdienste erwarb, weil er Minotaurus in dessen Labyrinth auf Kreta besiegte – jenen Minotaurus, der bis dahin alle paar Jahre sieben Athener Jungfrauen und junge Männer als Opfer gefordert und auch erhalten hatte.

Theseus fand aus dem Labyrinth zurück, weil ihm Ariadne einen Faden gegeben hatte, der ihm den Weg zurückwies. Ariadne verliebte sich in Theseus, der sich jedoch ihrer Schwester Phaidra zuwandte, die später seine Gattin wurde. Zuvor zog er gegen die Amazonen und entführte dort deren Königin Hippolyta, die er für eine Weile zu seiner Braut machte.

An dieser Stelle setzt der *Sommernachtstraum* ein. Theseus und Hippolyta beraten, wie sie ihre Hochzeit begehen wollen, die in vier Tagen geplant ist. Ganz Athen darf dieses Fest mitfeiern, und außerdem ist die Aufführung eines Stückes (Spiel im Spiel) geplant, das von sechs Meistern aufgeführt werden und das sich um die alte Sagengeschichte um Thisbe und Pyramus drehen soll. Theseus ist erstaunlich geschmeidig gestimmt und will seine kriegerischen Seiten vergessen machen:

> » Hippolyta, gefreit um dich hab ich mit Waffen, / Besiegt hab ich dein Herz mit roher Kraft; / Jedoch zur Hochzeit find ich andre Töne: / Da klingt Triumph und Jubel und Gelage.[1]

---

[1] Shakespeare: Ein Sommernachtstraum (1600), München 1995, S. 9.

In diese allererste, als Rahmenhandlung konzipierte Liebesgeschichte mengt sich nun rasch eine zweite erotische Thematik, die als Überkreuz-Verliebtheit zwischen Lysander und Hermia sowie Demetrius und Helena angelegt ist. Demetrius wirbt um Hermia, deren Vater Egeus alles daransetzt, dass seine Tochter diesen Bewerber als Mann akzeptiert. Hermia hingegen ist in Lysander verliebt und bevorzugt diesen als Gatten; und Helena hat schon lange ein Auge auf Demetrius geworfen und wäre daher nur zu froh, wenn aus Hermia und Demetrius kein Paar wird.

Theseus wird mit der delikaten Problematik konfrontiert, weil Egeus ihn als Herrscher auffordert, dem alten Athener Recht gemäß dafür zu sorgen, dass er als Vater über die Verheiratung seiner Tochter bestimmen darf. Weigert diese sich, so ist sie des Todes oder muss ihr Leben in einem Kloster zubringen. Man merkt, dass Theseus von diesem alten Zopf wenig hält und Hermia zu einer nachgiebigen Haltung überreden will:

> » Drum frag dich nach den wahren Wünschen, Kind, / Bedenke deine Jugend, prüf dich selbst, / ... Ob du auf Lebenszeit im Kloster kümmern, / Als dürre Schwester nach und nach vertrocknen / Und nachts dem Mond Choräle singen willst. / Gesegnet sei, wer so sein Blut bezwingt, / Dass er die keusche Pilgerschaft erträgt, / Doch glücklicher ist die bestäubte Rose.[2]

Bis aus Hermia eine von Lysander und nicht von Demetrius bestäubte Rose wird, dauert es jedoch noch einige Szenen und Akte. Die Szenerie wechselt nun zu den sechs Meisters, die sich auf ihre Aufführung (Spiel im Spiel) vorbereiten. Allein die Namen und Berufsbezeichnungen der sechs Herren sowie deren Rollen in dem zu probenden Stück löst Schmunzeln aus: Peter Squenz, ein Zimmermann (spielt den Prolog); Niklaus Zettel, ein Weber (spielt den Pyramus); Franz Flaut, ein Blasbalgflicker (spielt die Thisbe); Tom Schnauz, ein Kesselflicker (spielt eine Wand); Schnock, ein Schreiner

---

[2] Shakespeare: Ein Sommernachtstraum (1600), München 1995, S. 13.

(spielt einen Löwen); Matz Schlucker, ein Schneider (er spielt den Mondschein).

*Nota bene:* Um 1600 war es keine Selbstverständlichkeit, dass ein Schauspieler die Rolle einer Wand oder eines Mondscheins übernehmen sollte. Wie modern und unkonventionell Shakespeare in dieser Hinsicht vorging, wird deutlich, wenn wir uns vergegenwärtigen, dass selbst noch im Theater des 20. Jahrhunderts die Inszenierungs-Anweisungen von Pina Bausch wie „tanze den Mond" als außergewöhnlich galten.

Abgesehen davon handelt es sich bei dem Probestück über Thisbe und Pyramus ebenfalls um eine Liebesgeschichte. Diese beiden waren einer babylonischen Sage zufolge mächtig ineinander verliebt und konnten aber nicht zueinanderkommen, da ihre jeweiligen Eltern verfeindet waren. Die einzige Möglichkeit des Kontakts bestand in einem Spalt in der Wand der aneinandergrenzenden Häuser – und durch diesen Spalt flüsterten beide jungen Leute einander ihre Zuneigung zu.

Eines Nachts verabredeten sie, sich unter einem Maulbeerbaum zu treffen und Babylon zu verlassen; das Treffen endete tragisch. Thisbe traf auf einen Löwen, erschrak und flüchtete, wobei sie ihren Schleier verlor. Der Löwe zerriss den Schleier, den Pyramos fand. Weil er überzeugt war, dass Thisbe vom Löwen getötet wurde, nahm er sich das Leben; Thisbe fand danach den toten Pyramos und tötete sich daraufhin ebenfalls.

Bei Shakespeare wird aus dieser Tragödie eine zutiefst komische Klamotte. Die Tatsache, dass Franz Flaut die Thisbe spielen soll, wehrt dieser vorerst mit dem Kommentar ab: „Nee, wirklich, lass mich keine Frau spielen – ich krieg Bartstoppeln."[3] Zettel, der eigentlich für die Rolle des Pyramus vorgesehen ist, wirbt wiederholt mit der Beteuerung, er gäbe einen absolut liebenswürdigen Löwen ab, der niemandem etwas zu Leide tun könne: „Ich will mir auf die Stimme drücken, dass ich euch so sanft brülle wie ein saugendes Milchtäubchen. Ich will euch was brüllen als wär's eine Nachtigall."[4] Squenz jedoch, der sich für das Gesamtkunstwerk verantwortlich fühlt, wiederholt sehr konsequent: „Meisters, hier sind eure Rollen, und ich muss euch bitten, ersuchen und auffordern, sie bis morgen Nacht auswendig zu memorieren."[5]

Und neuerlich wandelt sich der Schauplatz. Im Zauberwald lernen wir Puck, die Elfen sowie Oberon (den Elfenkönig) und Titania (die Königin)

---

[3] Shakespeare: Ein Sommernachtstraum (1600), München 1995, S. 29.
[4] Shakespeare: Ein Sommernachtstraum (1600), München 1995, S. 31.
[5] Shakespeare: Ein Sommernachtstraum (1600), München 1995, S. 33.

kennen. Puck ist ein Poltergeist und ein Schabernack der Nacht, Oberons höchstpersönlicher Hofnarr, der eine durchaus eigenwillige Visitenkarte von sich präsentiert:

> » Selbst Oberon lacht über meine Witze, / Wenn ich den vollgefressnen Hengst erhitze, / Indem ich brünstig wiehere als Stute. / Und ist mir nach Besonderem zumute, / Versteck ich mich im Mostglas der Frau Base, / Und spring ihr, will sie trinken, an die Nase, / Und kipp den Saft auf ihre Hängebrust.[6]

Wenig später treten auch Oberon und seine Gattin Titania auf – beide mit vulgärem Slang, den sie sich gegenseitig an den Kopf werfen. Titania erinnert ihren Mann, dass er sich vor Zeiten mit der „prallen Amazone" Hippolyta eingelassen hat, worauf Oberon auf ein früheres Techtelmechtel zwischen seiner Frau und Theseus anspielt. Damit ihre Streitereien auch munter weitergehen, häkeln die beiden bezüglich eines indischen Kindes, das sie nach dem Tod der Mutter des Knaben gemeinsam großziehen – und das jeder der beiden für sich beansprucht, ohne dass es dabei eine Einigung gäbe.

In dieser Szene kommt das erste Mal die Sprache auf das Kraut Blümchen Liebeschön (Stiefmütterchen), dessen Saft man im Schlaf auf die Augenlider tropft, um den Erwachenden in eine liebestolle Atmosphäre zu verbringen: Ganz gleichgültig, welches Lebewesen (Mensch oder Tier) der Betreffende beim Augenaufschlag sieht, ist er gezwungen, diesem in Liebesraserei zu folgen, es anzubeten und sich ihm zu unterwerfen.

Wie nicht anders zu erwarten, stiftet dieses Kraut in der Folge reichlich Verwirrung. Oberon beauftragt Puck, es bei Demetrius anzuwenden, um dessen Liebesempfindungen auf Helena zu lenken – prompt verwechselt Puck den Schlafenden (es ist Lysander), und als dieser erwacht und auf Helena blickt, verfällt er ihr gegenüber in tiefe Zuneigung und Begierde. Dies ist für Hermia irritierend, weil sie beide noch kurz zuvor beieinander lagen und Lysander recht eindeutige Anstalten machte, sich ihr nicht nur

---

[6] Shakespeare: Ein Sommernachtstraum (1600), München 1995, S. 37.

emotional zu nähern. Obwohl Hermia seine Avancen schätzt, vertröstet sie ihn für dieses eine Mal noch auf später:

> » Oh nein, Lysander, sei so lieb zu mir, / Lieg weiter weg, lieg nicht so nah bei mir... / Ein keusches Mädchen muss die Trennung loben – / Ein tugendsamer Mann kann sich erproben. / Drum lieg auf Lücke bis zur Tageswende, / und liebe mich bis an Dein Lebensende.[7]

Was für eine elegant-dezent-verbindliche Formel: „Lieg auf Lücke bis zur Tageswende, und liebe mich bis an Dein Lebensende." Allein für diesen Satz, für diese Satz-Perle dürfte man sich nachträglich bei Shakespeare und mindestens aber ebenso bei seinem Übersetzer Frank Günther viel tausendfach und hutziehend bedanken.

Das Blümchen Liebeschön treibt noch in anderen Konstellationen sein Unwesen. Um ungestört zu sein, proben die sechs Meisters ihr Stück in eben jenem Wald, in dem sich neben Puck und den Elfen und Oberon und Titania inzwischen auch Hermia und Lysander, Helena und Demetrius eingefunden haben. Zettel, der den Pyramus spielt, wurde von Puck mit einem Eselskopf versehen – ein schauriger Anblick, der verschreckt und von Zettel mit halbschönem Gesang versuchsweise kompensiert wird.

Der schlafenden Titania wurden wie auch Lysander ihre Lider mit dem besagten Kraut bestrichen, und als sie erwacht, hört und sieht sie als erste Kreatur den iahend vor sich hinsingenden Zettel-Esel, dem sie denn auch prompt in heftigster Leidenschaft zugetan ist:

> » Ich bitt dich, schöner Sterblicher, sing weiter! / Mein Ohr ist ganz verliebt in deine Stimme, / Und auch dein Aussehn fesselt meine Augen; / Gewaltsam zwingt dein schönes Wesen mich / Beim ersten Blick zum Schwur: ich liebe dich.[8]

---

[7] Shakespeare: Ein Sommernachtstraum (1600), München 1995, S. 57.
[8] Shakespeare: Ein Sommernachtstraum (1600), München 1995, S. 73.

Meister Zettel ist einigermaßen überrascht von diesem Liebesbekenntnis – immerhin ist es eine Elfenkönigin, die ihm derlei offenbart. Und obwohl er sich von den Liebesschwüren Titanias mehr als angenehm berührt fühlt, ist er doch als Webermeister ein bodenständiger Handwerker genug, um dieselben rasch zu relativieren:

» Ich hab den Eindruck, Gnädigste, als wenn Sie vernünftigerweise nicht viel Grund dazu hätten. Aber um die Wahrheit zu sagen, Vernunft und Liebe gehen heutzutage selten Hand in Hand – umso trauriger, dass die paar ehrlichen Nachbarn zwischen den beiden keine Freundschaft stiften wollen.[9]

Doch die Wirkung des Krauts ist stärker als das beste Argument, und Titania ist durch solche Reden in ihrem Liebestaumel nicht zu erschüttern. Im Gegenteil: Sie ist dermaßen verliebt, dass sie ihren Elfen namens Spinnweb, Motte, Senfsamen und Bohnenblüte den Auftrag erteilt, sich ab sofort exklusiv um ihren geliebten Zettel-Esel zu kümmern und ihm jeden Wunsch von den Lippen abzulesen.

Oberon ist einerseits entzückt über die Wirkungen von Blümchen Liebeschön bei seiner Gattin – damit, so hofft er, die Streitpunkte mit ihr in seinem Sinne lösen zu können; andererseits bemerkt er, welchen Unsinn Puck mit seiner Verwechslung angestellt hat, die nun Zwietracht zwischen Hermia und Helena, Lysander und Demetrius streut: „Jetzt hat dein Irrtum alle so verwirrt, dass Liebe Hass, nicht Hass zu Liebe wird."[10]

Dieser Hass steigert und entlädt sich auf recht furiose Art und Weise zwischen den beiden Paaren. Weder Hermia noch Helena, weder Demetrius noch Lysander trauen dem jeweils anderen – oder besser: Sie trauen dem jeweils anderen nur die allergrößten Gemeinheiten, Lügen und Hinterhältigkeiten zu. Aufgrund der alten und der neuen Liebesschwüre weiß keiner mehr, auf welche Aussage und Versicherung er bauen darf; und dementsprechend attackieren und beschimpfen sich alle, so dass auch die ehe-

---

[9] Shakespeare: Ein Sommernachtstraum (1600), München 1995, S. 73 f..
[10] Shakespeare: Ein Sommernachtstraum (1600), München 1995, S. 85.

malige Freundschaft zwischen Hermia und Helena schwankt und in die Brüche geht. Das Liebespaar Lysander und Hermia ist völlig entzweit, und man glaubt den eigenen Ohren und Augen nicht, zu welchen Hass- und Wuttiraden die beiden fähig sind:

> » Weg, schwarze Schlampe! ... / Lass los, du Klette, Klammeraffe, weg! / Blutegel, weg, sonst reiße ich dich ab! / ... Zigeunerschlampe! / Brechmittel! Lass mich los, verhasstes Gift! / Hau ab, du Knotenzwerg, / Du Zwergmaus, aufgestellter Mausdreck du, / Du kurzer Knubbelknirps.[11]

Das sind nur einige wenige Ausschnitte aus der Suada, die Lysander über Hermia ergehen lässt – wobei sich Letztere nach und nach durchaus auch zu wehren versteht. Zu ähnlich körnigen Begriffen greifen Demetrius und Helena, und zuletzt giften sich auch die beiden Frauen massiv an, wobei die körperlich kleine Hermia ihrer ehemaligen Freundin versichert, sie sei „groß genug, dass ich dir mit den Nägeln an die Augen lange."[12]

Wie sehr aus dem Liebeskraut das schiere Gegenteil erwachsen ist, wird zum Ende des dritten Akts offenkundig. Nun duellieren sich Lysander und Demetrius sogar – oder zumindest scheint es so. Denn auf Geheiß von Oberon hin versucht Puck, wieder etwas Ordnung in das von ihm verursachte Chaos der Emotionen und Beziehungen zu bringen, und also sind es schließlich nicht die beiden Männer, die aufeinander losgehen und gegeneinander fechten, sondern jeweils Puck im Gewand des einen und dann des anderen, der sich mit Lysander und mit Demetrius schlägt, bis alle erschöpft niedersinken: „Jeder Deckel kommt zum Topf. Morgen früh brummt euch der Kopf. Gleich und gleich gesellt sich gern. Alles Böse sei euch fern. Jeder Hengst kriegt seine Stute – alles Gute."[13]

Im vierten Akt erwachen nach und nach alle Verliebten, Verwandelten und wundern sich über ihre jeweiligen Träume – oder waren es gar keine

---

[11] Shakespeare: Ein Sommernachtstraum (1600), München 1995, S. 97 und 103.
[12] Shakespeare: Ein Sommernachtstraum (1600), München 1995, S. 101.
[13] Shakespeare: Ein Sommernachtstraum (1600), München 1995, S. 113.

Träume, sondern eigentümliche Wirklichkeiten, in die sie eingetaucht und in denen sie festgehalten waren? Oberon sorgt für den Gegenzauber, der die Wirkung von Blümchen Liebeschön aufhebt, und schon gesteht ihm Titania: „Mein Oberon, was ich für Träume sah! Mir war – ich liebte einen Esel ohne Scham!"[14,] Den Esel freilich verwandelt Puck wieder zurück zu Zettel, indem er ihm seinen Tierkopf abnimmt und ihn auffordert: „Glotz wieder durch die eigene Pupille!"[15]

Ähnlich wie Titania und Zettel finden sich nun auch Lysander, Hermia, Demetrius und Helena als Verwandelte in einer wachen Welt wieder. Der alte Streit und Hader scheint wie weggeblasen, und als sie auf Theseus treffen, der sich nach ihrem Befinden erkundigt, sind alle vier überrascht, wie sehr sie inzwischen mit den jeweiligen Liebespartnern einig geworden sind: „Mein Fürst (meint Lysander, der mit Hermia wieder ein Liebespaar bildet), ich staune selbst und rede hier halb wach, halb schlafend. Doch ich schwöre Ihnen, ich weiß es selbst nicht, wie ich herkam, Herr."[16,] Und Demetrius, der sich nun begeistert Helena zugewendet hat, ergänzt: „Sagt mir, sind wir auch wirklich wach, seid ihr euch sicher? Mir ist, als ob wir alle schlafen, träumen."[17] Mindestens so anrührend berichtet auch Zettel von seiner Traumzeit als Esel – eine Zeit und eine Erfahrung, die er kaum in Wort fassen kann:

> » Mir war, ich wär – kein Mensch kann sagen, was. Mir war, ich wär – und mir war, ich hätt – aber der Mensch ist nur ein scheckichter Hausnarr, wenn er sich erdreistet zu sagen, was mir war, dass ich hätt… Ich will den Peter Squenz dazu bringen, dass er mir eine Ballade von diesem Traum schreibt. Sie soll Zettels Traum heißen.[18]

---

[14] Shakespeare: Ein Sommernachtstraum (1600), München 1995, S. 119.
[15] Shakespeare: Ein Sommernachtstraum (1600), München 1995, S. 121.
[16] Shakespeare: Ein Sommernachtstraum (1600), München 1995, S. 125.
[17] Shakespeare: Ein Sommernachtstraum (1600), München 1995, S. 129.
[18] Shakespeare: Ein Sommernachtstraum (1600), München 1995, S. 129.

Doch nicht Peter Squenz, sondern Arno Schmidt hat *Zettels Traum* (1970) viel später als Monumentalwerk und mit ganz anderem Inhalt publiziert.

*Ein Sommernachtstraum* endet mit Hochzeitsfeierlichkeiten, wobei nicht nur Theseus und Hippolyta heiraten, sondern auch Lysander und Hermia sowie Demetrius und Helena. Den Höhepunkt der Festivität bildet zweifelsfrei die Aufführung *Pyramus und Thisbe* der sechs Meisters – das Spiel im Spiel, für das die Handwerker so intensiv geprobt haben. Schon beim ersten Monolog von Tom Schnauz, dem Kesselflicker, der die Wand verkörpern soll, geraten die Zuschauer ins Schmunzeln und Lachen:

» In diesem Stücke mich man hat verwandt, / Dass ich – Tom Schnauz genannt – bin eine Wand. / Bei dieser Wand ist dabei noch ein Witz, / Ich habe eine Spalte oder Ritz, / Wodurch die Thisbe und der Pyramus / Nachher noch häufig heimlich lispeln muss.[19]

Die Aufführung von Pyramus und Thisbe gerät aufgrund ihrer holprigen und putzigen Sprache der Meisters sowie aufgrund der verharmlosenden Handlungen – der Löwe imponiert eher als liebenswürdiges Haustier, und die beiden Selbsttötungen von Pyramus und Thisbe wirken auf der Bühne wie ein belangloses Kartenspiel – zu einer ausgesprochen aufheiternden Angelegenheit, mit der sich Theseus und die Seinen köstlich amüsieren. Zum Schluss sprechen Theseus, Titania, Puck und Oberon noch Epilog-Verse, mit denen sowohl die Zuschauer des Spiels im Spiel als auch wir verabschiedet werden. Der Elfen-König segnet dabei die drei Brautpaare und wünscht ihnen und ihren bald zu erwartenden Kindern ein Leben ohne größere Widrigkeiten, ohne Muttermale und Hasenscharten, ohne Narben, Fehl und Leberfleck. Und Puck, dem nicht ganz überraschend das letzte Wort im *Sommernachtstraum* zukommt, winkt uns Schrat-artig zu:

» Diesen Firlefanz, der kaum / Mehr Gehalt hat als ein Traum. / Tadelt nicht über Gebühr. /

---

[19] Shakespeare: Ein Sommernachtstraum (1600), München 1995, S. 145.

> Seid ihr gnädig, lernen wir. / ... Ich heiß Puck und halte Wort. / Nun, gut Nacht, ihr alle dort. / Und wenn ihr mich jetzt freundschaftlich / Beklatscht, lässt Puck euch nie im Stich![20]

Was aber soll dieser Firlefanz bedeuten, der kaum mehr Gehalt hat als ein Traum? Oder haben Träume bisweilen mehr Gehalt, als wir ihnen gemeinhin zugestehen? Kommt ihnen, den Träumen, nicht auch gewisse Realitätsqualität zu, und bauen wir sie – als Sehnsucht, Wunsch oder Phantasie – nicht oft genug in unsere Wirklichkeit ein, ähnlich wie das wach Erlebte als Tagesrest im Traum wiederkehrt?

Shakespeare war schon drei Jahrhunderte vor Sigmund Freuds *Die Traumdeutung* (1900) mit Fragen befasst, die uns heute noch bewegen. Freud versuchte anhand eigener Träume den Gesetzmäßigkeiten auf die Spur zu kommen, die sich nachts als Verlautbarungen des Unbewussten bemerkbar machen, und von denen wir im Wachzustand oft genug nur etwas Wirres, Schemenhaftes und Atmosphärisches zu berichten wissen.

Für Freud waren es frühkindliche Eindrücke, Triebimpulse (denkbar oft sexueller Natur), heftige Wünsche und ebensolche Affekte, die sich in unseren Träumen niederschlagen und als verdichtete und nur schwer zu dechiffrierende Bilder und Symbole zum Ausdruck kommen. Die Deutung von Träumen gelingt für Freud am ehesten, wenn sich die Interpreten mutig und unerschrocken auch jenen verborgenen Trieb-, Wunsch- und Affekt-Inhalten zuwenden, die häufig als unschicklich, als amoralisch oder degoutant abgewehrt und abgewertet werden.

Shakespeare ist als Dichter diesem psychoanalytischen Ideal eines Traumdeuters – und damit auch eines Deuters menschlicher Existenz – ziemlich nahegekommen. Im *Sommernachtstraum* ließ er an einer Stelle erkennen, dass er sehr wohl um die Deutungsmacht von Dichtern und Dichtung wusste und in manche Traumsequenzen seiner Dramen eben jene bewusstunbewussten Phantasien von uns Menschen einfließen ließ, die Jahrhunderte später als die Entdeckungen der Psychoanalyse gefeiert wurden:

---

[20] Shakespeare: Ein Sommernachtstraum (1600), München 1995, S. 163 f..

> Und wie die Phantasie Ideen ausgebiert / Von unbekannten Dingen, bannt der Stift / Des Dichters sie in Formen ein und gibt / Luftigem Nichts in Worten ein Zuhause. / Ein solches Gaukel-Spiel treibt Phantasie, / Dass sie, wenn sie ein Glück erfahren will, / Auch gleich den Bringer dieses Glücks sich schafft. / Und denk, wie leicht die Phantasie bei Nacht / Aus Angst sich jeden Busch zum Bären macht![21]

Den *Sommernachtstraum* als Deutung der menschlichen Existenz und in gewisser Weise als Wunscherfüllung mancher unserer Antriebe und Impulse zu lesen, wirft die Frage nach unseren Wünschen und Phantasien und dem Umgang mit ihnen auf – Fragen, die bei Shakespeare gestellt und teilweise auch beantwortet werden.

Im *Sommernachtstraum* werden etwa Eros und Sexualität als allgemeine und allgegenwärtige Phänomene und Motive des menschlichen Daseins beschrieben. In allen fünf Akten sind die handelnden Personen permanent damit befasst, mit diesen Antrieben und Impulsen zurande zu kommen – oder sie sollen (wie Puck) auf die erotisch-sexuellen Dynamiken möglichst günstig und konstruktiv Einfluss nehmen.

Ein erstes Problem, das sich im Umgang mit Eros und Sexus und den darin involvierten Menschen auftut, ist die Tendenz fast aller Beteiligter, sich selbst wie vor allem auch die potentiellen Partner keineswegs mehr nüchtern, skeptisch und selbstkritisch, sondern im Gegenteil ausnehmend idealisierend wahrzunehmen. Vor allem die Phase einer Verliebtheit wird von ihrem Wesen her als ein einziges Überwiegen und fast regelhaft auch Fehlinterpretieren des Du im Sinne der Idealisierung definiert:

> Was sonst alltäglich, ohne viel Gehalt, / Kehrt Liebe um zur Idealgestalt. / Statt mit den Augen schaut sie mit Gefühl – / Drum zielt

---

[21] Shakespeare: Ein Sommernachtstraum (1600), München 1995, S. 135.

auch Amor blind statt mit Kalkül. / Und wo Gefühle fliegen, fehlt Verstand. / Blind, aber Flügel – Liebe wird's genannt.[22]

---

Die Idealisierung ist ein Problem – vor allem, wenn es nach der Phase der Verliebtheit zu Desillusionierungen und Enttäuschungen kommt, die nicht selten dazu beitragen, dass sich einer oder beide Beteiligte frustriert zurückziehen und die ach so hoffnungsvolle Beziehung beenden. Zugleich tut ein Mindestmaß an Idealisierung aber Not, um sich überhaupt auf den anderen zuzubewegen und um ihn zu werben. „Fliegende Gefühle", heißt es bei Shakespeare, sowie „blind, aber Flügel" – und solche Ausdrücke deuten auf Bewegungen hin, ohne die es keine Annäherung und erst recht keine Liebesbeziehungen gibt.

In der eben zitierten Textstelle spielt Shakespeare auch auf den Mangel an Verstand respektive Vernunft an. In vielerlei Hinsicht wird die Verliebtheit und manchmal auch die Liebe als ein Ausnahmezustand von Menschen charakterisiert, der für vernünftige Ab- und Erwägungen nicht zugänglich ist und der deshalb für unvernünftige Handlungen, Haltungen und Entscheidungen prädestiniert erscheint.

Es wäre viel zu kurz gesprungen, wenn wir auf einen billigen und simplen Dualismus von Gefühl und Verstand, Emotion und Ratio abheben und die Komplexität der menschlichen Vernunft außer Acht lassen wollten. Neben der kognitiven gibt es sehr wohl auch eine emotionale und soziale Intelligenz, und nicht wenige Gefühle (insbesondere auch Liebesgefühle) entspringen einer Mixtur aus rationaler Kognition sowie emotional-sozialer Vernunft.

Der Spannungsbogen von Rationalität und Emotionalität wird in *Ein Sommernachtstraum* in mehrfacher Hinsicht ausgereizt. Beginnen wir bei den Orten und Zeiten der Handlungen, die diesbezüglich eine gewichtige Rolle spielen. Das Stück setzt ein in Athen und spielt vorerst tagsüber, im Hellen. Theseus wird als bedachtsamer, überlegter, souverän die Gesetze und Rituale der Stadt abwägender Herrscher dargestellt, dem man in der heutigen Terminologie aufgeklärt-kritische Rationalität attestieren würde. Die Zeiten, in denen er sich auf Liebesabenteuer mit Titania (und anderen mythologischen Figuren) eingelassen hat, liegen offensichtlich schon eine

---

[22] Shakespeare: Ein Sommernachtstraum (1600), München 1995, S. 25.

Weile zurück, und man nimmt ihm ab, wenn er bei Hermia ebenso wie bei ihrem Vater dafür plädiert, in Bezug auf ihre verschiedenen libidinösen Konflikte Vernunft walten zu lassen.

Athen, Theseus und der helle Tag stehen für rationale Überlegungen, bewusste Entscheidungen und für ein Denken, Sprechen, Reflektieren, das der argumentativen Vernunft großen Raum zugesteht. Im Gegensatz dazu verhält sich der zweite Handlungsort, der Zauberwald in der Nähe von Athen, dem *per se* etwas Dunkles und Undurchdringliches anhaftet, und in dem Shakespeare Dramen-Ereignisse in nächtlicher Atmosphäre stattfinden lässt.

Die dominierende Gestalt in der Stadt ist Theseus, diejenige des Waldes hingegen ist Oberon, der Elfen-König. Zusammen mit Titania, den Elfen und dem koboldartigen Gehilfen Puck repräsentiert Oberon das Irrationale, Unbewusste, Mysteriöse, kaum Ausrechenbare des Lebens, das auch die menschliche Existenz immer wieder dominiert.

Zu den überragenden Kompositionsleistungen Shakespeares gehört es nun, wie er im *Sommernachtstraum* die einzelnen Figuren, Paare und Handlungsstränge zuerst im hell-rationalen Tagraum (Athen) agieren und argumentieren und sie dann nach und nach in den dunkler-irrationalen Nachtraum (Zauberwald) eintauchen lässt, um sie zum Schluss hin wieder – nunmehr als Verwandelte oder Geläuterte – in der Stadt und nicht in der freien Natur ihre Triple-Hochzeit begehen zu lassen.

Längere, auf Dauer hin und nicht nur auf eine Nacht angelegte Liebes-Beziehungen bedürfen – so könnte man diese Abfolge von Handlungs-Orten und -Zeiten interpretieren – der Integration von Tag und Nacht, von Rationalität und Emotionalität und somit der gesamten Spannweite der menschlichen Vernunft. Wer über bloße Verstandestätigkeit eine Liebe zu sichern meint, kommt meist über das Vernünfteln nicht hinaus; und wer dagegen allein über mächtige Affekte seine Verliebtheit auf Dauer stellen möchte, verläuft sich nicht selten in den Aporien (Weglosigkeiten) von Impulsen, Stimmungen und Verstimmungen.

Der Interpretation von Jan Kott zufolge ist *Ein Sommernachtstraum* das erotischste und sexuellste Drama Shakespeares – wobei er zugibt, dass man auch in manch anderen Stücken des Engländers Anspielungen auf Eros und Sexus zuhauf finden kann, so man denn dafür ein Sensorium besitzt:

> » Bei Shakespeare ist die Plötzlichkeit der Liebe immer überwältigend. Die Faszination auf

> den ersten Blick, die Vergiftung vom ersten Sich-Berühren der Hände. Die Liebe stürzt herab wie ein Habicht, die Welt versinkt, die Liebenden sehen nur sich. Bei Shakespeare erfüllt die Liebe das ganze Wesen, ist Verzückung und Begierde. Im *Sommernachtstraum* bleibt vom Liebeswahn nur die Plötzlichkeit der Begierde.[23]

So sehr man Jan Kott in vielen seiner Shakespeare-Interpretationen Recht geben mag, und so sehr die Plötzlichkeit von Faszination, Verliebtheit und Begierde im *Sommernachtstraum* keine geringe Rolle spielt, so sehr darf man hinter manche Formulierungen (Vergiftung; nur die Plötzlichkeit) ein Fragezeichen setzen. Vor allem Hermia, Lysander, Helena und Demetrius kennen das jäh aufschäumende Faszinosum gegenseitiger Anziehung und plötzlich entfachter Begierde, das *Carpe diem* von Eros und Sexus und die aufblitzenden Möglichkeiten des Augenblicks.

Mich erinnern die vier im Zauberwald jedoch eher an Mozarts *Cosi fan tutte* (1790), bei der sich ebenfalls eine Verliebtheit und Sexualität von zwei Paaren über Kreuz ereignet, ohne dass es dabei jedoch zu anonym anmutenden, unpersönlichen oder gar vergifteten Beziehungen kommt. Im Gegenteil: Bei Mozart halten die vier Personen ihre sexuellen Begierden eingebettet in erotisch-zugewandte Emotionen, und ähnlich darf man die Träumereien, Verwechslungen, Phantasien und realen Liebesabenteuer der vier jungen Verliebten im *Sommernachtstraum* interpretieren.

Ebenfalls von der Verwandlungsmacht des Eros und der Sexualität ergriffen sind die Elfenkönigin Titania und der Handwerker Zettel – dieser noch dazu in Eselsgestalt. Hier treffen nicht zwei Personen, sondern zwei Welten aufeinander – Welten, denen man normalerweise kaum zugesteht, dass sie miteinander überhaupt in Kontakt, geschweige denn in sexuelle Berührungen kommen.

Die Poesie des Zauberwalds, die betörenden Melodien der Nacht, das Blümchen Liebeschön, die wiegenden Einflüsterungen der Götter Hypnos (bei den Griechen die Gottheit des Schlafs), Morpheus (die Gottheit der Träume) und Eros (Gott der Liebe), das Wagnis passagerer Ohnmacht und

---

[23] Kott, J.: Shakespeare heute (1965), Berlin 1989, S. 217.

Kontroll-Armut – all das trägt letztlich dazu bei, dass Titania und Zettel im Dunkel ihres Unbewussten zu einem Paar werden, das für eine Nacht die Freuden und den Jubel der Animalität besingt:

> » Komm Liebster, setz dich hin aufs Blumenbett (so Titania zu ihrem Zettel-Esel); / Weil ich mein Herz an deinen Pelz verlor, / Wind ich für dich aus Blüten ein Bukett, / Und zärtlich küsse ich dein langes Ohr.[24]

So wie der griechische Hirtengott Pan sich dem Mythos zufolge mit einer Ziege einließ, ohne dass damit der Sodomie das Wort geredet werden sollte, so überschreiten Titania und Zettel jegliche Gattungs-, Schicht- und Moralgrenzen und geben sich dem ewig jungen, neuen Spiel des Sexus und der Leidenschaft ganz ohne Vorbehalte hin. Als ob uns Shakespeare dazu auffordern und ermutigen wollte, immer wieder das Wagnis und den Reiz einer natürlich-animalischen (positiv wertend), den eigenen Impulsen und Antrieben Raum gebenden Sexualität zu suchen, so ließ er sich im *Sommernachtstraum* Elfen und Menschen und Tiere in erotisch-sexueller Ekstase finden und einander genießen.

Eros und Sexus zielen auf Vereinigung, auf das orgiastisch-große Ja, auf Schreie und Flüstern und auf den Zwischenraum, die Zwischenzeit, in denen physikalische Gesetze wie aufgehoben scheinen und stattdessen manch mythische Gottheiten von einst wieder ihre Herrschaft angetreten haben. Sie zielen aber auch auf den Wunsch sehr vieler Menschen nach verjüngender Verwandlung, nach Neuwerdung und Rinascita und also nach einer Art Wiedergeburt.

Der römische Dichter Ovid (43 v.Chr. – 17 n.Chr.) hat diese Motive in seinen *Metamorphosen* kunstvoll in Figuren und in deren Geschichten gegossen, bei denen die permanente Veränderung ihrer Gestalt und ihres Wesens (deshalb der Titel Metamorphosen: Umgestaltung) im Mittelpunkt des Geschehens steht. Shakespeares *Sommernachtstraum* wirkt an nicht wenigen Stellen wie eine Art Fortsetzung der Ovidschen Metamorphosen,

---

[24] Shakespeare: Ein Sommernachtstraum (1600), München 1995, S. 115.

wobei als *agens movens* wiederholt die Einflüsse von Eros und Sexus geltend gemacht werden.

Es gibt jedoch keinen Automatismus der Verwandlung und keinen Anspruch auf Verjüngung und Wiedergeburt. Je mehr wir derlei willkürlich beabsichtigen, umso eher verfehlen wir es. Die Augenblicke fulminanter Hingabe und ausgehend davon die Momente von *petit mort* (kleinem Tod, wie die Franzosen den Orgasmus nennen) und *Rinascita* (Wiedergeburt) sind ebenso wenig plan- und machbar wie die gefühlhaften Aufwallungen von Verliebtheit und Liebe – sie ereignen sich, wenn die emotionalen, unbewusst-organismischen und sozialen Anteile der Beteiligten ebenso wie die Rahmenbedingungen (im Drama sind es mythengetränkte nächtliche Atmosphären, der Zauberwald, ein bestimmtes Kraut) diese ermöglichen.

Auf dies Außergewöhnliche, das Dasein Aufgipfelnde von Eros und Sexus verweist schon der englische Titel *A Midsummer Night's Dream*. Die Mittsommernacht (Johannisnacht) am 23./24. Juni galt im elisabethanischen England als eine Nacht des Tanzes und der Ausgelassenheit, und in den skandinavischen Ländern wird bis heute die Sommersonnenwende zum Anlass genommen, mächtig zu feiern und fröhlich zu sein.

Zugleich wussten und wissen die ausgelassen fröhlich Feiernden, dass es sich bei diesem Datum um eine Ausnahme handelt, und dass die Freuden und der Jubel dieser Nacht nicht die Regel sind. Das Dionysische ist eingerahmt vom Apollinischen, die Verschmelzung des eigenen mit dem Körper des anderen, das Heimkehren ins Leibhaftige, in die Natur ist das Besondere, das sich für Stunden, für eine Nacht vom Allgemeinen löst und emanzipiert und sich danach im Alltäglichen wiederfindet – wo es im günstigen Fall auf die nächste (Mitt-)Sommernacht wartet.

Warten gibt es zur Nacht, wer weiß, auf welche Liebe – heißt es in der Erzählung *Uns nährt die Erde / Uns nährt die Hoffnung* (1897) von André Gide. Warten gibt es zur Nacht, wer weiß, auf welchen Sommer – so könnten wir Gides Formulierung auf Shakespeares Drama anwenden und adaptieren. Wie aber kann, darf und soll dieses Warten aussehen?

Sicherlich ist damit weder ein bloßes Abwarten noch ein passives Sich-ins-Schicksal-Ergeben gemeint. Vielmehr handelt es sich um ein vorbereitendes Warten, eine erwartende Haltung und Einstellung, für deren Niveau und Ausgestaltung jeder Einzelne eventuell Möglichkeiten der Mitgestaltung aufweist.

Als eine wesentliche Voraussetzung dieses aktiven Wartens kann die Offenheit für und der prinzipielle Glaube an potentielle Sommernächte und ihre traumhaften Inhalte bezeichnet werden. Wer nicht zutiefst davon überzeugt ist, dass es irgendwann und irgendwo einen Zauberwald für ihn geben wird, in dem ihm Oberon und Titania und die Elfen und Puck oder andere Trolle begegnen werden und ihm Blümchen Liebeschön auf seine Lider streichen, hat Mühe, jene Momente zu erkennen und jenen Kairos beim Schopfe zu packen, in denen sich Derartiges abzuzeichnen beginnt.

Neben einem wachen, offenen Mittsommernachts-Sensorium wäre anzuraten, dass Wartende in einem Existenzmodus leben, dem lyrisch-poetische Facetten nicht ganz fremd sind. Nun hat man zu Recht oftmals darauf hingewiesen, dass die Verliebtheit die Liebenden in Stimmungen versetzt, in denen sie beinahe zu (dilettierenden) Dichtern werden und beginnen, einander das hohe Lied der Liebe zu singen. Doch kann man diese Kausalität auch als eine umgekehrt wirkende begreifen: Wer lyrisch-poetisch sein Dasein wahrnimmt und zum Ausdruck bringt, befindet sich fast schon auf dem Weg zu Eros und Sexus – ein Daseinsmodus, den im *Sommernachtstraum* wie nebenbei auch Oberon repräsentiert:

> » Ich weiß den Ort, wo wilder Enzian blaut, / Wo Thymian blüht und Goldklee, Moschuskraut / Und süße Wolfsmilch wächst, wo Anemonen, / Jasmin und Mohn im Geißblattschatten wohnen. / Dort schläft Titania manche Nacht und liegt / Von Tanz und Lied in Blumen eingewiegt. / Smaragdner Schlangen buntes Schuppenkleid / Liegt dort, – als Elfenmantel viel zu weit.[25]

Oberon hätte auch ganz schlicht mitteilen können, dass seine Gattin sich zwischen etlichen Blumen und Kräutern schlafen gelegt hat. Seine Sprache jedoch, sein Ausdruck und sein Stil veredeln einen nüchternen Sachverhalt zum dichterischen Miniatur-Kunstwerk, ohne dass man ihm deshalb gleich den Lorbeerkranz eines Dante oder Petrarca zu winden braucht.

Ähnlich dürften Wartende versuchen, selbst banale Situationen ihrer Welt mit den wertsichtigen Augen eines Poeten wahrzunehmen und mit lyrisch anmutenden Begriffen auszudrücken. Dichtung ist oft der Versuch, einige Wertaspekte von Situationen, Sachverhalten, Mitmenschen, Natur oder

---

[25] Shakespeare: Ein Sommernachtstraum (1600), München 1995, S. 51.

Kultur mit hellwachen Sinnen zu registrieren und mit unverbrauchten, neuartigen, neu geschaffenen Worten punktgenau auszudrücken. Bei den Wertaspekten kann es sich um tatsächlich vorhandene, um vorgestellte, imaginär erwünschte, um in Gefahr geratene oder um untergegangene Werte und Wertdimensionen handeln.

Liebe und Verliebtheit, Eros und Sexus zählen unter axiologischen (Lehre von den Werten) Kautelen betrachtet zur Gruppe der komplexen, hohen personalen und interpersonalen Werte. Sie wahrzunehmen und vor allem sie zu realisieren erfordert ein differenziertes Wertsensorium sowie eine auf hohe und komplexe Werte hin ausgerichtete Einstellung. Kunst und Poesie lassen sich als Übungsterrains für eine solche Haltung der Wertempfänglichkeit verstehen, ohne dass die Adepten und Eleven bei ihren Exerzitien bereits Liebende sein müssten. Wer als Wartender an den scheinbar harmlosen und belanglosen Aspekten seiner Existenz den darin enthaltenen Sinn-, Wert- und Bedeutungsgehalten nachspürt, ist bestens vorbereitet, wenn die Wünschelrute seines Wertempfindens ausschlägt, sobald ihm die Träume einer Sommernacht begegnen.

Es gibt einen Bereich der Kultur, in dem derlei Träume besonders intensiv bedacht, bearbeitet und entwickelt werden: die Kunst – wobei hier nicht nur die Dichtkunst, sondern die Künste generell gemeint sind. Tanz, Tonkunst, Malerei, Gesang, Schauspiel, Bildhauerei – sie alle handeln von und verhandeln mit einer speziellen Form von Träumen, die man auch das Imaginäre nennt.

Im Gegensatz zum Realen und Konkreten, zu Natur und Technik, Wissenschaft und Philosophie, Wirtschaft, Recht sowie Sitten, Bräuchen und Traditionen bewegen sich die Künste bevorzugt in den Sphären von Imagination, Phantasie, Entwürfen und Heterotopien. Bilder, Töne, Worte, Geräusche, Gesten, Skulpturen, Melodien verweisen auf diese imaginäre Welt der Kunst, bei der der Sinn- und Bedeutungsgehalt der einzelnen Zeichen und Symbole oftmals weit über die bloße Materialität des Steins, der Tonfolge oder einer Leinwand hinausreicht.

Kunst gibt nicht das Sichtbare wieder, sondern macht sichtbar – betonte einst Paul Klee. Dieser Prozess des Sichtbar-Machens entspricht einer wertaufschließenden Vertonung, Versprachlichung, Verbildlichung jener Weltpartikel, die bisher als bloße Potentialität stumm und verborgen waren, und die über und mit dem Künstler und dessen imaginärer Kraft für uns zugänglicher werden. Josef von Eichendorff (1788–1857) hat im häufig zitierten Gedicht *Wünschelrute* (1835) auf diesen Prozess angespielt:

> Schläft ein Lied in allen Dingen, / Die da träumen fort und fort, / Und die Welt hebt an zu singen, / Triffst du nur das Zauberwort.[26]

Im *Sommernachtstraum* ließ Shakespeare in der Tat nicht nur Menschen, sondern auch die Dinge (in Form einer Wand) und die Natur (in Form von Elfen, Oberon, Titania, Puck) ihre in ihnen träumenden Lieder anstimmen. Darüber hinaus zeigte er, wie allen Menschen – Handwerkern ebenso wie Herrscherpaaren oder jung Verliebten – Träume, Sehnsüchte, Wünsche, Antriebe innewohnen, deren Ausmaße und Inhalte sie nicht ahnen oder womöglich unterschätzen, und die offenkundig werden, wenn sie denn mit dem Zauberwort (bei Shakespeare das Zauberkraut) in Kontakt kommen.

Viele der erotisch-sexuellen Passagen ebenso wie die lyrisch-poetischen Qualitäten von *Ein Sommernachtstraum* haben ziemlich viele Künstler nach Shakespeare dazu animiert, dieses Stück in andere Kunstgattungen zu adaptieren. Bekannt geworden sind die musikalischen Übertragungen von etwa Henry Purcell, Felix Mendelssohn-Bartholdy, Carl Orff und Benjamin Britten. Auch für den Film (Michael Hoffman, Woody Allen) oder für das Ballett (John Neumeier in Hamburg, Heinz Spoerli in Zürich) diente das Drama in den letzten Jahrzehnten als ergiebige Vorlage. Daneben hat es Hunderte von Inszenierungen erlebt, von denen diejenige von Peter Brook (geboren 1925) aus den 70er Jahren des letzten Jahrhunderts immer noch als legendär zitiert wird.

Doch nicht nur die Künstler vom Fach, sondern auch wir Künstler des Lebens dürfen uns fragen, inwiefern wir den *Sommernachtstraum* als Vorlage für eigene existentielle Themen, Fragen und Motive nutzen wollen und können. Mir scheint die wertaufschließende Kraft und Macht von Eros und Sexus der wesentliche Imperativ des Stückes zu sein – ein Imperativ, der übersetzt so viel besagt wie:

Nutzen wir die Möglichkeiten, welche das Dasein uns zuspielt, um mithilfe des Gottes Eros Werthaltiges und Sinnvolles an uns und unseren Mitmenschen zu entdecken.

---

[26] Eichendorf, J. von: Wünschelrute (1835), in: Werke in sechs Bänden, Band 1, Frankfurt am Main 1987, S. 328.

Erlauben wir uns Träume, Sehnsüchte, Phantasien, Wünsche, die das Lebendige in uns mitrepräsentieren, selbst wenn sie nicht oder nicht immer und alle in die spröde Wirklichkeit zu integrieren sind.

Suchen und finden wir den für jeden Einzelnen adäquaten Wechsel einer Existenz im taghellen Athen (apollinisch; bewusst; rational) und im nächtlichen Zauberwald (dionysisch; unbewusst; irrational). Wer sich nur in Athen aufhält, läuft eventuell Gefahr, vor lauter Verstand zu verwelken; wer aber über sein individuelles Maß hinaus lediglich den Wald bevorzugt, mutiert womöglich zum Nachtschattengewächs.

Akzeptieren wir, dass das Leben für uns auch Zeiten vorsieht, in denen wir warten, und in denen Eros und Sexus nicht oder noch nicht greifbar erscheinen. Solche Zeiten müssen keineswegs vollständig Erotik-verarmt imponieren, und es liegt an uns, in jenen angeblich nichtssagenden oder banalen Situationen unseres Daseins dem Wertvollen nachzuspüren, das uns selbst wertvoller und liebenswürdiger macht, sobald wir es entdeckt, erkannt und verwirklicht haben.

## Literatur

Calderon, P.: Das Leben ein Traum (1636). Leipzig (1964)
Eichendorf, J.von: Werke in sechs Bänden. Frankfurt a. M. (1987)
Gide, A.: Uns nährt die Erde / Uns nährt die Hoffnung (1897). München (1976)
Kott, J.: Shakespeare heute (1965). Berlin (1989)
Schmidt, A.: Zettels Traum (1970). Frankfurt a. M. (2010)
Shakespeare: Ein Sommernachtstraum (1600). München (1995)

# 11

# Der Sturm – Wir sind vom Stoff, aus dem die Träume sind

*Der Sturm* (1611), ein letztes oder das letzte von Shakespeare vollendete Drama, ist bestechend klar und einfach komponiert: Es spielt auf einer Insel (Einheit des Ortes); die Handlung ist konsistent und dauert ähnlich lange wie die Bühnenaufführung (Einheit der Zeit); der Titel des Stückes ist selbsterklärend (die Eingangsszene schildert einen heftigen Sturm vor der Küste der besagten Insel).

Hört, sieht und liest man hingegen den *Sturm* langsam, bedächtig, Satz für Satz, ergibt sich ein völlig anderes Bild: nichts ist klar und einfach; in die Handlung werden weit zurückliegende Ereignisse integriert; Realität und Irreales, Wirklichkeit und Zauberei sind häufig bis zur Unkenntlichkeit miteinander vermengt; die einzelnen Dramen-Motive (z. B. Macht, Liebe, Politik, Poesie, Wissenschaft, Gut und Böse) sind so komplex ineinander verdichtet, dass bisweilen Worte oder einzelne Sätze in ihrem Gehalt und ihrer Bedeutung völlig überdeterminiert imponieren.

*Der Sturm* beginnt mit einem mächtigen Sturm. Die erste Szene spielt auf einem Schiff, das aufgrund des Unwetters in allerhöchste Not geraten ist und vor der Küste der Insel zu kentern scheint. Dementsprechend groß ist die Panik an Bord, sowohl unter der Mannschaft als auch unter den Passagieren.

Die Passagiere – das sind etwa Alonso, der König von Neapel; Sebastian, sein Bruder; Ferdinand, der Sohn des Königs von Neapel; Antonio, der unrechtmäßige Herzog von Mailand; Gonzalo, ein alter Ratsherr. Der ganze an Bord befindliche Hofstaat ist ebenso wie die Mannschaft der Matrosen und Offiziere fest davon überzeugt, dass seine respektive ihre letzte Stunde geschlagen hat, wobei sich einzelne (Alonso, Antonio) aus schierer Verzweiflung mit dem Kapitän und dem Bootsmann brüllend wie waidwunde Tiere anlegen, wohingegen andere (Gonzalo) selbst in dieser Situation ihren Humor nicht verlieren:

> » Jetzt würd ich tausend Meilen Meer für ein halb Morgen dürres Land geben, Brennnesseln, Dornen, Disteln, was auch immer. Gottes Wille geschehe, aber ich hätt den Tod lieber trocken.[1]

Dieser furiose Auftakt des Dramas dauert nur wenige Minuten – dann schwenkt der Fokus der Aufmerksamkeit auf die Insel selbst: Wir treffen auf Prospero (den rechtmäßigen, früheren Herzog von Mailand) und seine Tochter Miranda. Diese ist noch tief erschüttert vom tragischen Untergang des Schiffes, den sie vom Ufer aus beobachten musste. Zugleich erfahren wir, dass allem Anschein nach Prospero für das Unwetter verantwortlich war: „Vater", so bittet Miranda ihn, „wenn du mit deiner Kunst die wilden Wasser / Hast aufgepeitscht zum Aufruhr, mach sie stille."[2]

Doch Prospero imponiert nicht nur als Wettergott und Zauberer der Winde und Wellen. Weit darüber hinaus scheinen ihm Mittel und Wege zur Verfügung zu stehen, die zum Ertrinken Verdammten vor ihrem Schicksal zu retten – ein regelrechter Herr über Leben und Tod, der seine Tochter in ihrer aufgelösten Stimmung zu beruhigen versteht:

> » Das Schauerschauspiel Schiffbruch, das in dir /
> Den ganzen Inbegriff des Mitleids aufrührt, /
> Hab ich durch meine Künste voll Voraussicht /
> So sicher angeordnet, dass nicht eine Seele – /
> Nein, nicht soviel nur als ein Haar gekrümmt

---

[1] Shakespeare: Der Sturm (1611), München 1996, S. 13.
[2] Shakespeare: Der Sturm (1611), München 1996, S. 13.

/ Wurd einem einzigen Geschöpf im Schiff, /
Das du hast schreien hörn, hast sinken sehn.³

Diese Erläuterungen Prosperos sind aber erst der Auftakt für eine ganze Reihe von Rückblenden und Erinnerungen, die Miranda nunmehr aus dem Munde ihres Vaters vernimmt. Zwölf Jahre sind vergangen, seit Prospero als Herzog von Mailand von seinem Bruder Antonio aufs Schmählichste hintergangen wurde. Er, Prospero, hatte damals viel größeres Interesse an Wissenschaften und Literatur als an der Politik und überließ daher dem Bruder die Amtsgeschäfte in Mailand.

Dieser rückte stellvertretend in die Rolle und Funktion des Herzogs ein und tat – obwohl oder vielmehr weil ihm die nötigen Qualitäten eines guten und gerechten Herrschers fehlten – zunehmend so, als ob er seinen Bruder schon beerbt hätte. Ein narzisstisch sehr bedürftiger, machtgieriger Mann (so würde man ihn heutzutage charakterisieren), der, um ganz nach oben zu kommen, keine Skrupel kannte und deshalb sowohl Mailand als auch seinen Bruder verriet.

Mailand, indem er das Herzogtum ganz ohne Not dem König von Neapel auslieferte, um sich persönlich noch größeren Einfluss zu sichern; Prospero, indem er ihn zusammen mit dessen kleiner Tochter Miranda des nachts auf ein völlig verrottetes Schiff verschleppen und auf dem offenen Meer hilflos aussetzen ließ. Die Nächstenliebe des Neapolitaner Ratsherrn Gonzalo, der als eine Art Vollstrecker dieses Todeskommandos auserkoren war, sorgte damals jedoch dafür, dass Prospero und Miranda überlebten und sich auf jene Insel retten konnten, auf der die Handlung von *Der Sturm* spielt.

Auf der Insel erwies sich Prospero als Ohnmächtig-Entmachteter, bald jedoch mit einer überraschend neuen Machtfülle versehen. Zaubermantel und Zauberstab machten aus ihm einen Magier, der sich Naturgewalten (Wellen, Wind, Regen, Blitz, Donner) ebenso bediente wie eigenartiger Tier-, Spuk- und Geisterwesen, die er auf dem Eiland antraf.

Als zumeist hilfreich und zugewandt stellte sich Ariel heraus. Ariel ist ein Luftgeist, den Prospero einst aus einem Fichtenbaum befreite, in den ihn die üble Hexe Sycorax im Rahmen einer sadistischen Strafaktion verbannt hatte. Sobald Ariel übermütig oder pseudoautonom zu werden droht, erinnert Prospero ihn an sein Schicksal sowie an die Bedingungen ihrer Beziehung:

---

³ Shakespeare: Der Sturm (1611), München 1996, S. 15.

> Du, mein Knecht, / Wie du selbst sagst, warst zu der Zeit ihr (Sycorax') Diener. / Und weil du ein zu zarter Luftgeist warst / Für ihre erdig-scheußlichen Befehle, / Die großen Ränke weigertest, schloss sie / Mit Hilfe ihrer stärkeren Gesellen / In unerbittlich höchster Wut dich ein / Im Stamm der blitzgeborstenen Fichte; dort / Im Spalt gefangen, bliebst du voller Pein / Zwölf Jahre lang, in welcher Zeit sie starb / Und ließ dich dort, wo du wie Mühlradklappern / Dein Stöhnen hören ließt.[4]

Normalerweise setzt Ariel jeden Wunsch seines Herren Prospero im Nu in die Tat um, selbst wenn es sich um heikle und delikate Aufgaben handelt – wie etwa die Organisation eines Sturms mitsamt Kentern eines Schiffes, auf dem sich die Herrscher-Clique von Mailand und Neapel befindet, ohne dass dabei Menschen wirklich zu Schaden kommen. Manchmal jedoch wird Ariel launisch und eigensinnig; spätestens dann verhilft Prospero ihm wieder auf das richtige Geleise, indem er ihn liebevoll-zugewandt, aber entschieden an seine Geschichte gemahnt: „Maulst du noch weiter, spalt ich eine Eiche / Und pflock dich in ihr knotiges Gedärm, / Bis du zwölf Winter wegheulst."[5]

Die Hexe Sycorax hat ihre Spur auf der Insel nicht nur hinsichtlich des Luftgeistes Ariel hinterlassen; sie gebar auch den Sohn Caliban, von dem Prospero meint, dass Satan selbst ihn gezeugt haben muss: ein Tropf sondergleichen, verwahrlost, Trieb-, Affekt- und Impulskontroll-gestört, ein Ausbund purer und ungezügelter Animalität – so oder so ähnlich wird er von Prospero charakterisiert:

> Verlogner Schuft, / Der Prügel braucht, nicht Güte! Ich hab dich, / Dreck, der du bist, mit

---

[4] Shakespeare: Der Sturm (1611), München 1996, S. 33.
[5] Shakespeare: Der Sturm (1611), München 1996, S. 35.

## / Wurd einem einzigen Geschöpf im Schiff, / Das du hast schreien hörn, hast sinken sehn.[3]

Diese Erläuterungen Prosperos sind aber erst der Auftakt für eine ganze Reihe von Rückblenden und Erinnerungen, die Miranda nunmehr aus dem Munde ihres Vaters vernimmt. Zwölf Jahre sind vergangen, seit Prospero als Herzog von Mailand von seinem Bruder Antonio aufs Schmählichste hintergangen wurde. Er, Prospero, hatte damals viel größeres Interesse an Wissenschaften und Literatur als an der Politik und überließ daher dem Bruder die Amtsgeschäfte in Mailand.

Dieser rückte stellvertretend in die Rolle und Funktion des Herzogs ein und tat – obwohl oder vielmehr weil ihm die nötigen Qualitäten eines guten und gerechten Herrschers fehlten – zunehmend so, als ob er seinen Bruder schon beerbt hätte. Ein narzisstisch sehr bedürftiger, machtgieriger Mann (so würde man ihn heutzutage charakterisieren), der, um ganz nach oben zu kommen, keine Skrupel kannte und deshalb sowohl Mailand als auch seinen Bruder verriet.

Mailand, indem er das Herzogtum ganz ohne Not dem König von Neapel auslieferte, um sich persönlich noch größeren Einfluss zu sichern; Prospero, indem er ihn zusammen mit dessen kleiner Tochter Miranda des nachts auf ein völlig verrottetes Schiff verschleppen und auf dem offenen Meer hilflos aussetzen ließ. Die Nächstenliebe des Neapolitaner Ratsherrn Gonzalo, der als eine Art Vollstrecker dieses Todeskommandos auserkoren war, sorgte damals jedoch dafür, dass Prospero und Miranda überlebten und sich auf jene Insel retten konnten, auf der die Handlung von *Der Sturm* spielt.

Auf der Insel erwies sich Prospero als Ohnmächtig-Entmachteter, bald jedoch mit einer überraschend neuen Machtfülle versehen. Zaubermantel und Zauberstab machten aus ihm einen Magier, der sich Naturgewalten (Wellen, Wind, Regen, Blitz, Donner) ebenso bediente wie eigenartiger Tier-, Spuk- und Geisterwesen, die er auf dem Eiland antraf.

Als zumeist hilfreich und zugewandt stellte sich Ariel heraus. Ariel ist ein Luftgeist, den Prospero einst aus einem Fichtenbaum befreite, in den ihn die üble Hexe Sycorax im Rahmen einer sadistischen Strafaktion verbannt hatte. Sobald Ariel übermütig oder pseudoautonom zu werden droht, erinnert Prospero ihn an sein Schicksal sowie an die Bedingungen ihrer Beziehung:

---

[3] Shakespeare: Der Sturm (1611), München 1996, S. 15.

> Du, mein Knecht, / Wie du selbst sagst, warst zu der Zeit ihr (Sycorax') Diener. / Und weil du ein zu zarter Luftgeist warst / Für ihre erdig-scheußlichen Befehle, / Die großen Ränke weigertest, schloss sie / Mit Hilfe ihrer stärkeren Gesellen / In unerbittlich höchster Wut dich ein / Im Stamm der blitzgeborstenen Fichte; dort / Im Spalt gefangen, bliebst du voller Pein / Zwölf Jahre lang, in welcher Zeit sie starb / Und ließ dich dort, wo du wie Mühlradklappern / Dein Stöhnen hören ließt.[4]

Normalerweise setzt Ariel jeden Wunsch seines Herren Prospero im Nu in die Tat um, selbst wenn es sich um heikle und delikate Aufgaben handelt – wie etwa die Organisation eines Sturms mitsamt Kentern eines Schiffes, auf dem sich die Herrscher-Clique von Mailand und Neapel befindet, ohne dass dabei Menschen wirklich zu Schaden kommen. Manchmal jedoch wird Ariel launisch und eigensinnig; spätestens dann verhilft Prospero ihm wieder auf das richtige Geleise, indem er ihn liebevoll-zugewandt, aber entschieden an seine Geschichte gemahnt: „Maulst du noch weiter, spalt ich eine Eiche / Und pflock dich in ihr knotiges Gedärm, / Bis du zwölf Winter wegheulst."[5]

Die Hexe Sycorax hat ihre Spur auf der Insel nicht nur hinsichtlich des Luftgeistes Ariel hinterlassen; sie gebar auch den Sohn Caliban, von dem Prospero meint, dass Satan selbst ihn gezeugt haben muss: ein Tropf sondergleichen, verwahrlost, Trieb-, Affekt- und Impulskontroll-gestört, ein Ausbund purer und ungezügelter Animalität – so oder so ähnlich wird er von Prospero charakterisiert:

> Verlogner Schuft, / Der Prügel braucht, nicht Güte! Ich hab dich, / Dreck, der du bist, mit

---

[4] Shakespeare: Der Sturm (1611), München 1996, S. 33.
[5] Shakespeare: Der Sturm (1611), München 1996, S. 35.

> Menschlichkeit umsorgt, / Nahm dich ins eigne Haus, bis du versucht hast, / Der Ehre meines Kinds Gewalt zu tun.[6]

Als Prospero mit Miranda auf die Insel verschlagen worden war, traf er auf den umherschweifenden, in keiner Weise sozialisierten Caliban, dem er sich annahm, und dem er nach und nach zivilisatorische Regeln und Riten beizubringen versuchte – mit launischen Erfolgen. Caliban selbst meinte durchaus kritisch: „Sprache hast mich gelehrt, und mein Gewinn / Ist, dass ich fluchen kann."[7] Ansonsten beklagt er, wie sehr ihm die Herrschaft über seine Insel abhandengekommen ist, seit Prospero (und Miranda) dieses Eiland für sich reklamierten und ihn mit ihren zivilisatorischen Ansprüchen und Vorstellungen überzogen haben:

> Als du zu Anfang kamst, / Hast mich gestreichelt, ... / und lehrtest mich / Das große Licht benennen wie das kleine, / Die brennen tags und nachts. Da hab ich dich geliebt... / Denn ich bin, was ihr habt an Untertanen, / Und war mein eigner König; eingestallt werd ich / Ins Felsenloch, indes ihr mir den Rest / Von meiner Insel wehrt.[8]

Soweit die Rückblicke, die Prospero seiner Tochter (und uns) gewährt, damit wir seine Situation und Person besser einordnen und die Figuren um ihn her beginnend verstehen können. Auf der Insel taucht nunmehr Ferdinand, der Sohn des neapolitanischen Königs Alonso, auf. Überzeugt, dass sein Vater beim Sturm und bei dem Kentern des Schiffes zu Tode gekommen ist, wohingegen er zu den wenigen Überlebenden zählt, zeigt Ferdinand neben verständlicher Trauer eine übergroße Durchlässigkeit in Bezug auf Emotionen und Anlehnungsbedürfnisse. Als er auf Miranda trifft

---

[6] Shakespeare: Der Sturm (1611), München 1996, S. 39.
[7] Shakespeare: Der Sturm (1611), München 1996, S. 41.
[8] Shakespeare: Der Sturm (1611), München 1996, S. 39.

und mit ihr die ersten Worte wechselt, ist er rasch bereit, ihr seine Liebe zu erklären und sie (wie er zu Recht meint) als Thronfolger seines Vaters zur Frau zu nehmen:

> » Oh wenn noch Jungfrau, / Und wenn dein Herz noch frei ist, mach ich dich / Zur Königin Neapels.[9]

Miranda, die derlei noch nie erlebt hat – weder einen Heiratsantrag noch einen stattlich aussehenden jungen Mann, der um sie wirbt –, erkundigt sich bei ihrem Vater, ob es sich bei Ferdinand wirklich um einen Mann und nicht um einen Geist oder ein Wunder handelt. Als ihr Prospero versichert, dass es sich bei Ferdinand um einen Menschen handelt, der wie sie Essen und Schlafen und sinnliche Wahrnehmungen kennt, ist sie nur zu gern bereit, die Werbung Ferdinands um ihre Hand anzunehmen und ihm bedingungslos zu vertrauen:

> » In solchem Tempel kann nichts Böses wohnen. / Denn hätt das Böse solche schöne Wohnung, / Dann würd das Gute bei ihm leben wolln.[10]

Obwohl sich diese Argumentation bei genauerer Betrachtung und einigem Nachdenken keineswegs als stichhaltig erweist, würde sich Miranda Hals über Kopf in eine Ehe mit Ferdinand stürzen, wenn nicht Vater Prospero energisch intervenierte. Obwohl er die Verbindung der beiden goutiert, hilft er Ferdinand noch Proben und Aufgaben über, an denen er sich, seine Liebe beweisen soll – erst dann werde Miranda seine Frau.

Wieder erfolgt ein Schwenk, diesmal auf die Gruppe der überlebenden Schiffbrüchigen (Alonso, Antonio, Sebastian, Gonzalo), die sich alle auf der Insel wiederfinden und über ihr Schicksal mehr als überrascht sind; sie sinnieren – statt sich beim Zufall ob ihres Überlebens überschwänglich zu

---

[9] Shakespeare: Der Sturm (1611), München 1996, S. 47.
[10] Shakespeare: Der Sturm (1611), München 1996, S. 47.

bedanken – ziemlich albern über das Eiland, ohne die Widersprüche ihrer Aussagen auch nur ansatzweise zu registrieren:

> Die Luft weht uns sehr duftig an. / Als hätt sie Maulfäule, richtig. / Oder Jauche gesoffen, jawohl. / Die Insel bietet hier dem Leben alle Mittel. / Sehr wahr, nur keine Lebensmittel. / Davon hat's wenig oder nichts. / Wie das Gras satt und saftig ist! Wie grün! / Der Boden ist in Wahrheit braun verbrannt. / Das einzig Grüne hier ist sein Star. / Ihm entgeht fast nichts. / Nein, nur die Wahrheit entgeht ihm vollkommen.[11]

Diese Unterhaltung (zwischen z. B. Sebastian, Antonio, Gonzalo) wirkt in ihrer komischen Absurdität und Widersprüchlichkeit wie aus einem Drama Eugène Ionescos oder Samuel Becketts gefallen. Was Shakespeare uns damit sagen wollte? Als ob er diese ganze Herrscher-Clique nach ihrem Schiffbruch einer gewissen Lächerlichkeit preisgegeben hat, die sich aus dem Trauma der Todesnähe ebenso wie aus den Primärpersönlichkeiten der Betreffenden speist, so kommunizieren Sebastian und Antonio, Alonso und Gonzalo zielstrebig aneinander vorbei, ohne aufeinander Bezug zu nehmen oder sich einander Halt geben zu können – von Verstehen ganz zu schweigen.

In ihren Sätzen deutet sich neben der sinnlosen Oberflächlichkeit der Kommunikation auch die emotionsarm-brutale, gewissenlose Haltung und Einstellung beispielsweise von Antonio und Sebastian an. Die beiden überlegen, wie sie König Alonso meucheln, um Sebastian an seiner Stelle die Herrschaft in Neapel zu sichern. Letzterer fragt Antonio, ob ihn denn – nachdem er Prospero aus Mailand verjagt und dann ausgesetzt hatte – Gewissensbisse geplagt hätten, woraufhin dieser überaus abfällig reagiert und über sein Gewissen ebenso wie über die anderen Menschen völlig zynisch räsoniert:

---

[11] Shakespeare: Der Sturm (1611), München 1996, S. 55.

> Wär's ein Hühnerauge, / Müsst ich Pantoffeln anziehn; doch *die* Gottheit / Wohnt nicht in meiner Brust. Wär'n zehn Gewissen / So zwischen mir und Mailand, mir wär's Zuckerguss, / Der schmilzt, bevor's mich schmerzt... Und die andern alle, / Die schlabbern Lügen wie die Katzen Milch, / Die springen jederzeit durch jeden Reif, / Wenn wir ihn richtig halten.[12]

In der nächsten Szene plaudern zwei überlebende Schiffbrüchige – der Spaßmacher Trinculo und der eigentlich immer betrunkene Mundschenk Stephano – über das Wetter, den Sturm, über Graupelsuppe, die Weiber und über Hokuspokus. Überraschend treffen sie auf Caliban, dessen wildungehobeltes Aussehen und Verhalten sie zuerst verschreckt, dann aber dazu anregt und verführt, das „vierbeinige Inselungeheuer" mit Alkohol zähmen zu wollen:

> Vier Beine und zwei Stimmen – ungeheuerlich, dieses Ungeheuer. Die Vorderstimme hat's für Lobhudeleien. Die Hinterstimme für unflätige Reden und Verleumdungen. Und wenn's den ganzen Wein aus der Flasche braucht zum Kurieren, das Fieber doktor ich ihm aus. Komm! (Caliban trinkt) Amen! Ich gieß dir noch was ins andre Maul.[13]

Es kostet die beiden nicht allzu viel Branntwein, und Caliban dient sich ihnen als Knecht und Inselführer an. Dieses „mopsgedackelte Schafskopf-Monster" spürt in Trinculo und Stephano eine Möglichkeit, Prospero hinter

---

[12] Shakespeare: Der Sturm (1611), München 1996, S. 73.
[13] Shakespeare: Der Sturm (1611), München 1996, S. 83.

sich zu lassen und sich von seiner bisherigen Rolle als unzivilisierter und unterprivilegierter Wilder zu emanzipieren: „Ban, Ban, Cacaliban", jubiliert er deshalb, „Hat neu den Herrn – wird neu ein Mann! Freiheit, Festtag! Festtag, Freiheit! Freiheit, Festtag, Freiheit!"[14]

Ban, Ban, Cacaliban erzählt den beiden ausführlich von Prospero, den er als unbarmherzigen Unterdrücker und Konquistador vorstellt. Das Dreigestirn Trinculo, Stephano und Caliban beschließt daraufhin, diesen alten Herrn und Inselschänder auszulöschen, wobei sich vor allem Caliban mit Vorschlägen hervortut, wie man Prospero den Garaus machen sollte:

> » Kannst ihm das Hirn zertreten, / Wenn du die Bücher hast; ihm auch mit Knüppeln / Den Schädel knacken, Pflöcke ins Gedärm / Ihm rennen, Messer in die Gurgel stechen. / Vergiss nicht, erst die Bücher, ohne die / Ist er ein Narr wie ich...[15]

Inzwischen wurde wie von Geisterhand den Herren Alonso, Antonio, Sebastian, Gonzalo eine Art wundersames Bankett aufgefahren, an dem sie Platz nehmen und sich gütlich tun. Zu den köstlichen Speisen erklingt zauberhaft-heitere Musik; anmutige Gestalten tanzen Grazien-gleich und tauchen das Geschehen in eine paradiesische Atmosphäre.

Mit Blitz und Donner jedoch verändert sich schlagartig die Szenerie, und Ariel tritt in Gestalt einer Harpyie (Vogelgestalt mit Frauenkopf) auf. Er erinnert die Anwesenden unerbittlich an ihre Intrigen und Verbrechen von vor zwölf Jahren und prognostiziert ihnen grausam-langsame Siechens- und Sterbeprozesse, falls sie nicht radikale Reue und im Anschluss daran ein völlig verändertes Leben entwickeln.

Ebenso unvermittelt, wie Ariel erschienen ist, verschwindet er und lässt vor allem Alonso, Antonio und Sebastian schwer verstört zurück. Die drei wurden jählings mit den ekelhaften Seiten ihres Charakters und ihrer Vergangenheit konfrontiert, und Alonso, der König von Neapel, spricht für die

---

[14] Shakespeare: Der Sturm (1611), München 1996, S. 89.
[15] Shakespeare: Der Sturm (1611), München 1996, S. 105.

anderen aus, was alle empfinden: „Der grässlich dumpfe Orgelton, grollt mir den Namen Prospero: Bass im Konzert der Schuld."[16]

Obwohl die Causa Prospero ein Dutzend Jahre zurückliegt, erweist sie sich als überaus hartnäckig und penetrant. Antonio hatte auf Fragen Sebastians nach seinen eventuellen Gewissensbissen noch hochnäsig mit dem Hühneraugen-Vergleich geantwortet und auf die Zuckerguss-Qualität von allfälligen Gewissens-Regungen hingewiesen. Wie wenig tauglich und geradezu leichtsinnig falsch derlei Interpretationen waren und sind, kann man an den Reaktionen der drei Herrschenden ablesen, als ihnen Ariel ihre Untaten von vor Jahren in Erinnerung ruft: Sie zücken ihre Schwerter, als wollten sie den *Basso continuo* ihrer Schuld mit Waffengewalt aus der Welt schaffen. Gonzalo ist der Einzige, der in der Situation die Tragweite solcher Erinnerungen erkennt: „Verzweifelt alle drei. Ihre große Schuld, / Wie Gift, das erst viel später wirken soll, / Fängt jetzt das Beißen an."[17]

In der Zwischenzeit hat Prospero mit Ferdinand ausführlich über die Voraussetzungen seiner Verehelichung mit Miranda gesprochen. Mit einer für Shakespeare-Dramen überraschend keuschen, von keiner Sinnlichkeit durchkreuzten Haltung und Einstellung meint Ferdinand, die Forderungen seines zukünftigen Schwiegervaters nach ehrlicher Solidität und hoher Minne erfüllen zu können: „Die trübste Höhle, / Der einladendste Platz, die stärkste Lockung / Vom dunklen Engel in uns, soll mir nie / Mein Ehrgefühl zu Lüsternheit zerschmelzen..."[18] Der Kommentar Prosperos dazu („sehr schön gesagt") darf je nach Inszenierung als ganz ernsthaft gesprochen oder aber als mit einem um die Beinahe-Unmöglichkeit dieses Vorsatzes wissenden Lächeln vorgestellt werden.

Eingerahmt wird der dieser Dialog zwischen Prospero und Ferdinand vom märchenhaften Auftauchen von Nymphen und von Iris (die Regenbogen-Göttin) und Ceres (Göttin des Ackerbaus), die allesamt dem zukünftigen Brautpaar Ferdinand und Miranda eine glückliche und ein langes Leben ermöglichende Ehe prognostizieren. Ferdinand ist fast überwältigt von der Magie des Augenblicks, wohingegen Prospero ihm versichert, dass alle diese Geister nur auf sein Geheiß hin erschienen sind.

Parallel zu diesem Poesie-getränkten Gespräch machen sich die zwei Dreiergruppen Trinculo, Stephano und Caliban sowie Alfonso, Antonio und Sebastian daran, finstere Pläne (Prospero betreffend) Wirklichkeit werden

---

[16] Shakespeare: Der Sturm (1611), München 1996, S. 117.
[17] Shakespeare: Der Sturm (1611), München 1996, S. 119.
[18] Shakespeare: Der Sturm (1611), München 1996, S. 123.

zu lassen. Die Ersteren trachten dem alten Herzog von Mailand vor allem aufgrund der Rachegelüste von Caliban nach dem Leben; die Letzteren schwanken zwischen Selbstmitleid und Zerknirschung einerseits und Wut auf Prospero andererseits. Mithilfe Ariels jedoch werden beide Gruppen dingfest gemacht und können nur noch auf die Gnade und Vergebung durch Prospero hoffen – eine Hoffnung, die sich erfüllt:

> » Zwar ihre Schandtat traf mich bis ins Mark (meint Prospero), / Jedoch mit meiner besseren Vernunft / Ergreif ich gegen meine Wut Partei. / Das Köstlichere liegt im Sittlich-Sein / Als im Vergeltung-Suchen. Nun sie reuig sind, / Reicht meiner Pläne Antriebskraft nicht mehr / Zum Stirne-Runzeln.[19]

Und dann geht Prospero Namen für Namen und Person für Person durch und erwähnt nochmals deren Vergehen oder aber (bei Gonzalo) dessen Verdienste. Obwohl es sich um den versuchten Herrscher- und Kindesmord gehandelt hat, vergibt der Herzog von Mailand, als der sich Prospero nun wieder fühlt und zu erkennen gibt, seinen ehemaligen wie auch den jetzigen Widersachern.

Dieses Vergeben hat sehr wenig mit Gutmenschentum oder christlicher Nächstenliebe, viel aber mit Vernunft, Menschenkenntnis und politischer Erfahrung zu tun. Der ehemalige und der zukünftige Herzog von Mailand weiß um die Eitelkeiten, Schwächen und Herrschaftsallüren der Menschen um ihn her, seien es nun Könige wie Alonso, nahe Verwandte wie Antonio, Trunkenbolde wie Stephano oder Hexensöhne wie Caliban. Und er weiß, dass er all das nicht zu ändern vermag – besonders nicht durch Rache oder Vergeltung, die lediglich neue destruktive Impulse provozieren und nach sich ziehen würden.

Inhaltlich bleibt hier noch nachzutragen, dass Prospero zum Ende seines Dramas hin den ihm stets zu Diensten gewesenen Luftgeist Ariel entlassen und ihm die Freiheit wiedergegeben hat. Zugleich legt der Magier seinen Zaubermantel und Zauberstab ab und verzichtet auf alle zukünftige Magie;

---

[19] Shakespeare: Der Sturm (1611), München 1996, S. 145.

sein Einfluss wird in Zukunft ein rein menschlich-begrenzter sein – ganz ohne Allmacht und ohne allen Hokuspokus:

> » Doch diesem groben Zauber / Schwör ich hier ab, und hab ich noch verlangt / Nach himmlischer Musik – hiermit geschehn –, / Dass ich ans Ziel komm über ihre Sinne / Mit dieser Luftmagie, dann brech ich meinen Stab, / Vergrab ihn viele Klafter unterm Fels, / Und tiefer, als ein Senkblei jemals fiel, / Ertränk ich auch mein Buch.[20]

Zu diesem nachdenklichen Happyend des Stückes passt die endgültige Verbindung Mirandas mit Ferdinand – eine Verbindung, die ähnlich wie die Entscheidung Prosperos nur deshalb zustande kommt, weil ein hohes Maß an Vernunft und (bei den zwei Liebenden zumindest bis zu ihrer Hochzeitsnacht) ebenso Verzicht eine gehörige Rolle spielt.

Weil *Der Sturm* eines der letzten vollendeten Stücke Shakespeares war, lag und liegt es nahe, den Inhalt des Dramas und vor allem die Figur des Prospero auch auf die Biographie des Dichters zu beziehen und Parallelen zwischen ihm und seinem Abschied von der Bühne einerseits und dem Verzicht Prosperos auf alle Zauberei andererseits herzustellen. Vor allem im 19. Jahrhundert war eine solche Interpretation von *Der Sturm* sehr weit verbreitet; Georg Brandes zum Beispiel in seiner monumentalen Shakespeare-Monographie vertrat diese Position:

> » *Der Sturm* ist ... kurz vor Shakespeares 49. Lebensjahr als ein Abschied von der Kunst und dem Künstlerleben geschrieben worden, und in diesem Schauspiel ist alles Herbst. Die Landschaft ist durch und durch eine Herbstlandschaft, und die Zeit ist die Tag- und

---

[20] Shakespeare: Der Sturm (1611), München 1996, S. 145 f..

## Nachtgleiche mit ihren Stürmen und Schiffbrüchen ... – der jetzigen Lebensperiode und Stimmung Shakespeares entsprechend.[21]

Geht man dieser Interpretationsspur weiter nach, lassen sich tatsächlich so manche Parallelen zwischen dem allmächtigen Zauberer Prospero und dem ähnlich potenten Bühnen-Magier Shakespeare erkennen. So wie der ehemalige Herzog von Mailand die Nymphen und Iris und Ceres und den Luftgeist Ariel mit einem bloßen Wink zu dirigieren vermochte, so konnte Shakespeare ein Vierteljahrhundert lang Figuren und ihre Geschichten auf die Bühne zaubern, dass einem dabei als Zuschauer oder Leser der Mund offen stehen blieb wie Ferdinand, der ob der Zauberstücke eines Prospero ebenfalls immer wieder wie geplättet wirkt.

Doch nicht nur die Dichtung, die Kunst allgemein darf als eine Art der Verzauberung gelten – Verzauberung einer Welt, die diesen Zauber in vielerlei Hinsicht nötig hat. So schrieb Friedrich Nietzsche in *Die fröhliche Wissenschaft* (1882) der Kunst die Aufgabe zu, einen schönen Schein zu schaffen, um die menschliche Existenz mit allen ihren Zumutungen und Übeln erst erträglich werden zu lassen:

» Die Redlichkeit allein würde den Ekel und den Selbstmord im Gefolge haben. Nun hat unsere Redlichkeit eine Gegenmacht, die uns solchen Konsequenzen ausweichen hilft: die Kunst, als den guten Willen zum Schein... Als ästhetisches Phänomen ist uns das Dasein immer noch *erträglich*.[22]

Künstler wie Shakespeare übernehmen seit Jahrhunderten die Rolle von Zauberern, die mit magischen Kräften dichtend, bildend, komponierend, tanzend jene Aspekte des Lebens und des Kosmos spür- und hörbar werden lassen, die im alltäglichen Dasein kaum zu vernehmen sind – und bei deren

---

[21] Brandes, G.: William Shakespeare, Paris – Leipzig – München 1898, S. 968.
[22] Nietzsche, F.: Die fröhliche Wissenschaft (1882), in: KSA 3, München 1988, S. 464.

Wahrnehmung wir die Welt als reicher, schöner, differenzierter erleben. Kunst gibt nicht das Sichtbare wieder, sondern macht sichtbar – heißt es bei Paul Klee; und der Zauber des Künstlers erstreckt sich daher nicht auf die bloße Verschönerung irgendeiner Fassade, sondern zielt auf partielle Freilegung von Sinn, Wert und Bedeutung unserer Existenz und der Welt insgesamt.

Nicht um billige Taschenspielertricks handelt es sich bei der Kunst; und nicht um Mogelpackungen handelt es sich bei Künstlern. Ähnlich wie bei Wissenschaft und Philosophie geht es in der Kunst um ein Entdecken und Beschreiben von Wirklichkeitspartikeln, die uns Nicht-Künstlern aufgrund unseres fehlenden Sensoriums nicht oder nur schwer zugänglich sind. Ein Kunst- und Zeichenlehrer lehrt im günstigen Fall seine Adepten nicht malen, sondern sehen; ein Musiklehrer lehrt nicht Noten, sondern hören; und ein Dichter wie Shakespeare lehrt nicht lesen und schreiben, sondern fühlen und Wert erkennen.

Womit wir zu Prospero und zum *Sturm* zurückkehren. Verzichtet der einzelne Künstler oder aber eine Sozietät auf derlei künstlerischen Zauber, fallen nicht nur einige wenige ästhetische Zugaben zum Alltagsleben weg. Weil Kunst nicht bloße Verschönerung und Verzuckerung des Daseins ist, sondern weit darüber hinaus Sinnsuche und Bedeutungszuschreibung der menschlichen Existenz ermöglicht, führt ihr Fehlen regelrecht zu massiven Mangelerscheinungen – zu Phänomenen, auf die Shakespeare respektive Prospero im Epilog von *Der Sturm* anspielt:

> » All mein Zauber ist erschlafft, / Was mir bleibt, ist eigne Kraft, / Und die ist schwach... Mir fehlt die Kunst / Zum Zaubern jetzt, und Geistergunst, / Und Verzweiflung ist mein End.[23]

Prosperos Verzicht auf Zauberei und Shakespeares Abschied von der Bühne sowie das Ende seiner Dichterlaufbahn mit den eingeschränkten Möglichkeiten nach verzaubernder Sinn-, Wert- und Bedeutungssuche – all diese Gedanken stellen einen in sich stimmigen Interpretationsrahmen für *Der*

---

[23] Shakespeare: Der Sturm (1611), München 1996, S. 167.

*Sturm* dar. Dass man dieses Drama aber auch anders lesen und verstehen kann, erläuterte Jan Kott in seinem *Shakespeare heute*.

Kott war fest überzeugt davon, dass Shakespeare im *Sturm* politisch-gesellschaftliche Fragen aufwerfen wollte, die die Menschen im Übergang zur Neuzeit bewegten, und die während der Renaissance extrem virulent geworden waren. So betonte er, dass bereits in der allerersten Szene, beim Schiffbruch während des Sturms, eine renaissancehafte Entweihung der Majestät erfolgt: Der König von Neapel gilt da angesichts der entfesselten Naturgewalten weniger als sein Bootsmann.

Im *Sturm*, so Jan Kott, begegnen wir Shakespeares Gegenwart mit den damaligen gewaltigen Umbrüchen von vielen politischen, wirtschaftlichen und gesellschaftlichen Ordnungen bis hin zu einem komplett veränderten Weltbild. Die Verhältnisse des Einzelnen zur Gemeinschaft, zur Natur und zu einem beginnend fragwürdig werdenden Gott wurden fundamental auf den Prüfstand gestellt – Namen wie Nikolaus Kopernikus, Galileo Galilei, Ferdinand Magellan oder Giordano Bruno standen exemplarisch mit ihren Erkenntnissen und Taten für diese Umbruchzeit, in der Gewaltexzesse zur Regulierung politischer, religiöser und gesellschaftlicher Konflikte (kurz vor dem Dreißigjährigen Krieg) an der Tagesordnung waren.

Für Kott wäre es deshalb eine romantisierende Fehlinterpretation des *Sturm*, in ihm lediglich den Abschied Shakespeares von der Dichtkunst zu erkennen. Weit darüber hinaus habe der Dichter auch in diesem Stück die Thematik von Macht und Gewalt meisterhaft variiert:

» Prosperos Erzählung ist die Geschichte von Machtkampf, Gewalttätigkeit und Staatsstreich. Aber sie ist nicht nur die Geschichte des Herzogtums Mailand. Dasselbe Thema wird sich in den Geschicken Ariels und Calibans wiederholen. Shakespeares Theater ist ein *theatrum mundi*. Gewalttätigkeit als Prinzip der Welt wird darin in kosmischen Kategorien gezeigt.[24]

---

[24] Kott, J.: Shakespeare heute (1965), Berlin 1989, S. 300.

So könne man das Drama durchaus auch aus der Perspektive Calibans lesen und den *Sturm* als ein Stück begreifen, das schon zu Beginn des 17. Jahrhunderts die höchst problematische Eroberung außereuropäischer Länder durch europäische Konquistadoren thematisierte. Der unzivilisierte „Wilde" Caliban rebellierte zu Recht gegen Prosperos Landnahme seines Eilands, das er selbst beherrschte, bevor der Mailänder Herzog versuchte, ihm die Regeln einer ziemlich fragwürdigen Zivilisation beizubringen, und ihn als seinen Knecht unterwarf.

Shakespeare griff im Hinblick auf diese kritischen Gesichtspunkte wahrscheinlich auf eines der Kapitel aus Michel de Montaignes *Essais* (1580 ff.) zurück. Der französische Moralist hatte im Text *Über die Menschenfresser* die Gepflogenheiten des Kannibalismus beschrieben und zugleich jedoch die nennenswert selbstgerechte Art der europäisch-zivilisierten Kommentare dazu angeprangert: „Was mich ärgert, ist keineswegs, dass wir mit Fingern auf die barbarische Grausamkeit solcher Handlungen zeigen, sehr wohl aber, dass wir bei einem derartigen Scharfblick für die Fehler der Menschenfresser unseren eignen gegenüber so blind sind."[25]

Neben der Alternative, entweder Individuen (Shakespeare, Prospero) oder aber gesellschaftlich-historische Gegebenheiten (Landnahme der sogenannt unzivilisierten Welt der „Wilden" durch das angeblich zivilisierte Europa) in den Fokus interpretierender Aufmerksamkeit zu rücken, lassen sich noch weitere Perspektiven benennen, die verschiedenen Inhalte und zwischen den Zeilen versteckten Aussagen von *Der Sturm* zu verstehen. Eine davon ist eine anthropologische, allgemein-menschliche, bei der die Frage im Zentrum steht, was denn dieses Drama nicht nur für Künstler, Ethnologen, Geschichtswissenschaftler oder für Politiker, sondern für uns alle bedeuten kann. Als Schlüsselsatz für eine solche Betrachtung wähle ich einen Gedanken Prosperos aus dem vierten Akt, den er Miranda und Ferdinand – eher in sich gekehrt und wie nebenbei murmelnd formuliert denn großartig erläuternd – mitgeteilt hat:

> » Wir sind vom Stoff, / Aus dem die Träume sind; und unser kleines Leben / Beginnt und schließt ein Schlaf.[26]

---

[25] Montaigne, M. de: Essais (1580 ff.), Frankfurt am Main 1998, S. 113.
[26] Shakespeare: Der Sturm (1611), München 1996, S. 133.

Nimmt man dieses Bild ernst, lassen sich manche, womöglich sogar viele Gegebenheiten, Figuren, Ereignisse dieses Dramas wie bei einer Deutung von Träumen zueinander in Bezug setzen, womit sie eine Bedeutsamkeit erlangen, die sie losgelöst voneinander nicht erreichen. Weil Träume stets das Ergebnis einer einzelnen Person sind, ist es legitim, alle Trauminhalte auf den Träumer zu beziehen: Jede auch noch so obskure Gestalt oder Handlungskette im Traum fällt in gewisser Weise in den Verantwortungs- und Existenzbereich des Träumers, und alle auch noch so befremdlich erscheinenden geträumten Schemen und Schatten sind im übertragenen Sinne der Träumer selbst.

Was also, wenn Shakespeare uns hier einen Traum als Drama verkauft und Prospero, Ariel und Caliban, die Insel und den Sturm, Miranda und Ferdinand und Gonzalo und all die anderen mitsamt der Vertreibung des Herzogs und seinen Zauberkunststücken als Traum-Elemente konzipiert hätte? Wie könnten wir derlei interpretieren, und was hätte dies unter den Kautelen von Anthropologie und Tiefenpsychologie zu bedeuten?

Ich stelle mir Prospero als Träumer vor, der als Mailänder Herzog den politisch-gesellschaftlichen Aufgaben und Pflichten nur mäßig und nachlässig nachkommt und sich viel lieber in seiner Bibliothek aufhält, wo er sich mit wissenschaftlicher und philosophischer Literatur befasst. Das Geschäft des Regierens ist ihm nicht selten lästig, und er lebt deshalb in einer Art Identitätskrise: Seine Neigungen einerseits und die Pflicht andererseits erweisen sich als durchaus antagonistisch.

Hier setzt nun sein Traum ein, bei dem zuerst sein Bruder Antonio eine Rolle spielt. Antonio verkörpert im Traum jene antagonistischen Anteile (die Regierungsgeschäfte), die Prospero für sich ablehnt oder zumindest als nicht prioritär empfindet. Mit der Funktion und Rolle eines Herrschers sind allerdings auch Machtansprüche und Einfluss-Sphären verbunden, die nun zunehmend bei Antonio und nicht mehr bei Prospero zu finden sind. Verständlich, dass Letzterer sich beginnend als machtloser erlebt und schließlich sogar träumt, er werde von seinem Bruder ausgebootet und zuletzt exiliert. Die Machtlosigkeit Prosperos geht soweit, dass er sich im Traum als einen auf einem Wrack im Meer fast hilflos Ausgesetzten sieht, der vernichtet werden soll, und dem man skrupellos nach dem Leben trachtet.

Die Hilflosigkeit und Ohnmacht Prosperos ist jedoch nur relativ; neben der Gefahr träumt er zugleich Rettendes: seine Tochter Miranda, die ihm emotionale Stütze und Zuversicht vermittelt; sowie Gonzalo, der erfahrene Ratsherr, der ihm (im wahren Sinne des Wortes) mit Rat und Tat zur Seite steht und ihn mit dem Nötigsten versorgt, so dass ein Überleben und das

Stranden auf der Insel möglich werden. Solche Traumsequenzen deuten in der Regel auf eine optimistische Grundeinstellung des Träumers hin.

Auf dem Eiland trifft Prospero im Traum auf wesentliche Facetten seiner eigenen Person: auf den Luftgeist Ariel sowie auf Caliban, also auf ein ausgemachtes Ungeheuer. Ariel repräsentiert helle, geistige, luftige Anteile (in der Terminologie der Psychoanalyse einen Teil des Über-Ichs), wohingegen Caliban durch Triebhaftes, Dunkel-Chthonisches geprägt ist (Anteile des in der Psychoanalyse sogenannten Es, also oft unbewusste und nicht selten kaum zu bändigende Impulse, Affekte, Triebe).

Beide, Ariel wie Caliban, gilt es für Prospero, in die eigene Person zu integrieren – wobei ihm diese Aufgabe mal mehr und mal weniger perfekt gelingt. Ariel wie Caliban tendieren zu autonomen Bewegungen bis hin zu dem geträumten Vergewaltigungsversuch des Letzteren bei Miranda, beim Liebsten also, das Prospero nach seiner Vertreibung geblieben ist. Bis zum Ende seines Traums hin sieht sich Prospero immer wieder mit der Integration von Ariel und Caliban konfrontiert, wobei er zwischen völliger Freiheit (bei Ariel) und totaler Knechtschaft (bei Caliban) schwankt.

Dass Prospero auf einer abgeschiedenen Insel landet, ist nun (wie alles im Traum) kein bloßer Zufall. Ein solches Eiland bietet neben Nachteilen auch den großen Vorteil, auf sich selbst zurückgeworfen und verwiesen zu werden – eine Spielart der Selbstkonfrontation und Selbsterkundung, die im 21. Jahrhundert im Rahmen von Selbsterfahrungs-Szenarien oder auch im einsam-zweisamen Psychoanalyse-Setting erlebbar ist, bei Shakespeare jedoch sinnigerweise auf einer Insel stattfindet.

Prosperos Selbsterkundungsprozesse werden von ihm im Traum mit einer gehörigen Portion Selbstermächtigung assoziiert. Nicht nur, dass er mit Ariel und Caliban zurande kommen will und muss; darüber hinaus imaginiert er sich als derart mächtig, dass das Wetter, die Naturgewalten, das Meer, die Brandung, Donner und Blitze, ein Sturm mitsamt den dazu gehörigen Gottheiten aus der griechisch-römischen Mythologie auf seinen Wink hin adäquat reagieren, auftauchen, erscheinen, abebben.

Selbstsuche und Selbstgestaltung – so könnte man diese Traum-Sequenz deuten – sind möglich, wenn sich der Betreffende (Prospero) aus den bisherigen selbstentfremdenden Verhältnissen (Rolle des Herzogs) ein Stück weit oder auch radikal zu lösen imstande sieht und sich mit der eigenen Person, mit ihren geliebten ebenso wie ungeliebten Facetten, beschäftigt und sie ins eigene Selbst integriert.

Weil dieser Prozess Zeit (im Drama handelt es sich um zwölf Jahre) und Energie kostet, verwundert es nicht, wenn Prospero sich als Zauberer träumt, dem scheinbar keine Naturgewalt, kein Hindernis zu widerstehen vermag. Selbsterkenntnis, vor allem aber auch Selbstgestaltung benötigen Kräfte, die über das Energieniveau eines alltäglichen Klein-Kleins merklich hinausreichen. Und weil der Traum ein Übertreiber *par excellence* ist, holt sich der Träumer Prospero imaginär übernatürliche, übersinnliche Kräfte zu Hilfe, mit denen er seiner Aufgabe der Selbstrealisation mit Aussicht auf Erfolg begegnen kann.

Dass Selbstsuche und Selbstkonfrontation, Selbsterkenntnis sowie die Gestaltung der eigenen Person kein nur geschmeidig-harmonisch-heiter vor sich hinplätscherndes Unterfangen ist, sondern mit Erschütterungen und existentiellen Rupturen durchsetzt sein kann, wird im Drama durch nichts weniger als durch einen (geträumten) Sturm angedeutet. Stürme haben es an sich, dass sie bisweilen völlig veränderte, nicht selten auch chaotische Verhältnisse hinterlassen.

Ähnliches vollzieht sich in Prosperos Traum, in dem der Sturm dazu beiträgt, dass sich beinahe schlagartig alle Anteile seiner Persönlichkeit bzw. deren Repräsentanten – Widersacher, Rivalen, Unterstützer, Ratgeber etc. – auf seiner Insel einfinden und mit ihm sowie untereinander zu agieren beginnen. Diesen Moment des Zusammenträumens von bisher disparaten und abgespaltenen, verfemten oder verdrängten Person-Anteilen empfindet Prospero als entscheidenden Abschnitt des Selbstwerdungs-Prozesses; entsprechend wird er von ihm kommentiert:

» Nun strebt mein Schmelzwerk zum Gerinnungspunkt. / Mein Zauber hält, die Geister dienen und die Zeit / Trägt leicht und aufrecht ihre Last.[27]

Was folgt, ist eine Art Synopsis von biographischen Details, Wünschen, Wunden, Verletzungen, Affekten, Vorstellungen, Phantasien und Impulsen Prosperos, aufgeteilt auf die verschiedenen Gestalten seines Traums, die nun beginnen, zusammen zu klingen und aufeinander zu reagieren. Nicht mehr als chaotisches Stimmengewirr vieler Einzelner, sondern als Konzert von Vielen imponieren die Dialoge zwischen den Traumfiguren, denen gegenüber Prospero sich nicht nur integrierend, sondern verstehend und ver-

---

[27] Shakespeare: Der Sturm (1611), München 1996, S. 143.

gebend eingestellt hat – eine Einstellung, die sogar den ungeliebten Caliban umgreift:

> » Der missgestalte Kerl, / Nun, seine Mutter war 'ne Hexe, mächtig, / Gebot dem Mond, konnt Flut und Ebbe schaffen / Und seine Macht ausüben halb und halb... Dieses Ding der Finsternis / Erkenn ich an als meines."[28]

Wer oder was hat diese Synopse ermöglicht, und welche Wandlung und Reifung tat Not, um Prospero solche Sätze und Gedanken formulieren zu lassen? An einer Stelle des Dramas (seines Traumes) deutet der Herzog an, dass dafür seine früheren Studien von Wissenschaft und Philosophie hilfreich waren: „Jedoch mit meiner besseren Vernunft / Ergreif ich gegen meine Wut Partei."[29]

Was aber ist die bessere Vernunft? Zwei Stimmen sind es, die sich in und um Prospero herum immer wieder zu Wort melden, und die diese bessere Vernunft repräsentieren. Da ist zum einen seine Tochter Miranda, die trotz ihres Schicksals eine unverdorbene, das Wertvolle im Menschen registrierende und anerkennende Emotionalität ihr eigen nennt, und die zu tatsächlichen Liebesempfindungen (nicht nur Ferdinand gegenüber) in der Lage ist. Sie kennt den liebenden, den Wert-schauenden Blick, der Welt, Mitmenschen, Natur, den gesamten Kosmos im Glanz ihrer Möglichkeiten erstrahlen lässt:

> » Ein Wunder! / Wie viele herrliche Geschöpfe hier! / Wie schön die Menschheit ist! Oh schöne, neue Welt, / Die solche Wesen trägt![30]

---

[28] Shakespeare: Der Sturm (1611), München 1996, S. 163.
[29] Shakespeare: Der Sturm (1611), München 1996, S. 145.
[30] Shakespeare: Der Sturm (1611), München 1996, S. 155.

Zum anderen aber ist es auch Gonzalo, der alte, erfahrene Ratsherr, der schon alles in seinem Leben gesehen und erlebt hat – das Süße wie auch das Bittere; das Menschliche wie das Inhumane; das Allgemein-Gemeine und das Besondere; das Viehische an der Gattung Homo wie auch ihre Staunen machende Würde und Grandezza –, und der dennoch seine Güte und Milde und Weisheit nicht geopfert hat, obwohl er sich im Hinblick auf die Menschen und ihre maßlosen Schwächen keinen Illusionen hingibt.

Auch Gonzalo kennt den liebenden, aber nicht verklärenden Blick – viel nüchterner, wissender, abgeklärter als Miranda, aber immer noch mit jener Prise Glauben an die Menschen versehen, der in seiner Gegenwart das Leben zu einem angenehmen Ereignis und die Fehler und Irrtümer seiner Zeitgenossen zu einer verständlichen, längst schon eingepreisten Größe werden lassen. Gonzalo ist es, der das Thema der Selbstsuche Prosperos als weit verbreitetes, viele Menschen betreffendes Problem erkannt hat und benennt: „Prospero (fand) sein Reich / Auf einer armen Insel, wir uns alle selbst, / Als keiner sich gehörte."[31]

Die bessere Vernunft? Es ist die Auswahl unserer Mitmenschen, die wir in unseren Träumen wie in den wachen Phasen unseres Daseins zu Wort kommen lassen, ganz gleichgültig, ob es sich um konkrete lebende oder aber längst verstorbene, in der Literatur und in der Kunst sich äußernde Personen handelt. Prospero behalf sich, indem ihm Miranda und Gonzalo (neben den Autoren seiner Bibliothek) über die Zeit seiner Selbstsuche hin die wichtigsten Zeitgenossen waren. Eine andere Wahl, und ihm wäre es wohl nicht erspart geblieben, auf immer den großen Zauberer zu spielen, der auf das Übersinnliche, Übernatürliche setzen muss, um das Sinnliche und Natürliche zu gestalten.

So jedoch war es Prospero vergönnt, zum Schluss seines Traumes (und zum Schluss von *Der Sturm*) auf jeglichen Zauber zu verzichten. Die bessere Vernunft vermag zwar keine Wunder zu bewirken, und sie macht aus uns Menschen keine Götter und Halbgötter, keine Ariels und keinen Iris oder Ceres. Aber sie hilft uns, sich (wie Gonzalo) *à la longue* mit Widrigkeiten und Unebenheiten unserer Gattung zu arrangieren oder (wie Miranda) der Welt eben jenen Wert und jenen Glanz zu verleihen, der uns aufgrund unserer alltagsgetrübten Optik oftmals verlustig zu gehen droht.

---

[31] Shakespeare: Der Sturm (1611), München 1996, S. 157.

## Literatur

Brandes, G.: William Shakespeare. Paris (1898)
Kott, J.: Shakespeare heute (1965). Berlin (1989)
de Montaigne, M.: Essais (1580 ff.). Frankfurt a. M. (1998)
Nietzsche, F.: Die fröhliche Wissenschaft (1882), In: KSA 3. München (1988)
Shakespeare: Der Sturm (1611). München (1996)

GPSR Compliance

The European Union's (EU) General Product Safety Regulation (GPSR) is a set of rules that requires consumer products to be safe and our obligations to ensure this.

If you have any concerns about our products, you can contact us on

ProductSafety@springernature.com

In case Publisher is established outside the EU, the EU authorized representative is:

Springer Nature Customer Service Center GmbH
Europaplatz 3
69115 Heidelberg, Germany